圖書資訊學系列

資訊組織

張慧銖──主編

張慧銖、陳淑燕、邱子恒、陳淑君──著

airiti Press

圖書資訊學系列

總　序

　　一直以來圖書資訊學相當缺乏教科書，導致無論老師教學或學生學習都缺少可資參考的範本，不僅造成學術傳播的障礙，也使得學習遭遇困境。以往最常參考的是由空中大學所策劃出版的系列教科書，但由於其出版年代久遠，距今已近十餘年，期間又未曾做過修訂，以致內容無法呈現最新的學術發展概況與相關研究成果，便逐漸減低其參考價值。

　　圖書資訊學在各學域之中實屬小眾，領域內的教學及研究人口不多，老師們在繁忙的教學與研究工作之餘，實在很難抽出時間進行教科書的撰寫，尤其對於教師升等而言，撰寫教科書並無加分，更難以讓年輕學者將其列為優先的工作要項。因此，多年來儘管學生、老師或圖書館學會都曾大聲疾呼有出版教科書的需求，但卻很難有撰寫與出版的具體行動。

　　鑒於前述諸多需求與困難，編者於 2014 年開始召集圖資領域教師研議教科書出版事宜，經過幾次會議，最後決定以多人協力的撰寫方式成書，以加速完稿時程，並且與學術出版相當有經驗的華藝學術出版社（Airiti Press）合作，同時出版紙本與電子版。雖然一開始的規劃是出版十冊的書系，然過程中仍遭遇前述困難，老師們很難在教學研究之餘進行書寫。幾經思考，遂決定先由最缺乏中文參考資源的技術服務著手，加上此議題也是編者最熟悉的部分，因此在得到多位老師的認同和參與後，此系列的教科書出版構想終於落實。

　　技術服務相關教科書共有三冊，分別是《館藏發展與管理》、《主題分析》及《資訊組織》。其中《館藏發展與管理》是由王梅玲、林呈潢、范豪英及張郁蔚四位老師執筆；《主題分析》是由張慧銖、陳昭珍、藍文欽、邱子恒、阮明淑及鄭惠珍六位老師執筆；《資訊組織》是由張慧銖、邱子恒、陳淑燕及陳淑君四位老師執筆。出版期程希望於 2016 年 9 月出版前兩本，2017 年 2 月再出版第三本。

由衷期盼此三部圖書的誕生，能成為圖書資訊學領域教師與學生在教學和學習上的參考資源，充分發揮其學術傳播的效益，並且為接續的圖資教科書催生。感謝所有參與的教師，因為有你們的教學熱忱與勤懇執筆，加上對圖書資訊學領域的使命和奉獻，才能將出版教科書的理想予以落實。

書系主編

張慧銖　敬筆

2016 年 5 月 15 日

資訊組織

序　言

　　資訊組織是圖書館將無序的館藏資源整理成有序且方便使用者查詢、辨識、選擇與獲取的過程，其中包含資訊資源的外觀描述及其主題分析，可說是圖書館所有服務的基石。倘若資訊組織工作做得不周全，那麼館藏便會如同散沙一般，讓使用者海底撈針似的找不到所需資源，以致無所適從。反之，做好資訊組織工作，將使得館藏資源無論其大小、厚薄、語文、類型、實體或虛擬都能夠被清楚地描述、分析與聚合，不僅方便館員管理，更能讓資源被發現與利用，充分發揮其效益，以彰顯圖書館的價值。

　　資訊組織工作對圖書館而言，其重要性不言可喻，相對於圖書館以外的機構，如博物館、美術館、檔案館、公司行號等，甚至於對個人也都有相當重要的意義，因為有序的資訊才能提供決策參考，方便查考利用。因此，資訊組織所需要的知識概念與相關工具除了應用於圖書館，也適用於其他單位，只是在必要時需要加以調整，方能適用。

　　為使對圖書資訊服務有興趣的讀者能掌握圖書館資訊組織的全貌，本系列教科書在該主題分為兩冊出版，一本是《主題分析》，已於2016年9月出版；另一本即為本書《資訊組織》。前者主要論述資訊資源主題分析的部分，包括分類號和主題詞的相關理論，及其使用工具，如分類表、標題表、主題詞表、索引典、社會性標籤、知識本體等；後者則著重於資訊資源的外觀描述、檢索工具及其發展，包括：編目規則（CCR、RDA）、書目紀錄功能需求（FRBR）、詮釋資料、機讀格式、權威控制、線上公用目錄、聯合目錄、書目關係、關聯資料等。本書撰寫時儘量中、西文並陳，且著重於最常使用與最近出版的工具，同時提供資源網，方便查考工具的發展歷史與舊版資料。但由於編目規範持續地在更新，本書截稿之時仍有許多來不及放入的相關訊息，故提醒讀者在參考時要隨時注意有沒有更新穎的資料，以免向隅。在名詞使用方面儘量各章統一，若遇未定案的不同翻譯名詞則於索引中併列，方便對照。

本書共有四位老師參與撰寫，分別是張慧銖（國立中興大學）、陳淑燕（輔仁大學）、邱子恒（臺北醫學大學）及陳淑君（中央研究院歷史語言研究所）。四位都是長期講授資訊組織課程且關注其發展的老師，在教學與實務經驗方面都相當豐富，可謂適當的撰稿人。感謝幾位老師在繁忙的教學與服務工作之餘，仍熱心參與本書的撰寫，共同為資訊組織相關知識的傳承盡一份心力。由於出版時間緊迫，文中疏漏之處在所難免，尚祈海內外專家學者不吝指正。

本書主編

張慧銖　敬筆

2017 年 2 月 15 日

目 錄

總　序／張慧銖
序　言／張慧銖

第一章　資訊組織概論／張慧銖　　　　　　　　　　　　　1
　　第一節　資訊組織的意義與功能　　　　　　　　　　　3
　　第二節　資訊組織的應用與檢索工具　　　　　　　　　8
　　第三節　圖書館資訊組織部門及其管理　　　　　　　　16

第二章　編目規範之內容與發展／張慧銖　　　　　　　　　29
　　第一節　編目規範之意義與重要性　　　　　　　　　　31
　　第二節　目錄的目的與功能　　　　　　　　　　　　　33
　　第三節　影響編目規則發展的重要因素　　　　　　　　38
　　第四節　編目規範的範圍與內容　　　　　　　　　　　46

第三章　編目規則／陳淑燕　　　　　　　　　　　　　　　57
　　第一節　緒論　　　　　　　　　　　　　　　　　　　59
　　第二節　書目著錄　　　　　　　　　　　　　　　　　62
　　第三節　檢索點之選擇與建立　　　　　　　　　　　　77
　　第四節　權威控制　　　　　　　　　　　　　　　　　91

第四章　資源描述與檢索（RDA）／張慧銖　　　　　　　　107
　　第一節　RDA 緣起　　　　　　　　　　　　　　　　　109
　　第二節　FRBR 家族與RDA　　　　　　　　　　　　　　110
　　第三節　RDA 評論及其未來發展　　　　　　　　　　　128

第五章　機讀編目格式／邱子恒　　139
　　第一節　機讀編目格式概說　　141
　　第二節　中國機讀編目格式　　145
　　第三節　MARC 21　　153
　　第四節　美國國會圖書館書目架構計畫　　163

第六章　電子及網路資源描述與詮釋資料概論／邱子恒　　173
　　第一節　定義、類型與資訊組織方式　　175
　　第二節　電子資源之描述　　179
　　第三節　網路資源之描述　　185
　　第四節　詮釋資料概說　　188

第七章　合作編目與資源共享／陳淑燕　　201
　　第一節　合作編目概述　　203
　　第二節　書目中心與資源共享　　205
　　第三節　書目紀錄品質控制　　214
　　第四節　合作編目計畫　　220

第八章　書目關係與鏈結資料／陳淑君　　235
　　第一節　書目關係概述　　237
　　第二節　書目關係的實作研究　　243
　　第三節　何謂鏈結資料　　248
　　第四節　書目關係的未來發展　　253

中文索引　　263
英文索引　　272

圖 目 錄

圖1-1	整合檢索系統資源存取圖	14
圖1-2	資源探索服務聯合索引架構示意圖	15
圖4-1	FRBR 第一群實體關係圖	111
圖4-2	FRBR 實體階層示意圖	112
圖4-3	FRBR 第二群實體與負責者關係圖	113
圖4-4	第三群實體與主題關係圖	114
圖4-5	FRAD 概念模型的基礎原則	115
圖4-6	權威資料概念模型	117
圖4-7	FRSAD 與FRBR 的關係圖	118
圖4-8	THEMA 包含FRBR 的三組實體	119
圖4-9	FRSAD 概念模型圖	120
圖4-10	在控制詞彙中THEMA—NOMEN 關係圖	120
圖4-11	RDA 中對核心元素的標示	122
圖4-12	美國國會圖書館增列並列題名為核心元素	124
圖4-13	LRM Agent 實體關係示意圖	130
圖5-1	中國機讀編目格式手冊欄號010 之內容	150
圖5-2	MARC 21 機讀書目格式示意圖	154
圖5-3	BIBFRAME 資料模式	166

圖5-4	BIBFRAME 2.0 Model	168
圖8-1	書目家族的內容關係	243
圖8-2	三元組範例的RDF 意示圖	250
圖8-3	BIBFRAME 模型	255

表目錄

表2-1	ISBD 整合版目次一覽表	45
表3-1	《中國編目規則》編次名稱一覽表	63
表3-2	《中國編目規則》書目著錄八大項	64
表3-3	《中國編目規則》主要著錄來源	65
表3-4	《中國編目規則》常用標點符號一覽表	65
表3-5	《中國編目規則》資料類型名稱一覽表	68
表3-6	CMARC 5XX 相關題名段著錄規範	79
表3-7	MARC 21 欄位246 其他題名著錄規範	79
表3-8	權威紀錄：王志誠	99
表3-9	權威紀錄：路寒袖	100
表3-10	MARC 21 權威資料簡表（MARC 21 Standards: Authority Data）	101
表3-11	VIAF 權威紀錄：李安	103
表4-1	RDA 結構一覽表	122
表4-2	RDA 核心元素一覽表	123
表4-3	AACR2 與RDA 使用詞彙對照表	125
表4-4	AACR2 與RDA 著錄的差異	126
表4-5	以RDA 及CCR 著錄結果對照表	127

表5-1	中國機讀編目格式之紀錄結構	146
表5-2	《中國機讀編目格式民90年修訂版》常用欄位一覽表	148
表5-3	MARC 21 常用欄位一覽表	155
表5-4	CMARC 與MARC 21 常用欄位對照表	158
表5-5	國家圖書館CMARC 轉換MARC 21 之相關規劃進程	162
表5-6	書目架構計畫發展過程一覽表	163
表6-1	電子期刊CMARC 90 年版欄位著錄說明	183
表6-2	電子期刊MARC 21 欄位著錄說明	185
表8-1	期刊所涵蓋書目關係一覽	247
表8-2	三元組描述範例	250
表8-3	作品識別資訊	257
表8-4	載體的描述資訊	257
表8-5	實例描述資訊	257
表8-6	編目資源關係——通用性	258
表8-7	編目資源關係——特別性	258
表8-8	編目資源關係——細節性	258

第一章
資訊組織概論

作者簡介

張慧銖

(lisahcc@dragon.nchu.edu.tw)

國立中興大學
圖書資訊學研究所教授

學習目標

研讀本章內容之後，學習者應能夠：

- 瞭解資訊組織的意義與功能
- 瞭解資訊組織在圖書館的應用方式與書目檢索工具
- 瞭解圖書館資訊組織部門及其管理
- 瞭解編目館員所應具備的能力

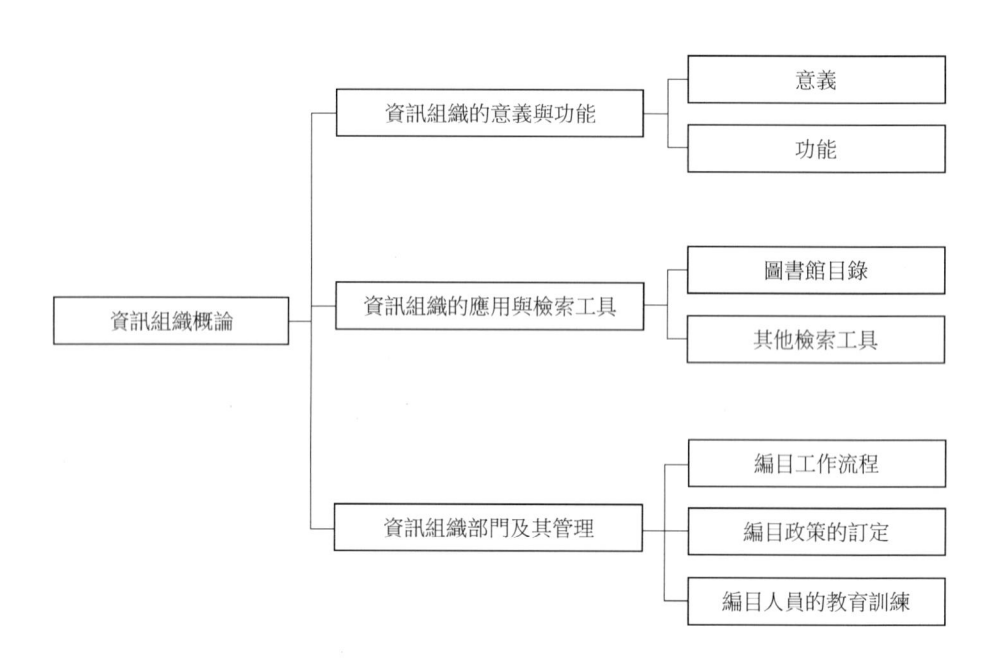

本章綱要

```
                                              ┌─ 意義
                        ┌─ 資訊組織的意義與功能 ─┤
                        │                     └─ 功能
                        │
                        │                         ┌─ 圖書館目錄
資訊組織概論 ────────────┼─ 資訊組織的應用與檢索工具 ─┤
                        │                         └─ 其他檢索工具
                        │
                        │                     ┌─ 編目工作流程
                        └─ 資訊組織部門及其管理 ─┼─ 編目政策的訂定
                                              └─ 編目人員的教育訓練
```

第一章
資訊組織概論

第一節　資訊組織的意義與功能

　　圖書館的工作主要包括資源採訪、分類編目、參考諮詢、閱覽流通，大致可以歸納成兩大工作主軸，即技術服務與讀者服務。其中資訊組織為技術服務的一環，包括：資料的組織整理、分類編目與書目控制，其重要性不言可喻。本節說明資訊組織的義意與功能，並且針對容易混淆的相關名詞，如：書目控制、分類編目、資訊組織與知識組織等予以界定。此外，對資訊組織所要處理的對象，包括資料、資訊與知識之間的差異，亦簡要加以說明。

一、意義

　　資訊組織（organization of information）一詞的意義，是指任何資訊紀錄（recorded information）或是資訊物件（information objects）的組織工作，包含為其建立替代性紀錄，如文字或符號，以幫助使用者能夠進行資料的查詢、辨識、選擇與獲取。Taylor 與 Joudrey（2009）認為：「資訊組織」是指組織人類所有的資訊紀錄，這些資訊紀錄有的是文字，有的並非文字，如書籍、影像、聲音、圖像或是各式各樣的網路資源和資訊物件。好的資訊組織能夠提供使用者及時、精確且具相關性的書目資訊。而處理資訊組織的機構除了圖書館之外，還包括了博物館、美術館、檔案館及網際網路社群等。

　　傳統上，圖書資訊領域的課程名稱中，資訊組織被稱為「圖書分類編目」，簡稱「圖書編目」或「編目」，但是圖書分類編目較偏向圖書館館藏目錄的編製，

其範圍並沒有「資訊組織」來得大。而「資訊組織」的內容，包括各種資訊檢索工具的製作與研發，除傳統的圖書館目錄之外，還包含了索引、書目、電子化的書目資料庫及檔案查詢輔助（finding aids）之製作與服務議題的探討。近年來，國內外圖書資訊相關系所中，紛紛將傳統分類編目課程名稱改為「資訊組織」或「知識組織」，而講授內容除了著重在記述編目（descriptive cataloging）外，也擴及詮釋資（metadata）方面的探討。針對分類法、索引典及標題表等主題分析的相關研究，則另設「主題分析」課程。意即圖書分類編目課程之內容已被「資訊組織」與「主題分析」課程所取代。

（一）書目控制與分類編目

書目控制（bibliographic control）一詞，係由美國圖書館學專家伊凡斯（Luther Evans）於1964年首度提出，然此概念可追溯至1895年由奧特里特（Paul Otiet）與拉方騰（Henri La Fontain）所創立的國際書目學會（International Institute of Bibliography）。該學會的其目的之一即在建立國際書目，以便能夠掌握所有的知識資源（陳敏珍，1995）。

所謂書目控制意指對於每本圖書、每份文獻、甚至每種書寫的思想、有聲資料的內容、存佚及所在等，均加以妥善地登錄與組織。目的在將人類各種溝通紀錄有系統地排列，以便管理、傳遞與利用。因此，它是建立、儲存、操作與檢索資料的過程，蘊含著兩個層面，一為描述層（descriptive domain），一為探索層（exploitative domain）。前者以保存為導向，將收藏的資料經由編目、製作索引或摘要等方式加以描述，以便能適切地指引；後者為使用者導向，在此領域中，資訊需求者不但能查尋到所需資料，並且可有效地加以利用。

書目控制與書目組織（bibliographic organization）經常被交替使用，兩者的意義雖然相似，但嚴格來說，前者強調的是經由一系列的運作，以產生各類資訊的目錄；後者則著重於書目的排列、結構、製作、檢索方法，以及書目專家的教育等方面。由於科技日新月異，資料量成長快速，因此亟需以系統性的方法加以組織。書目控制的主要功能是協助人們迅速瞭解某位作者所撰寫之書籍，某種出版品可用的版本，各類學科或各地區主要的出版品，及其收藏地、獲得方式、資料類型等。

以往書目控制偏重於書本資料，直至1950年代之後才開始將此方法應用於

非書資料。隨著圖書館自動化普及、書目網路系統設立，電腦化的書目紀錄控制便成為重要的課題。但由於其書目來源廣泛而複雜，必須確保格式的一致性，做好權威控制，淘汰重複的資料，並且修正錯誤紀錄，如此才能方便資訊的檢索與交流。在國際書目控制（universal bibliographic control，簡稱 UBC）方面，自 1974 年起由國際圖書館協會聯盟（International Federation of Library Associations and Institutions，以下簡稱 IFLA）積極推動相關計畫，促使各國進行有效的書目控制工作，進而達成全世界各類出版品易於取得及利用之目的。

　　分類編目是圖書館為達成組織與整理資訊物件的方法，「編目」即是「書目控制」或「資訊組織」的主要部分，其成品為圖書館目錄。圖書編目是將圖書資料的形體及內容特性按照一定的規範記載下來，以便讀者辨識及利用。廣義的編目工作實包括記述編目及主題編目（subject cataloging）兩部分，記述編目是對資訊物件作形體上的描述，找出足以辨識的項目，按照編目規則逐項記載，讓讀者從各著錄項目的描述，瞭解該資訊物件的外在特性。主題編目則是對資訊物件作內容上的分析，賦予資訊物件分類號與主題詞，使讀者能掌握其內容主題及學科性質。而狹義的編目則專指記述編目而言。

　　前文提及記述編目是指將圖書資料的特徵加以分析與描述的一項工作，編目時需依據國際標準書目著錄原則（International Standard for Bibliographic Description，簡稱 ISBD）之規定，依次記載下列各項：
1. 題名及著者敘述項（包括題名、卷數、資料類型標示、著者及著作方式）。
2. 版本項（包括不同版本及其著者敘述）。
3. 資料特殊細節項（如連續出版品的卷期、編次、地圖資料的製圖細節等）。
4. 出版項（包括出版地、出版者、出版年及經銷、印製事項）。
5. 稽核項（包括面、葉、冊等數量單位，插圖、聲音、色彩、高度、尺寸及附件等）。
6. 集叢項（記載叢書、文庫之名稱）。
7. 附註項（解說題名、著者、版本、出版、稽核、集叢各項未能詳細之處）。
8. 標準號碼及其他必要記載項（包括標準號碼，如 ISBN、ISSN；及獲得方式，如價格、贈閱、非賣品等）。此外，如為卡片式目錄，作品之主題及正題名以外之各種檢索款目，如著者、合著者、編者等則可記載於追尋，供日後維護目錄時查考之用。

依據前述著錄規範所記載的書目資訊能夠方便使用者查詢與利用，也能讓圖書館之間方便交換紀錄，達到編目資訊共享的理想。

（二）資訊組織與知識組織

「圖書分類編目」、「書目控制」、「資訊組織」、「知識組織」各有其界定範圍。「圖書分類編目」主要是圖書資訊學界的活動，可說是「書目控制」的一部分。傳統上圖書資訊學界主要在研究圖書和文獻的組織方式，而資訊組織即是建立在「文獻單元」上，是對文獻做形式上的加工，也就是對文獻進行整序、組合、編碼、標識、轉換和濃縮等活動。而知識組織的理論則是建立在「知識單元」的基礎上，由於知識是以知識單元、語詞、句子的可能組合來表達，所以知識組織即是將無序或分散的特定知識，根據一定的原則與方法，使之有序、集中、定位，以方便知識的提供、利用與傳播（阮明淑、溫達茂，2002，頁6）。因此，知識組織可說是以知識整理與交流活動為其研究範疇，涉及到知識的生產、傳遞、吸收、與利用等環節（邱子恒，2016，頁26）。由此可知，兩者容或使用的組織工具相似甚至相同，但其處理的對象與重點則有所差異。

（三）資料、資訊、知識與智慧

1. 資料（data）：所謂資料是指事物、事件、活動及交易的基本描述，也就是將原始事實（raw facts），經過記錄、分類及儲存，但並未傳送任何特定的意義。資料可以是數字、文字、圖形、聲音、靜態或動態的影像等。
2. 資訊（information）：是指資料經過組織之後具備相關脈絡（context），並且對於接受者而言會產生意義及價值者。
3. 知識（knowledge）：知識係由資料與資訊組成，通過個人的學習行為與經驗，能應用於問題的解決及行動。
4. 智慧（wisdom）：智慧（狹義的）可說是高等生物所具有的基於神經器官高級的綜合能力，包含感知、知識、記憶、理解、聯想、情感、邏輯、辨別、計算、分析、判斷、文化、中庸、包容、決定等多種能力。智慧讓人可以深刻地理解人、事、物、社會、宇宙、現狀、過去、將來，擁有思考、分析、探求真理的能力（智慧，2016）。

資料、資訊、知識三者主要是在「層次」上不同，意即應將三者視為在「資

料→資訊→知識」連續序列上的不同。Abram（1998）認為資料是不具情境脈絡及意義的事實本身；資訊是資料在特定情境脈絡下的具體呈現；而知識則是資訊加上個人的角色、學習行為與經驗而成。而知識及瞭解在經過淬鍊、整合之後即產生智慧。

二、功能

　　資訊組織是藉由描述資訊物件（information objects）之載體（media）與內容（information contents），建立代表原件之替代紀錄（surrogate/representation）並予以系統化的組織而成檢索工具，以幫助使用者依其資訊需求進行查詢、檢索、辨識、評估、及得知資料之所在。建立具辨識性的替代紀錄與系統性的查詢機制，可說是資訊組織的兩項基本概念（藍文欽，2012）。

　　資訊物件的替代紀錄，若未經組織整理，就只是一堆散亂的紀錄，將不便使用且效用不彰。因此，這些替代紀錄必須依據某種原則（例如：作者、書名、分類號等）予以排列，且變成系統化的檢索工具，使用者才能依此線索按圖索驥。然而在考慮資料排列的依據時，會設想使用者可能從哪些途徑查詢，故這些作為排列及檢索依據的線索一般稱為檢索點（access point）。又由於語彙具有同形異義與同義異詞的現象，所以會採用權威控制（authority/access control）的程序，將作為檢索點的人名、地名、主題詞等予以標準化（standardization）處理。

　　資訊組織的功能，會依資訊物件之特性及系統建置之目的不同而異，泰勒（Taylor, 1999）曾指出資訊組織有六大功能：（一）辨識資訊物件的存在；（二）辨識資訊物件的內容；（三）系統化儲藏；（四）編製標準化目錄或清單；（五）提供檢索功能；（六）提供定位功能。大抵說來，資訊組織的基本目標設定如下：（一）查詢與辨識；（二）聚集（collocating）：使用者可依需要設定檢索條件，將符合條件的紀錄聚合一處；（三）評估與選擇；（四）瀏覽（navigating）。由此可見資訊組織的主要目的，就是將使用者與資源之間做有意義的連結，不僅讓使用者的資訊需求能獲得滿足，節省使用者的時間，也可讓資源在組織化、系統化之後被充分利用，發揮其效益。

第二節　資訊組織的應用與檢索工具

　　本節分述資訊組織在圖書館的應用及常用的書目資訊檢索工具。資訊組織雖可以應用在不同的單位與機構，但由於本書主要在探討圖書館如何應用資訊組織，因此，會以圖書館中如何透過目錄呈現資訊組織的效益，以及使用者可以透過何種工具找到所需書目資訊為說明重點。

一、資訊組織的應用

　　資訊組織的概念、方法與工具可以應用在不同類型的機構與組織環境，而不同的環境在其應用時也會採用不同的組織方式。故無論是各類型的圖書館（libraries of all types）、檔案館（archives）、博物館（museums）、藝術畫廊（art galleries）、網際網路（Internet）及各式行政辦公室等皆會充分應用資訊組織的理論與方法，將其藏品及文件加以妥善組織，使得管理者及服務對象都能方便地查找與利用。

　　圖書館雖依其任務與性質而有不同類型的區分，如：國家圖書館、學術圖館、學校圖館、公共圖書館、專門圖書館等，但其資訊組織的方法與所依循的相關規範卻大同小異，主要不同在於資源著錄層次的詳簡程度及分類的粗細，而根本差異仍然要回歸其任務的不同與館藏量的多寡。例如：一所綜合型大學圖書館相較於一所小型的公共圖書館，前者的館藏量相對大很多，加上是以學術傳播為其經營目標，自然其書目著錄就必須較為詳細，方能協助使用者選擇與辨識。此外，在分類法的應用上也必須考量所欲聚合的館藏量多寡，再決定細分的程度與必要性。相對而言，公共圖書館的設立宗旨與目標和大學圖館不同，且其同類的館藏量也沒有那麼多，因此類分圖書時，就可以只分至大類，而不必過於細分。另在同一所圖書館中也可以考量不同類型的資源採用不同的著錄層次，例如：大學圖書館可能針對視聽資料或學位論文採用簡編的方式著錄，而其餘的資源則採用詳細編目。但無論決定如何，各館都應該將相關決定記錄於編目手冊之中，作為該館的編目政策，以便後續查考與遵循。

　　經由圖書館組織整理過的資源，無論是實體擁有（ownership）或僅有使用權（access right），都可計算為館藏。因此，透過採購、贈送或交換的館藏資源

要先進行分類編目，其過程包括：書目著錄、選擇檢索點、選定主題標目、給予索書號，及以 MARC 格式編碼，使其得以在線上公用目錄（online public access catalog，簡稱 OPAC）展現。之後新書資料要經過加工，破損之舊書要經過修補，就可以分別依序上架，讀者即可透過線上公用目錄查找所需要的資源。若在本館的館藏目錄查找不到，則可以透過聯合目錄得知哪一所圖書館有館藏，進而利用館際互借方式取得該項資源。

　　由於圖書館的線上公用目錄是由傳統的卡片目錄演化而來，具有豐富且複雜的特性，但相較於網路上的檢索工具，OPAC 的介面較不受使用者喜愛，同時線上公用目錄也有諸多被使用者垢病之處，例如：它是設計做為找書而非找資訊的工具，可說是一個卡片目錄系統的電腦化成果；其傳遞電子化內容的方式不佳；是以複雜且以文字為基礎的介面；具備相當薄弱的關鍵字查詢引擎；缺乏良好的相關排序；資訊內容的範圍十分窄化；資訊傳遞與服務的方式亦相當分散（Breeding, 2008）。為解決前述缺失，於是不斷有學者專家提出新一代線上公用目錄（next generation OPAC）的需求，而許多自動化系統廠商亦針對這些需求設計新的圖書館目錄。

　　Breeding（2007）認為新一代線上公用目錄應該具備的功能有：（一）單一的資源入口網站，讓使用者能夠一站購足所有的資訊資源；（二）簡單與舒適的關鍵字檢索介面，提供像 Google 一般的欄位檢索，以減少使用者的檢索負擔；（三）豐富的內容，至少要包含書的封面、書評、摘要、標籤雲等加值資訊；（四）具層面導覽功能，在檢索結果中要能顯示所分類的主題、語言、年代、館藏地等；（五）具相關排序功能，利用相關的概念以增加檢索結果的精確率；（六）相關回饋機制，當輸入錯誤的詞彙時，系統能夠參考數據和其他資料給予提醒或校正；（七）推薦資料，利用其他使用者的興趣檔案或主題程度等，向使用者推薦能夠閱讀的資料；（八）讓使用者參與，使用者可輸入描述詞、評論、摘要，以增加檢索點；（九）RSS 回饋，利用 RSS 簡單整合使用者有興趣的內容；（十）整合社群網站，將社群網站整合至公用目錄；（十一）更加整合與快速的檢索環境，讓紙本與電子版同等重要；（十二）永久連線，提供 URL 讓使用者可以連結到其他相關資料或書目。

　　圖書館的館藏目錄是揭示館藏與提供使用者查詢與利用的工具，目錄的型態由書本式、卡片式、機讀式，以至融入 web2.0 的概念所發展的新一代線上公用

目錄，隨著時間逐漸演進，晚近更因網路的發展與技術的進步，不僅是跨資源媒體，跨越語言與跨圖書館的查尋，已然成為使用者日漸提升的資訊需求。因此，除了單一圖書館的館藏目錄之外，包含一所以上圖書館的聯合目錄、整合檢索系統與資源探索服務的發展，都是圖書館為了要滿足前述需求所產生的新式服務。

泰勒（Arlene Taylor）曾指出，所謂有效的目錄應該具備下列幾個條件：
（一）富彈性、能及時更新。
（二）能快速且容易查詢。
（三）建立及維護皆能符合經濟原則。

為達成圖書館的任務與目標，必須提供有效的目錄協助使用者查詢與利用館藏，滿足其資訊需求。故無論何種類型的圖書館皆應重視資訊組織工作，將館藏資源做最妥適的描述與組織，並且優化館藏目錄，提供加值資訊，如：內容分析（content analysis）、目次（table of contents）、摘要（abstract）、書評（book review）、封面（book cover）及其他相關書目資料的連結等（張慧銖，2010），務使目錄成為能讓使用者信賴的資訊查詢管道。

二、檢索工具

檢索工具是指作為資訊檢索的系統，包含資訊物件的替代性紀錄。每一個替代性紀錄必須提供足夠檢索的資訊，也就是所謂的詮釋資料（metadata），諸如：作者、題名、出版年等。替代性紀錄需要依檢索點編排或建立索引，而檢索點可以是各種人名或團體名稱、題名或主題詞等。在提供關鍵字全文檢索的線上系統中，檢索點可能是紀錄中非停用字（stop word）的任何用語。檢索工具基本上包括圖書館目錄、書目、索引、資料庫、書目供用中心、整合檢索系統與資源探索服務等。由於圖書館目錄在第二章尚有相關論述，茲將其餘的書目檢索工具說明如下：

（一）書目（Bibliography）

書目基本上是資訊物件的清單。書目對學者及與圖書有關的專業人士，例如收藏家、書商及圖書館員而言皆十分重要，而對查詢資訊資源的讀者來說則十分

有用。書目可依主題、著者、時代等編排，有些書目會包含解題（annotation），意即簡略地註記其主題內容或建議有用之資訊。有的書目是附在學術作品之後，包括著者所參考的資訊物件；有的書目則獨立成書，書目之中所代表的每一資訊物件，都有其簡短的描述。典型的書目包含著者、題名、版本、出版者、出版地及出版年等資訊。至於作品的某一部分，如期刊的一篇論文則包含著者、篇名、期刊之刊名、卷期、日期、頁碼或其他部分標示。有時也將稽核事項或實體特徵包含在描述的項目中。

在書目中，每一筆描述通常僅出現於一處，且多半會依作品的著者編排。而書目建構的式樣則會依書目建立者而定，基本上有不同的式樣可供選擇，例如：
1. 美國心理學會出版的書目格式（Publication manual of the American Psychological Association）
2. 芝加哥大學出版部出版的書目格式（The Chicago Manual of Style）
3. 現代語言協會出版的書目格式（MLA Handbooks）

每一種書目格式都有其特別的編排重點，最常見的編排重點包括：主題、著者、語文、時間、地區、出版者、形式。但也有書目具有兩個以上編排重點，例如：主題、地區、時間；或形式、地區。

書目和圖書館目錄相同，都是資訊物件的代表，可提供足夠辨識資訊物件及檢索的資訊。但是書目與目錄的不同點在於書目比較關心作品本身，而非個別的複本或特定的版本，因此多半未提供其儲存地點。

（二）索引（Index）

索引又稱引得，舊稱韻編、通檢、備檢、便檢、檢目、玉鍵、針線等。索引一詞，英文作index，係由拉丁語indicare蛻變而來，原意有指出、指示的意思。故將各種圖書及非書資料中所述及之人名、地名、事物、主題或概念等，加以分析並題為款目，再依一定方法，如筆劃、字順、年代、數字等序列之，同時註明資料出處，如頁數、段落或其他符號之系統化的指引便稱作索引（CNS 13223，中華民國國家標準──索引編製標準）。

索引作為檢索工具是用於提供較小作品的查檢，例如：期刊中的一篇文章、文集或作品集中的一個短篇故事、或會議論文集中的一篇論文等。若將期刊視為大作品，則其中的一篇文章即是小作品。雖然書後索引也能提供作品的內容，不

過通常書後索引在圖書出版時就已經準備好,而不是為了之後書目控制的目的才建立的,所以並未列入探討。

　　索引依不同的用途,可分為內容索引和篇目索引兩大類:
1. 內容索引:指專門提供查檢書刊內容的字詞或主題的索引,可分為語詞索引、主題索引和專名索引三種。其中語詞索引,按不同的語詞單位,又可分為逐字索引、字詞索引、語句索引、首行索引等。
2. 篇目索引:指專門提供檢索書刊篇題的索引,主要有圖書篇目索引(包括文集篇目索引、叢書篇目索引)、期刊篇目索引、報紙篇目索引、報刊篇目索引等四種。由於篇目索引與書目都具有查檢文獻線索的功能,因此又有目錄、編目、集目、篇目、類目、彙目、總目等不同的名稱。

　　雖然大部分索引出版商會使用索引典,作為標引主題概念用詞的選擇依據,但是很多索引並未作名稱權威控制。由於索引的編製範圍並不限於某一圖書館的館藏,所以通常不會提供館藏位置的訊息。索引使用者查到較小作品(例如篇名)所屬的較大作品(例如刊名)之後,有必要進一步查詢圖書館目錄,以找到較大作品的館藏位置。

　　索引可以是印刷形式或是機讀格式(包括CDROM或線上)。紙本索引的編排多採字典式,亦即依主題、著者、題名款目之筆畫字順混合排列,也有採取分置式的,即依著者／題名、主題款目之筆畫字順分開排列。機讀格式的CDROM或線上索引皆設有界面,向使用者指出如何查詢及如何展現。與線上公用目錄相同,各種索引之間並無標準化的形式規範。

　　索引多由營利機構編製,通常直接於線上使用時付費。圖書館會購買紙本索引,或者付使用權利金,讓使用者不必付費而能於線上使用。有些圖書館會同時提供紙本式及線上索引,然因線上索引無時空限制,能及時更新,且方便使用,已逐漸取代紙本索引。

(三)資料庫(Database)

　　資料庫簡單來說可視為電子化的檔案櫃,是儲存電子檔案的處所,使用者可以對檔案中的資料執行新增、擷取、更新、刪除等操作。資料庫可依資料形式、經營方式及學科內容區分成不同的類型。依資料形式可分為目錄性資料庫、摘要索引資料庫及全文資料庫;依經營方式可分為營利性資料庫與非營利性資料庫;

依學科內容則分為一般性資料庫與專門性資料庫。在評鑑資料庫時，應考慮的因素包括：收錄範圍、新穎性、格式、更新頻率、索引方法、系統品質、磁帶特性、資料庫成長率、檢索方法、檢索項、著錄資料項目、資料庫之錯誤率、價格及組合查詢條件等（劉春銀，1995）。

（四）書目中心或書目供用中心（Bibliographic Utility, BU）

書目供用中心是一種書目型態的網路組織，由一個大型電腦維護一龐大的書目性資料庫，並且提供各種編目服務與書目產品；可以線上分時作業的方式，供參加的會員圖書館及其他客戶取得書目紀錄。書目供用中心源於美國俄亥俄州的國際圖書館電腦中心（Online Computer Library Center，簡稱 OCLC），1970 年代許多書目供用中心紛紛組織起來（陳國瓊，1995）。

書目中心所維持的書目資料庫基本上是一種線上聯合目錄，其會員會貢獻新的書目紀錄並可下載所需的現有紀錄。書目供應中心就其提供的服務型態而言，基本上雖然類似，但在行政組織以及對參加成員的限定上卻不盡相同。有關書目中心的相關論述，詳見本書第七章〈合作編目與資源共享〉。

（五）整合檢索（Federated Search）

整合檢索是一種透過使用單一介面，從不同資訊來源加以蒐集和組織，以獲得結果的檢索過程（見圖 1-1）。與整合檢索相關的概念包括自 1970 年代開始發展的 Z39.50 及 1994 年與網路資源搜尋有關的 MetaCrawler，均是透過一個共通的搜尋介面，以檢索異質之資訊來源。除了運用 Z39.50 進行系統之間資訊的傳輸與交換外，亦有不同的 API 程式企圖透過檢索介面的分析、指令的包裝與資料的重整而達到館藏目錄的整合檢索，例如：國立臺灣大學圖書館所建置的國內圖書館整合查詢目錄 MetaCat。

若以技術的觀點來看，整合檢索是透過不同資料庫，使用分散式搜尋原理及多種搜尋協定，利用單一介面來搜尋多種異質的電子資源，包括：網站、索引摘要資料庫、全文資料庫、電子期刊出版者等，使用者不須親自連結至各個資料庫系統，亦無須學習使用個別系統之檢索功能。英文文獻中常用之整合檢索的名詞有 Broadcast Search、Cross-Database Search、Federated Search、Integrated Search、Metasearch、Multi-Database Search、Parallel Search、Unisearch 等，分別從不同角度強調解決查詢異質資料來源的概念。

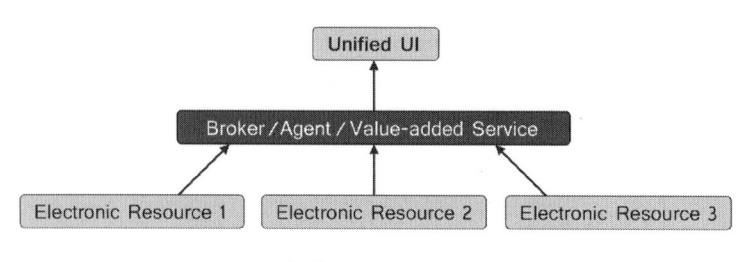

圖 1-1　整合檢索系統資源存取圖

資料來源：柯皓仁（2013，頁2，圖1）。

　　整合查詢系統所應具備之功能如下（羅嵐，2006）：
1. 整合查詢功能（federated search）：如 Google 般不僅提供單一且直觀的查詢介面，並且對於查詢結果亦能合併、排列並且動態地去除重複性資料，降低資料庫重複收錄對讀者造成的困擾。
2. 支援多元化協定（protocal）：資料庫相互溝通的協定標準象徵著廠商提供系統協定的選擇，有鑑於電子資料庫日趨多元化，因此系統應能支援不同協定，如 Z39.50、MARC、Dublin Core 以其他連線上的標準，如 HTTP、SQL and XML 等。
3. 知識庫服務（knowledge base）：藉由整合圖書館購置之資料庫及廠商提供的免費資料庫，達到共享全球資源之目的。
4. 開放式定址連結服務（OpenURL linking service）系統提供 OpenURL Linking 產品服務，藉由此項功能提供從特殊資源（如：期刊引用文獻）連結至相關全文的能力，並且可結合 CrossRef 及 DOI，將查詢結果匯出至書目管理軟體。
5. 個人化及客製化（customization and personalization）：透過常用查詢、偏好設定等紀錄，讓使用者宛如置身於量身訂做之個人專屬網頁中，並且提供圖書館基於 HTML 可任意修改之 Web 檢索介面，讓圖書館可以有效掌控產品，並展現與現有館藏結合之能力，以提供特定族群運用。
6. 認證機制（authentication）：讀者身分認證及存取控制是必要的，其與圖書館提供遠端及分散式連結至受權限管理資料庫或其他電子資源密不可分。
7. 使用統計（usage statistics）：系統應能提供各項使用統計來評估資料庫及資訊來源被連結使用之程度。

（六）資源探索服務（Web-Scale Discovery Service）

　　由於整合檢索系統的介面過於複雜，且經常讓使用者產生困擾，不知道哪些電子資源可以被整合查詢？能夠同時查找的電子資源數量又有多少？此外，因為採用分散式的檢索設計，系統回應的時間很慢，甚至不定時會發生連線過久導致斷線的現象，同時排序的功能亦不佳，去除重複的機制也不夠理想，存在著諸多問題，但卻也因此促成了資源探索（Web-scale discovery, WSD）服務的誕生（柯皓仁，2013，頁2）。

　　資源探索服務與整合檢索系統最大的不同在於採用聯合索引機制來提供服務（見圖1-2），意即使用者進行查找前系統廠商已預先和許多資訊來源，如電子期刊出版社、電子書商、聚集商、開放取用單位等洽談版權，以週期性方式從這些來源擷取和匯入詮釋資料與全文，再將其正規化（normalization），成為系統內部一致性的綱要格式，同時採用資訊檢索技術建置索引（柯皓仁，2013，頁3）。

　　目前市場上常見的資源探索服務產品包括：Innovative Interfaces Encore Synergy、EBSCO Discovery Services、ExLibris Primo Central、OCLC WorldCat Local、Serials Solution Summon 等，每家系統之資料層與介面層之概念相似，但各具特色，圖書館可依自身需求加以挑選最合適者。

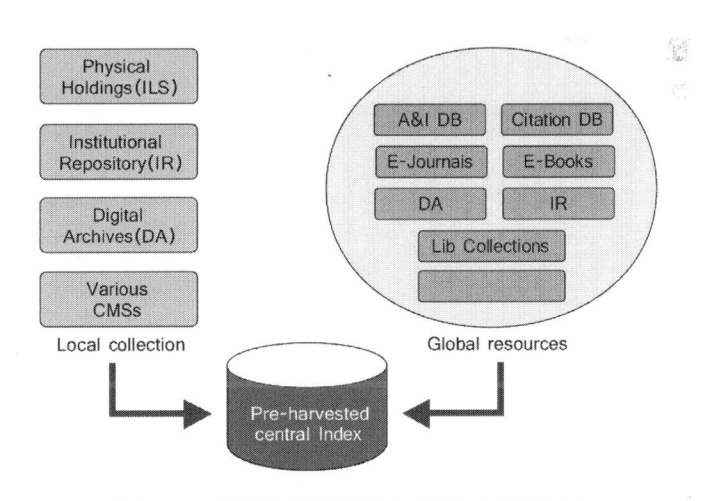

圖1-2　資源探索服務聯合索引架構示意圖

資料來源：柯皓仁（2013，頁3，圖2）。

第三節　圖書館資訊組織部門及其管理

　　圖書館資訊組織部門通常稱為「編目組」或「採編組」，多半會依據編制大小和工作流程，決定要將採訪與編目合併成採編組，或單獨成立為採訪組及編目組。編目組主要的工作在於建立與維護館藏書目紀錄及圖書資料加工處理，同時以特定之分類法將圖書分類，在對書籍加以描述之後，讓讀者透過書目查詢系統，即可方便地查到所需要的圖書資料，並且按索書號（call number）尋書。

　　書目檢索的效率及書目著錄的品質會受到許多因素影響，除了資訊組織的各項標準之外，更包括相關的管理議題，例如：編目工作流程、編目紀錄及檔案的維護、編目政策之訂定、編目部門與其他部門之關係及人員的培訓等（陳和琴、張慧銖、江綉瑛、陳昭珍，2003，頁29-33）。以下分別敘述：

一、編目工作流程

　　以下分為一般的編目工作流程、自動化的編目作業方式、抄錄編目與合作編目、電子資源的處理等四部分加以說明：

（一）一般的編目工作流程

　　編目部門的主要工作可分為編目前查核、分類編目、書籍處理加工等三大部分，以下分別說明：

1. 編目前查核
(1) 待編資料由採購部門送至編目組，編目館員會先檢查是否為複本後再進行編目。
(2) 為縮短工作時間，圖書館通常透過網路轉錄書目紀錄，若查不到紀錄的書才會自行編目建檔。此種使用他館已建好的書目紀錄、或完全照抄紀錄、或經過增修，以建立本館書目紀錄的過程稱為「抄錄編目」。若找不到現存的書目紀錄，而由專業編目館員自行建立書目紀錄的過程，則稱為「原始編目」。

2. 分類編目

　　分類編目過程通常始於記述編目，繼之主題分析，而權威控制則涉及記述編目與主題分析兩者。記述編目是圖書資料的區辨及描述過程，需將這些資訊記載於書目紀錄，同時選擇檢索點並參考名稱權威檔以決定標目形式。主題分析在於確定圖書資料的主題內容，從主題權威檔選定主題標目並依據分類法選定分類號。

　　分類編目完成後，編目館員需仔細核對分類是否有誤，再依規則給予作者號、作品號、部冊號等，讓每一部書都有其獨特的號碼。同時要依據標題表給予標題。

　　編碼（encoding）工作遍及整個編目的過程。記述編目、主題分析及權威控制的編碼要以機讀形式進入書目資料庫，使之相容於線上公用目錄系統，方能提供查詢。

3. 處理加工

　　以上分編工作完成後，還需列印書標、貼書標、貼書標護膜、貼護書膠膜、貼到期單、條碼列印黏貼、貼安全磁條、蓋館藏章、蓋暗記章、蓋日期章、做附件處理等。此部分的工作過程稱為圖書加工。加工完成檢查無誤後即可移送典藏單位展示及入庫上架，供讀者閱覽。

　　簡言之，編目工作流程包括下列要點：
- 資料點收
- 確認急件及複本
- 線上編目建檔（分為抄錄編目及原始編目）
- 核對索書號
- 審核書目紀錄並作更正
- 列印書標及各項報表
- 加工
- 移送閱覽組

（二）自動化的編目作業方式

　　所謂編目自動化係指以圖書館自動化的編目模組進行編目作業。編目模組基本上應有方便的操作界面、協助資料建檔工具及功能、穩定的資料儲存及處理能

力、正確的索引製作及偵錯功能、以 ISO 2709 格式轉出及轉入的能力。自動化編目系統中包含書目檔、館藏檔及權威檔。

線上編目工作基本上包含查詢（searching）、編輯（editing）及輸入（inputting）三個過程。查詢是指要確定是否有可供抄錄編目的資料；若查有部分相同的編目資料則進行增修，即所謂編輯；若未查獲可供抄錄的資料，則進行原始編目並將書目紀錄以機讀格式編碼輸入資料庫，即為輸入。

一般而言，抄錄編目可經由網路至各書目中心查詢，中文資料多半透過全國書目資訊網（National Bibliographic Information Network，簡稱 NBINet），其主要功能在提供國內各圖書館合作編目之用，並可供一般使用者查詢利用的聯合目錄資料庫。西文資料則多利用 WorldCat 資料庫，其為世界上最大的線上聯合目錄，由線上電腦圖書館中心 OCLC 所建置的。若確實沒有可供抄錄下載的資料即進行原始編目，程序為參考編目工具書取分類號、訂定標題、確立相關的檢索點，如此即完成一筆編目紀錄。

權威檔是用來確保書目檔中所建立的名稱標目與主題標目的一致性，在方式上可與書目檔同時建立、或於事後建立，或預先建立。

書目紀錄的新增、修改及刪除等目錄維護工作可說是一種持續的過程。目錄的維護期望達成兩大目標，一為減少編目費用，另一為確保目錄品質。然而其最終目標則在提供符合使用者需求的理想目錄。

（三）抄錄編目與合作編目

在編目過程當中，通常編目員會先查詢是否可以找到編目資料作為抄錄編目之用。由於圖書館之間常會購買相同的出版品，因此最先編目的圖書館會進行原始編目，而其他圖書館即能進行抄錄編目，達成資源共享。

自美國國會圖書館於 1901 年銷售卡片，1930 年代 Wilson 公司也銷售簡化的目錄卡片，其後在 1950 年代至 1970 年代，也有許多公司提供類似的服務。及至 1968 年美國國會圖書館發展 MARC 格式，合作編目才以新的形態出現。

OCLC 是最早的書目供用中心，透過區域網路，圖書館成為會員圖書館，可貢獻原始編目的資料，也可以藉之進行抄錄編目。原始編目的數量視圖書館的類型與大小對合作編目的依賴而定。館藏非常特別、越專門化的圖書館，即使館藏量不多，原始編目的數量或比例通常會越高。自 1990 年代開始有些圖書館將編

目作業委外（outsourcing），和代理商或書商簽訂合約，委託進行部分或全部的編目作業。與合作編目相關議題詳見本書第七章〈合作編目與資源共享〉。

（四）電子資源的組織

　　電子資源劇增不僅對圖書館的館藏發展造成極大的挑戰，也衝擊到資源的組織方式。因為圖書館在面臨這類新型態的資源時，應該如何加以選擇並將其整合到現有的館藏當中？又該如何提供服務？其中牽涉到採訪、組織整理與相關服務政策的修改，工作流程的變動，人員的配置與教育訓練，以及組織架構的調整。

　　由於電子資源的處理方式在各館皆不相同，有些圖書館採用集中式的管理模式，對於紙本或電子版、無論哪一種類型的資源，皆一視同仁交由編目組負責分類編目。另有圖書館是以資源的類型區分，將圖書和電子書交由編目組負責、期刊和電子期刊由期刊組負責、資料庫則交由參考組負責組織整理，意即採用分散式的組織模式。另一種管理方式是由總館統籌所有分類編目的工作，而各分館僅負責相關的讀者服務工作。或由總館統籌外，另由特色分館，如：法律或醫學分館自行負責特色館藏的分編工作。

　　由於電子資源的數量龐大，無論是電子書或全文電子期刊很多都包裝成資料庫的型式販售，因此動輒數百甚至上千筆的資料，圖書館並無能力逐筆分類編目，因此會要求出版社或聚集商在銷售的同時亦提供MARC紀錄，以方便圖書館轉入其館藏目錄（陳昭珍，2014）。晚近圖書館在購買紙本書時，也常要求出版社隨書提供MARC紀錄，以縮短圖書館的編目時間，加速上架，尤以公共圖書館為最。然而此種模式，表面上似乎減少編目的人力與成本，但隨書附上的編目紀錄並非免費，實際上也內加在購書的成本之中。此外，因出版社並無專業的編目人員，經常以訓練不足的工讀生應急，如此一來，將使得編目的品質下降。此種現象近年來有逐漸增加的趨勢，無論圖書館是採用委外編目或是採購時隨書取得編目紀錄，都使得編目的品質無法掌控。

二、編目政策之訂定

　　編目政策用來指示圖書館對資訊組織的重點與發展方向。編目政策的釐訂應明確規定編目工作中所採用的標準及編目問題之處理決策。圖書館應該為分類

編目作業編製一種包括所有決策的編目手冊。發展編目手冊雖然很花費人力及時間，但對於所有編目人員進行各項編目工作，或僅運用資訊組織系統協助讀者找到所需資料，都十分有用（陳和琴等，2003，頁 29-39；國家圖書館研究組，1999，頁 19-101）。

（一）編目政策的研擬

1. 由編目組提出圖書資料分類編目相關的政策與問題。
2. 蒐集相關文獻，瞭解編目問題與現況。
3. 協調相關單位，召開編目會議討論。
4. 撰寫編目政策，包括所有編目工作項目、工作內容、作業程序、作業流程及決策方案等。

（二）編目手冊的內容

1. 圖書館概況

　　簡述圖書館組織、使命宣言、館藏、設備、人員、使用者情況。

2. 編目政策

(1) 次序：各項決策的先後次序只要館員認為合理即可；可依編目處理的先後，或依資料類型。每一決策須載明政策決定的理由。

(2) 抄錄編目：若依編目處理的先後，可先列抄錄編目的部分，包括詳細而完整地記載、抓取及編輯從來源資料庫取得編目紀錄的方法。既然對取得的編目紀錄若有更動都可能增加費用，決策者多半主張照錄，若須改變，也應細察後記載下來。

(3) 原始編目

　　a. 記述編目：至於原始編目的部分，應先列記述編目的政策，包括各種資料類型的著錄層次、權威控制系統、集叢編目（個別分編或整套分編）、集叢名的檢索、套書的分析款目及劃一題名的選定。此外，亦可包括電子資源的編目、不同資料類型的不同著錄方式、檢索點的增減等等。通常編目規則一經採用即須嚴格遵守。如有增加或省略，皆須隨時記載。

　　b. 主題編目：說明主題標目或敘詞（descriptors）的來源、數目限制、標引深度、各種資料類型的特殊規定。

c. 分類：說明分類法的採用、粗分法或細分的選擇、特藏資料的分類方式、難以分類的資料，例如：期刊及資料庫的處理方式、著者號碼或克特號（cutter number）的特殊取法、索書號是否獨特化、特藏號的取法等。
(4) 委外編目：經由圖館與書商、代理商、書目中心或資訊服務公司簽訂合約，執行圖書資料的編目建檔作業。其方式有：
   a. 書籍與書目檔同時訂購；
   b. 只訂購書目檔；
   c. 將簡略編目格式交付廠商，委託其完成編目；
   d. 廠商進駐圖書館進行編目工作。此外，尚需鉅細靡遺地記載以下事項：圖書館所採行的編目政策與規則、機讀編目格式、字碼、圖書加工作業、重複書目的處理原則。
(5) 政策修訂：編目手冊須載明定期檢討及修訂的過程，無論是每年一次，或是每兩年一次。從定期檢討中可以發現問題，且在問題發生之前有所行動，能預先作有效處理。

3. 作業流程及細節

應包括的內容如下：
(1) 工作項目：a. 圖書資料分類編目、b. 電子資源分類編目、c. 書目資料建檔、d. 書目資料轉檔、e. 權威資料的查核、建檔與維護、f. 圖書資料的點收與移送、g. 標籤的繕製、h. 編目作業的教育訓練。
(2) 詳細的作業內容及細節。
(3) 附加作業流程圖。

（三）編目手冊的撰寫

撰寫編目政策手冊時，其要點如下：
1. 編目手冊應該指定專人撰寫，避免同一概念說寫方式不同，造成困擾。容或有多人參與，但必須至少有一人負責。
2. 撰寫前可先擬定目次（table of content），請相關人員對內容的增刪表示意見。
3. 除內容外，亦須確定寫作方式，包括逐步說明或是平鋪直述、字數限制、圖表限制、資料引用等。另應編製索引，方便使用。

撰寫人應該將手冊各部分工作傳閱相關人員取得確認，俾使手冊能發揮效

能。同時，手冊往往在使用數月之後，才會發現問題。可視實際需要採繼續試用或全盤修訂。

（四）回應編目標準的改變

　　當編目規則、分類法、標題表、機讀格式有新版本出現時，圖書館要如何因應？所有決定皆應記錄於手冊之中。基本上，回應編目標準的改變有下列幾種方式：
1. 所有館藏資料立即做全部必要的改變：如果全部館藏的組織方式能保持一致並具及時性，應該是最理想的方式，但卻也是最昂貴的一種處理模式。
2. 既有的館藏不作改變，僅針對新進資料作改變：這是許多圖書館所採取的方式，因為這是採用現有的資源即可以做到的事。事實上自動化系統若在舊的館藏要加入新資料時，其組織方式若不相同，一旦時日較久之後，便可能會發生問題，屆時要再處理，所需要的工作及費用恐多於預期。

三、編目人員的教育訓練

　　Huang 與 Wong（2006）曾以奧克拉荷馬大學（University of Oklahoma）圖書館為例，認為編目部門的努力可以相當程度地提高讀者的滿意度，編目員能夠進行的工作要項包括：書目加值、增加內容註、提供 URL 連結、增加主題標目、進行權威控制、建立讀者服務與技術服務之合作關係、維護書目資料庫、隨選編目（cataloging on demand），以及進行資源數位化等，同時強調線上公用目錄的品質和建立讀者服務與技術服務之合作關係是達到高品質讀者服務的關鍵因素。由此可見，線上公用目錄的品質與加值狀況會直接影響到使用者的滿意度，而圖書館中讀者服務與技術服務部門的充分合作更是提升圖書館服務品質的不二法門。

　　編目館員應該具備的能力為何？國內外皆有許多相關研究。值此資訊時代，編目館員除了原有傳統的編目技能之外，究竟還需要再精進哪些部分？王梅玲（2007，頁 91-116）以疊慧法針對國內 29 位專家學者進行「網路時代資訊組織人員專業能力之研究」，該研究最後分析歸納出我國資訊組織人員須具備 35 項專業能力，內容包括分類編目、後設資料（metadata）、科技與管理三大領域。

　　陳素美（2010，頁 2-6）針對採編人員在專業知能的呈現及對技術服務品質的影響，以訪談及觀察方式，深入工作場域，瞭解採編人員對於專業知能的展現。

其研究結果發現，採編館員在資訊組織的專業知能呈現上須具備下列要素：（一）重視書目著錄的正確性、一致性及完整性，可以透過審核機制維持書目品質。（二）需進行例行編目，能提供急編圖書、館藏查詢指導及主題類號館藏統計等讀者服務。（三）要能以宏觀角度看待整體書目資料庫的建置，並且能靈活運用資訊工具，增加檢索點及書目加值，藉以協助讀者提升檢索效能。

　　國家圖書館亦曾指出，一個稱職的編目人員，應具備下列基本素養，包括：（一）專業背景：具備圖書資訊學、文獻學、編目知能、文獻檢索、利用工具書、利用電腦及網路等專業知能，並且略諳各科基本知識。（二）語文能力：若能具備某種語文能力將有利於他種語文之編目。（三）專攻領域：除圖書館學之外，最好具其他學科知識領域，對分編工作會有相當大的幫助。（四）人格特質：除具備一般職業倫理外，尤其特別要具備細心、耐心及熱心，才能將此工作做好（國家圖書館編目園地，2010）。

　　Dyer（2013）建議 21 世紀編目人員要成能一個高技能且有價值的館員，其所應具備的專業能力和應增強的角色內容如下：

（一）參與前置任務（participation in front-facing duties）對圖書館服務的優勢為：1. 專業知識（包括編目知識、紀錄結構、自動化系統）、回溯轉換、從一個圖書館管理系統（library management system，簡稱 LMS）轉換到另一個圖書館管理系統。2. 學科知識和其他檢索點，透過使用美國國會圖書館標題表（Library of Congress Subject Headings，簡稱 LCSH）。3. 能夠察覺目錄的錯誤和異常，以及糾正這些可能性。4. 技術服務工作流程和程序的知識，以定位遺失的項目，或加速新館藏的處理等知識。5. 從編目工作中所改變的新想法和態度。6. 更靈活的工作人員。

（二）參加書目指導：1. 圖書館工作人員和使用者在有效使用目錄的訓練。2. 支持上述訓練，製作教材。

（三）館藏發展工作：1. 確定作品的新版本，並將舊版本撤架。2. 撤回未使用的館藏。3. 檢視館藏。4. 管理產生的信息，以協助館藏發展。5. 評估網絡資源，建立那些值得編目的一般特性。

（四）取得多種語言的技能：1. 以作為編目技能。2. 為了幫助與使用者溝通。

（五）熟悉後設資料的架構、標準，以及使用：1. 檢視相關架構，並確定其用途。2. 確認增強現有架構的可能性，例如，在 DCM 嵌入 LCSH 或其他受控制的詞彙方案。

（六）能夠產生數位與檔案館藏的後設資料和館藏級紀錄。

（七）參與數位化，和其他文件計畫案。

（八）發展資訊科技（IT）的技能：1.知識網站編碼和其他軟體的開發。2.在Web 2.0 和網路應用的投資。

（九）對傳統新庫存能更深入的編目（more in-depth cataloging of traditional new stock）：1.包括詳細的內容註。2.包括使用者貢獻的標示。3.取得線上版等。

（十）探討一些潛在的自動化編目過程。

（十一）著手進行資料品質改善計畫：1.權威控制、2.美國國會圖書館標題表的使用、3.改善資料挪移和回溯資料的轉換。

（十二）採用新出現的標準：有助於新標準的發展，無論是編目或後設資料，或其他。

（十三）索引期刊文章。

（十四）參與 Google 圖書計畫。

（十五）設計和後設資料服務測試。

（十六）管理後設資料的流程。

（十七）參與系統／應用程式的設計。

（十八）使用者研究。

（十九）加強管理技能的過程。

（二十）參與任何與下列有關的知識：1.分析、2.資產管理、3.認證、4.經紀人角色（brokering）、5.編輯、6.工程領域、7.扮演守門人角色、8.辨識、9.導航、10.組織、11.市場區隔。

（二十一）在機構內或網絡與伴隨其他編目合作夥伴，以提高專業能力。

　　由前述研究可以發現，國內外關於編目人員所應具備的能力皆相當多元，除了各圖書資訊學系所的正規教育之外，在職訓練更是培育編目館員的重要途徑。于第與陳昭珍（2015，頁87）的研究指出，國內規劃編目館員的教育訓練課程應以處理中文資源為主，理論與實務兼顧，同時掌握新興知識之發展為重點。故各級圖書館可依此規劃與訂定編目館員的教育訓練方針。

　　另為提升編目品質與編目館員的能力，編目認證是可以採行的手段之一。所謂專業認證制度可分成三種類型，包括：（一）資格檢定（certification）；（二）證書授予；（三）持有證照（license）（陳姿伶，2010，頁18）。說明如下：

（一）資格檢定：是用以評估個人專業能力的正式程序，通過檢定就代表個人已具備專業能力，足以完成特定的專業實務工作。

（二）證書授予：當個人完成特定專業規定的學程和相關經驗的要求，具備從事此工作職務所需的專業能力，進而取得證明文件稱之。「專業證書」的頒授係為彰顯或代表認可個人於經某種標準或檢定測試合格後擁有該專業能力的資格證明文件。

（三）持有證照：則是指一種經立法規範的專業或行業所必須具備的資格，持有證照即表示正式許可個人可以合法執行特定行業。

無論英國、美國、日本甚至中國大陸都紛紛採用編目員人認證制度（王嵐渝，2015），以培育優秀資訊組織專業人員，提升各級圖書館分類編目作業之品質。因為取得證書者即可證明具備相關的編目專業知能，是相當值得中華民國圖書館學會遂行推動的工作。

關鍵詞彙

資訊組織	書目資料庫
Information Organization	Bibliographic Database
書目控制	國際書目控制
Bibliographic Control	Universal Bibliographic Control, UBC
委外編目	替代紀錄
Outsourcing Cataloging	Surrogate
整合查詢	資源探索服務
Federated Search	Web-Scale Discovery Service
編目員認證	
Cataloger Certification	

自我評量

- 資訊組織的意義與功能為何？
- 何謂書目控制？與分類編目有無關聯？

- 有效的目錄應該具備甚麼條件？
- 書目檢索工具有哪幾種？
- 編目政策的重要性為何？
- 編目手冊應包含哪些內容？
- 編目館員應具備的能力為何？

參考書目

于第、陳昭珍（2015）。編目館員在職訓練課程探討。大學圖書館，19(1)，70-90。

王梅玲（2007）。網路時代資訊組織人員專業能力之研究。圖書資訊學研究，1(2)，91-116。

王嵐渝（2015）。臺灣實施編目人員專業能力認證制度之可行性研究（未出版之碩士論文）。國立中興大學圖書資訊學研究所，臺中市。

阮明淑、溫達茂（2002）。Ontology 應用於知識組織之初探。佛教圖書館館訊，32，6-17。

邱子恆（2016）。知識組織系統。在張慧銖（編），主題分析（頁 23-44）。新北市：Airiti Press。

柯皓仁（2013）。資源探索服務之功能評估。國立成功大學圖書館館刊，22，1-16。

國家圖書館研究組（編）（1999）。國家圖書館工作手冊。臺北市：國家圖書館。

國家圖書館編目園地（2010）。資訊組織諮詢服務。檢索自 http://catweb.ncl.edu.tw/portal_e2.php?button_num=e2

張慧銖（2010）。書目紀錄加值對目錄使用者辨識與選擇行為影響之研究。圖書資訊學研究，5(1)，1-22。

陳友民（1995）。索引。在圖書館學與資訊科學大辭典。檢索自 http://terms.naer.edu.tw/detail/1681766/?index=3

陳和琴、張慧銖、江綉瑛、陳昭珍（2003）。資訊組織。臺北縣：國立空中大學。

陳姿伶（2010）。專業能力與認證制度。研習論壇，115，11-15。

陳昭珍（2014）。由供應鏈提供的電子書書目紀錄品質與維護問題之探討：以台灣學術電子書暨資料庫聯盟的運作為例。教育資料與圖書館學，51(3)，391-410。

陳素美（2010）。採編館員專業知能表現於技術服務歷程之研究（未出版之碩士論

文)。國立中興大學圖書資訊學研究所,臺中市。

陳國瓊(1995)。書目供應中心 Bibliographic Utility,簡稱 BU。在圖書館學與資訊科學大辭典。檢索自 http://terms.naer.edu.tw/detail/1681682/?index=1

陳敏珍(1995)。書目控制。在圖書館學與資訊科學大辭典。檢索自 http://terms.naer.edu.tw/detail/1681675/

智慧(2016)。在維基百科。檢索自 https://zh.wikipedia.org/wiki/%E6%99%BA%E6%85%A7

劉春銀(1995)。書目資料庫 Bibliographic Database。在圖書館學與資訊科學大辭典。檢索自 http://terms.naer.edu.tw/detail/1681671/

藍文欽(2012)。資訊組織 information organization。在圖書館學與資訊科學大辭典。檢索自 http://terms.naer.edu.tw/detail/1679206/

羅嵐(2006)。數位圖書館異質整合檢索系統評析(未出版之碩士論文)。國立臺灣師範大學社會教育學系在職進修碩士班,臺北市。

Abram, S. (1998). Post information age positioning for special librarians: Is knowledge management the answer? In Special Library Association (Ed.), *Knowledge management: A new competitive asset* (pp. 182-184). Washington, DC: SLA.

Breeding, M. (2007). Thinking about your next OPAC. *Computers in Libraries, 27*(4), 28-30.

Breeding, M. (2008, May). *Analysis of library integrated systems marketplace*. Paper presented at Annual Meeting of University Librarians in Taiwan, Taichung, Taiwan.

Dyer, L. (2013). *The role of the cataloguer in the 21 century*. Retrieved from https://highvisibilitycataloguing.wordpress.com/professional-positive-advocacy/the-role-of-the-cataloguer-in-the-21st-century/

Huang, J., & Wong, K. (2006). Technical service and user service improvement. *Library Management, 27*(6/7), 505-514.

Taylor, A. G. (1999). *The organization of information*. Englewood, CO: Libraries Unlimited.

Taylor, A. G. (2004). *The organization of information* (2nd ed.). Westport, CT: Libraries Unlimited.

Taylor, A. G., & Joudrey, D. N. (2009). *Information organization* (3rd ed.). Westport, CT: Libraries Unlimited.

第二章
編目規範之內容與發展

學習目標

研讀本章內容之後，學習者應能夠：

- 瞭解編目規範之意義與重要性
- 瞭解目錄的目的與功能
- 瞭解影響編目規則發展的重要因素
- 瞭解編目規範的範圍與內容

作者簡介

張慧銖
(lisahcc@dragon.nchu.edu.tw)
國立中興大學
圖書資訊學研究所教授

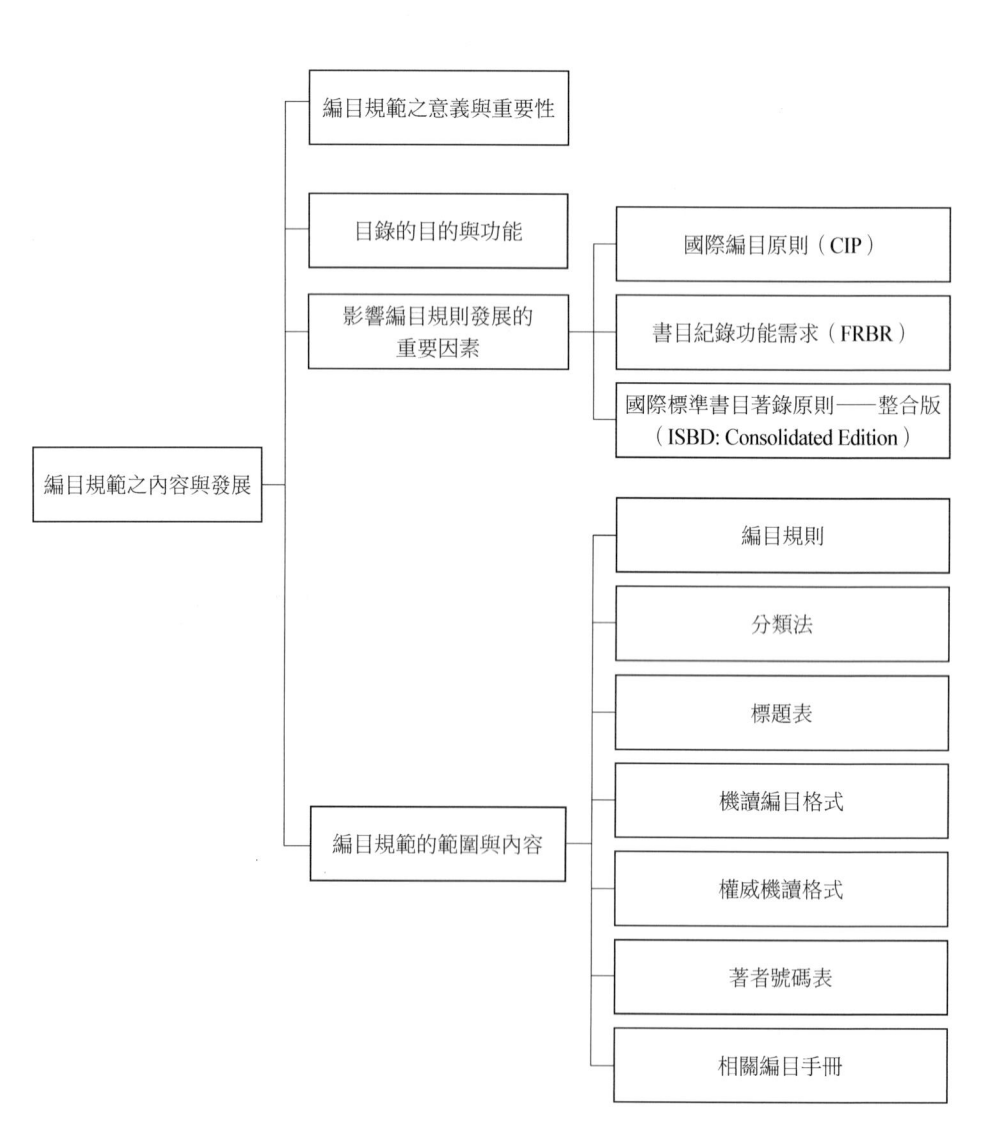

本章綱要

```
編目規範之內容與發展
├── 編目規範之意義與重要性
├── 目錄的目的與功能
├── 影響編目規則發展的重要因素
│   ├── 國際編目原則（CIP）
│   ├── 書目紀錄功能需求（FRBR）
│   └── 國際標準書目著錄原則──整合版（ISBD: Consolidated Edition）
└── 編目規範的範圍與內容
    ├── 編目規則
    ├── 分類法
    ├── 標題表
    ├── 機讀編目格式
    ├── 權威機讀格式
    ├── 著者號碼表
    └── 相關編目手冊
```

第二章
編目規範之內容與發展

第一節　編目規範之意義與重要性

　　圖書館資訊組織是一項複雜的工作，需要採用一系列相關的工具、技術與標準作為依據才能提供正確與標準化的書目資料。所謂工具係指資訊檢索工具，即提供資訊搜尋的管道。檢索工具中所包含的是可代表資訊物件的紀錄（surrogates），其中記載能夠表現資訊物件外在及內涵的相關資訊，以利資訊的辨識，依照被著錄資訊物件所建立的替代紀錄，透過內容款目排序或是檢索點查詢的功能，即可滿足不同的檢索需求。常見者如書目（bibliography）、目錄（catalog）、索引（index）、查詢輔助（finding aids）、登錄簿（register）等。而技術係指相關工作者需具備一系列的專業能力，包括：一、研究使用者資訊需求行為，資訊組織的理論；二、索引典的建立、索引和分類；三、主題分析理論與方法的探討；四、瞭解描述、辨識和展示資料間的相關性理論和方法；五、發展和應用在資訊檢索系統中連結架構和控制詞彙的能力並瞭解資料庫書目間的關聯性；六、瞭解編目工具和書目紀錄之來源及利用方式。而各種資訊組織標準工具，則包括編目規則、機讀格式、分類法及標題表（陳和琴，2001）。

　　不論是編目規則、分類表、主題詞表或索引典等無一不在逐步更新，以因應新的挑戰與需求。為因應電子資源的產生，編目的相關規範亦隨之更新，舉凡《國際編目原則》（Statement of International Cataloguing Principles，簡稱 ICP）、《書目紀錄功能需求》（Functional Requirements for Bibliographic Records，簡稱 FRBR）、《權威資料功能需求》（Functional Requirements for Authority Data，簡稱 FRAD）、《主題權威資料功能需求》（Functional Requirements for Subject Authority Data，簡稱 FRSAD）、《資源描述與檢索》（*Resources Description and Access*，簡稱 RDA）、《機讀編目格式》（*Machine-Readable Cataloging Format*，簡稱 MARC Format）、「關聯的圖書館資料」（Library Linked Data，簡稱 LLD）、「書目架構計畫」（Bibliographic Framework，簡稱 BIBFRAME）……等的發展與應用，都是圖書館所必須面對的挑戰。Gorman（1995, p. 33）曾說：「編目可謂圖書資訊學的核心，是圖書館員工作的重心，參考館員若不瞭解書目控制，幾乎無法進行其工作」，此語明確道出圖書館資訊組織的重要性。然而，自 21 世紀以降，圖書館的資訊組織受到了資訊科技的巨大衝擊，為了滿足使用者的需求，以及因應電子出版品的多元化及快速成長，各種不同的系統應運而生，除了自動化系統之外，圖書館中尚有機構典藏系統、數位典藏系統、學位論文系統、電子資源管理系統、整合查詢系統、資源探索系統等不一而足，皆使得圖書館面臨系統與服務多元化的複雜狀況。

圖書館進行圖書資訊的編目與組織，主要的依據就是各種編目規範。這些規範的建立有其實用性，往往需要配合學科的發展以及媒體的多元性而與時俱進，才能適切地描述圖書的外在狀況與內在意含，從而揭示館藏資源，方便讀者利用（鄭恒雄，2006）。因此規範的持續增訂、維護與妥善運用，對於編目者及資訊組織者而言皆十分重要。由於編目的應用會隨著館藏多元化及分級化而日趨複雜，編目的技術及標準亦需不斷創新，而編目規範的重要性是從事編目作業引以為典範的標準、準則或指引，且目錄的編製必須遵循一定的規範以保持一致性，以利檢索，故編目資源共享的先決條件即為規範化及標準化。揆諸國際編目規範的發展，國際圖書館協會聯盟（International Federation of Library Associations and Institutions，簡稱 IFLA）先後公布的 FRBR 和 FRAD，成為 ICP 和 RDA 的概念基礎。此外，IFLA 也於 2007 年出版《國際標準書目著錄原則──整合版初版》（*International Standard Bibliographic Description for Monographic Publication, Consolidated edition*，簡稱 ISBD: Consolidated edition），整合過去以資料類型分別出版的型態；2009 年 ISBD 更針對數位環境的資料類型做更進一步的規定。凡此種種皆顯示編目規範需與時俱進的重要性。

圖書館分類編目工作最主要的目的，在於提供有效的書目檢索，讓使用者經由線上公用目錄查尋所需要的館藏資源。目錄既是使用者共同用以檢索資源的工具，因此目錄的編製必須遵循一定的規範，才能確保規範化與標準化，其亦為編

目資源共享的先決條件。本章主要說明編目規範的內容與發展，包含編目規範的意義與重要性、目錄的目的與功能、影響編目規則發展的重要因素，及編目規範的範圍與內容等。

第二節　目錄的目的與功能

目錄係指單一圖書館或一群圖書館按特定系統編排的館藏清單。廣義的目錄係指為特定目的所編製的資料清單。除圖書館館藏資料的總目外，也包括博物館、藝術畫廊藏品的展覽目錄或商品銷售目錄。本文所稱的目錄專指圖書館目錄，是書目檔的一種，但和書目或索引不同。目錄多半代表某一館的館藏資料，而書目及索引多不限某一館之館藏範圍（陳和琴、張慧銖、江綉瑛、陳昭珍，2003）。圖書館目錄就像其他書目檔，是由許多書目紀錄所組成。圖書館的目錄型式與科技的改變息息相關，早期圖書館員將館藏清單記錄於泥版或卷軸上，當複印的技術出現之後，圖書館員便利用這項技術產生書本式的目錄及指引。20世紀初，卡片式目錄出現，美國國會圖書館（Library of Congress）在1901年開始出售印刷卡片（Cole, 2006），讓其他的圖書館可以利用其書目資料。個人電腦出現之後，圖書館員立刻擁抱這項產品，將它利用於線上公用目錄的查詢，並且發展了一些軟體工具來分享書目資訊與權威紀錄，自此目錄遂成為圖書館自動化系統的核心。

線上公用目錄的出現對圖書館的編目工作產生極大的變化，圖書館廢止了卡片目錄，抄錄編目成為編目時的主要工作方式，而線上公用目錄能提供多樣化、有彈性的檢索方式也使得圖書館的目錄有了嶄新的面目。若與卡片目錄比較，線上公用目錄具有下列特性：可供遠地查詢、可供多人同時使用、可提供更多檢索點、可提供多樣化及有彈性的檢索方式、書目資料可以不同方式展現。另一方面，電腦網路的發展，亦使圖書館的讀者不僅能檢索本館目錄，也能檢索其他圖書館的目錄，甚至包含外製的資料庫及各式系統（吳明德，1993）。因此，圖書館目錄為適應服務上的要求，其編製已超越單一性質的館藏紀錄階段，而發展成為資訊交流的有力工具，編目技術也從個別編目方式進展到合作編目，從一館一地的目錄演進到全球性目錄。由此可知，目錄的功能在歷經財產清單、查詢清單、單一圖書館的館藏索引，乃至發展成為聯合多所圖書館的館藏檢索系統；在形式上

由書本式、卡片式、機讀格式，以至發展成為 Web 介面的線上公用目錄（張慧銖，2003）。上述特性對於圖書館目錄編製的相關規範皆有重大的影響。

現代目錄之目的與功能可說是由 Lubetzky 在巴黎會議中提出，而其緣起則可溯自 19 世紀 Panizzi、Jewett 和 Cutter 的觀點（張慧銖，2003）。Panizzi（Sir Anthony Panizzi, 1797～1879）曾為大英博物館圖書館（British Museum Library）編製圖書目錄，其 91 條規則在建立字順式目錄的基礎與為達成目錄功能而設立的主要款目（main entry）兩方面，扮演極為重要的角色。Jewett（Charles Coffin Jewett, 1816～1868）曾為美國史密斯森研究協會（Smithsonian Institution）出版目錄編製原則（*On the Construction of Catalogues of Libraries*）。Cutter（Charles A. Cutter, 1837～1903）被譽為 19 世紀最偉大的編目理論家，其出版的字典式目錄規則（*Rules for a Dictionary Catalog*）雖奠基於 Panizzi 與 Jewett，卻比前輩們更加完整及周全，對後來英美編目規則的發展影響尤為深遠。Lubetzky（Seymour Lubetzky, 1898～2003）是 20 世紀的編目理論家，為美國的波蘭移民，曾先後任職於加州大學洛杉磯分校圖書館與美國國會圖書館，可以說是 20 世紀中在研究目錄目的方面最重要也最具代表性的人物。其後，IFLA 的 FRBR 研究小組與 Svenonius 皆對目錄的目的與功能提出新的見解，茲將前述各編目學者對於目錄目的與功能的闡述說明如下（張慧銖，2003；陳和琴等，2003）：

一、Panizzi

Panizzi 在建立字順式目錄的基礎與為達成目錄功能而設立的主要款目兩方面，扮演十分重要的角色。其目錄的目的雖然不盡完美，但也已相當明確。茲將重點摘要如下：
（一）規定將著者的作品予以聚集；
（二）規定將作品的版本予以聚集；
（三）將一著者的所有作品連結，以使讀者知道該著者的所有作品；
（四）辨識與區別特定的版本與譯本，以使一特定作品的不同版本與譯本彼此間不會相互混淆。同時在記述圖書資訊時必須要以書名頁上所提供者為依據；

（五）聚集一作品的所有版本，以使讀者不僅能夠找到特定的出版品，還能將該出版品與相關的作品之所有版本展示出來。

（六）要求建立劃一或習用書名來做為特定作品的書名，成為主款目的一部分，用以聚集和連結各種版本及譯本，同時做為辨識作品的依據，且此書名必須採用與原著使用的語言相同，或採用編目員所設立的書名。

上述這些目的的達成主要是依靠主款目的設計，據以辨識一本特定的圖書是代表某特定著者所著的特定作品。Panizzi 瞭解藉由一組規則可以建立目錄，同時也可以將目錄所欲達到的功能，包括查詢、辨識、選擇與聚集融入其中。

二、Jewett

Jewett 對於目錄的目的的觀點基本上是跟隨 Panizzi，其貢獻在於強化已由 Panizzi 所設立的目錄目的。但為了達到目錄的功能，他則進一步對於編目規則做了若干修訂。在 Jewett 的規則中可以發現部分已存在於 Panizzi 規則的目的，包括：

（一）可透過著者（或為匿名作品可透過書名）查詢到一本已出版的圖書；

（二）可查詢到一著者的所有作品；

（三）可查詢到某特定作品的所有版本、譯本或部分作品。

Jewett 採納了 Panizzi 最先設計的主款目，且並未做大幅度的修改。主款目可說是非常確切與簡單的工具，它可以將一作品的所有版本與譯本加以辨識與連結，而展示給目錄使用者的是作品，並非不具體與不相連結的圖書。

三、Cutter

Cutter 的規則所建立的書目工具可說是現代目錄的基石，他明確地標示出一套目錄之目的，並且提供如何達成這些目的的方法，同時也發展出一系列的定義與規則，使得圖書館的資料在目錄中都能有適當的位置。茲將 Cutter 認為目錄的目的以及如何達成的方法說明如下：

（一）目的（Objects）

1. 使讀者能找到他所需要的資料，如果他知道：(1) 著者、(2) 書名、(3) 主題。
2. 揭示館藏：(4) 某個著者的作品有哪些、(5) 某個主題的作品有哪些、(6) 某種類型的作品有哪些。
3. 協助讀者選擇他所要的資料：(7) 從版本、(8) 從其他特性（體裁或主題）。

（二）方法（Means）

1. 著者款目與必要時所做參照（為 (1) 與 (4) 所做）。
2. 著名款目或書目參照（為 (2) 所做）。
3. 主題款目、參照及分類主題表（為 (3) 與 (5) 所做）。
4. 型式款目及語言款目（為 (6) 所做）。
5. 提供版本及出版資訊，必要時所做的附註（為 (7) 所做）。
6. 必要的附註（為 (8) 所做）。

　　Cutter 採用主款目作為達成目錄目的的工具，並且認為透過編目規則可將著者、作品與圖書都放在適當的書目位置。

四、Lubetzky

　　Lubetzky 是 20 世紀的編目理論家，為美國的波蘭移民，主張目錄之功能必須要能：

（一）展示出關於某特定著者，圖書館有哪些他的作品：協助目錄的使用者能夠很快地決定圖書館中是否有他所需要的圖書，若使用者能夠愈快地找到資訊就表示目錄愈好。

（二）關於某一特定作品，圖書館中有哪些它的版本。

　　將目錄展示給使用者，在著者名稱的單一形式下列出圖書館有哪些關於該著者的作品，以及關於某作品圖書館中有哪些版本與譯本。Lubetzky 要求編目規則的條文必須要以明定的原則與目的為基礎，以確保其符合邏輯、實際可行，且具一致性。

1961 年，IFLA 於巴黎舉行國際編目原則會議，會中通過編目原則聲明「巴黎原則」，故其在目錄的功能上已取得國際共識。巴黎原則中揭示的目錄功能為：

2. 目錄應為一有效之工具以確定──

    2.1 圖書館是否藏有某一特定的書，並依據以下三者加以確認

        (a) 著者及書名

        (b) 當著者名不在書上，僅有書名，或

        (c) 當著及書名皆不適宜或不足以辨識時，有合適的書名替代者；及

    2.2 (a) 關於特定著者有哪些作品，及

        (b) 關於特定作品有哪些版本被收藏在圖書館之中

五、IFLA 之 FRBR 研究小組

1997 年，IFLA 的 FRBR 研究小組對於目錄的功能重新進行研究，認為目錄應具有如下的功能：

（一）查詢（find）：找尋讀者所敘述的查詢條件，無論是在檔案或資料庫中的單一款目或是一組款目，都能以款目的屬性或關係被檢索到。

（二）辨識（identify）：辨識實體，即辨識相同的兩個或兩個以上的實體。

（三）選擇（select）：選擇適合讀者需求的實體，即選擇內容或外觀適合讀者需求的實體，或拒絕不符合讀者需求的實體。

（四）獲取（obtain）：被描述的實體，可透採購、借閱或電子連結的方式即可獲取。

六、Svenonius

為使 IFLA 所提出的目錄之功能可提供獨立的模型以繼續傳統，且將航行的功能包括其中，Elaine Svenonius 進一步建議可以將其修改如下：

（一）找到實體（locate entities）──採用實體的屬性或關係查詢時，在檔案或資料庫中可以查到：
　　1. 找到單一實體，如：一份文件（此即 find 的功能）。
　　2. 確認一組實體的展示物：(1) 當所有文件皆屬同一作品；(2) 當所有文件皆屬同一版本；(3) 當所有文件皆出自同一著者；(4) 當所有文件皆出自同一主題；(5) 當所有文件採用其他的條件去定義。
（二）辨識一實體（identify an entity）──確認紀錄中的實體是被找尋的，或可用於區辨性質相近的兩個或兩個以上的實體；
（三）選擇一符合讀者需求的實體（select an entity）──選擇內容或外觀適合讀者需求的實體，或拒絕不符合讀者需求的實體；
（四）獲取被描述的實體（obtain access to the entity described）──透過採購、借閱或線上連結遠端的電腦，以獲取被描述的實體；
（五）航行於書目資料庫（navigate a bibliographic database）──找到關於某作品的其他作品，如：與其次類之關係、聯合的關係或聚集的關係，或找到相關屬性，如：相等、階層或聯合。

　　上述功能事實上可以分別與查詢（find）、聚集（collocating）、選擇（select）、獲取（obtain）與航行（navigation）等功能相互參照而構成一個完整的書目系統。

　　2009 年 2 月正式發表的《國際編目原則》（ICP），在查詢和聚集兩大功能的基礎上，導入 FRBR 的概念，說明目錄的目的與功能應為一有效率地幫助使用者之工具，並且有助於使用者查詢、辨識、選擇、獲取與航行於書目世界（IFLA, 2009b）。然而要達到前述目的的方法便是提供機制，以連結目錄中所有相關實體的書目紀錄，經由目錄確定書目實體彼此間的關連。

　　綜上所述，理想的資訊組織，不僅使目錄可以讓使用者查詢、辨識、選擇及獲取所需資源，各圖書館的館藏也因目錄得以有效連結，讓任何地方的任何館藏都能夠因應使用者的需求。

第三節　影響編目規則發展的重要因素

　　由於圖書館之外從事資訊組織相關作業的機構不少，加上各種資料類型推陳

出新,電子出版品急遽發展,且各種詮釋資料的運用日益增加,讀者需求與使用行為的改變等種種因素,都對於編目環境及現有的編目標準產生了巨大的影響。以下針對大環境中影響編目規則發展的重要因素加以說明,包括:《國際編目原則》的編訂、《書目紀錄功能需求》的發展,以及《國際標準書目著錄原則──整合版》之出版等。

一、國際編目原則(Statement of International Cataloguing Principles, ICP)

為了達到編目國際標準化,IFLA 自 2003 年開始,分別舉辦了五屆的國際編目專家會議,第一屆於 2003 年在法蘭克福、第二屆於 2004 年在阿根廷、第三屆於 2005 年在希臘、第四屆於 2006 年在韓國、第五屆於 2007 年在南非。直至 2009 年 2 月才正式發表了國際編目原則(IFLA, 2003, 2004, 2005, 2006, 2007, 2009a),修訂自 1961 年以來國際通用的「巴黎原則」(Paris Principle)。

該份原則之中共包括以下七個部分(IFLA, 2009a):
(一)範圍(scope);
(二)一般原則(general principles);
(三)款目、屬性及關係(entities, attributes, and relationships);
(四)目錄的目的與功能(objectives and functions of the catalogue);
(五)書目記述(bibliographic description);
(六)檢索點(access points);
(七)檢索的基礎(foundations for search capabilities)。

這些新原則係以傳統編目為基石,加入《書目紀錄功能需求》的觀念,取代及擴展了巴黎原則,應用範圍從文本作品擴及所有類型的資源,且在指引編目規則的建構上,ICP 列有九個一般原則,包括:(一)使用者便利性;(二)適用性;(三)表達性;(四)準確性;(五)充分性及必要性;(六)重要性;(七)經濟性;(八)一致性及標準化;(九)整合性。而在所有原則中排名第一且最重要的即是「使用者便利」,而其他原則皆與此一原則相關。「適用性」亦即適合一般的使用。「表達性」指盡可能按照資源單件所出現的資料照樣著錄。「準

確性」、「必要性」及「重要性」則是讓使用者能夠瞭解書目資料以獲取所需的重要資訊，不會因為不瞭解的用詞或縮寫字而產生困惑，也不會因多餘不需要的資訊而陷入困境。不過這些原則也確認編目員及圖書館的需求，規定只要迎合使用者的需要，即可以最經濟的方式記載書目或權威紀錄中的資料，並且保持「一致性」及「標準化」，以利分享。「整合性」亦即儘可能地對所有類型資源或其他實體採用一套共用的原則（陳和琴，2012）。ICP能夠增加國際間共享書目及權威資料，引導編目規則的制定者，發展國際性的編目原則。其出版後已成為各國編目規則發展與修訂的參考規範（張慧銖，2011）。

二、書目紀錄功能需求（Functional Requirements for Bibliographic Records, FRBR）

　　圖書資訊學界自1961年共同達成「巴黎原則」及1971年出版「國際標準書目著錄原則」（ISBD）後，編目的理論與實踐便穩定地依循此主軸發展。直至1990年起，編目原理與標準使用的環境產生劇烈的改變，包括自動化系統的採用與不斷革新、國際間書目共享計畫、新型態出版品的出現等原因，促使圖書館必需面對如何讓書目紀錄更有效地符合廣泛使用者的期許與需求。FRBR便是在此背景下由IFLA研究小組自1991至1997年所發展並於1998年提出最終報告，其最新版本為2009年，針對專題著作、音樂作品及其他資源進行討論，但並未對連續性出版品做細節的描述（IFLA, 2009b）。FRBR的主要目標是將實體關係的概念模型（entity-relationship model）運用在讀者的查詢工作，強調書目層次及書目關係的聚合，以增進目錄的導航功能，同時因應目錄使用者的需求，提供適合特定層次的書目查詢。除了FRBR之外，IFLA另出版了關於檢索點及名稱權威控制的《權威資料功能需求》（*Functional Requirements for Authority Data*，簡稱FRAD）及關於主題權威控制的《主題權威資料功能需求》（*Functional Requirements for Subject Authority Data*，簡稱FFRSAD）（IFLA Working Group on Functional Requirements and Numbering of Authority Records, 2009），以規範名稱及主題權威資料之間的關係。

　　晚近為利於圖書館的書目資料與博物館後設資料間的整合與互通，已在2000

年成立了 FRBR/CIDOC CRM 協調工作小組，後於 2006 年訂出 FRBRoo（FRBR object-oriented）初稿（Bekiari, Doerr, Le Bœuf, & Riva, 2015）。其中博物館界的藏品資料概念模型為 CIDOC CRM（Conceptual Reference Model），係由國際博物館聯盟工作小組（International Council for Museums-International Committee on Documentation，簡稱 ICOM-CIDOC）於 1996 年開始研訂，目的在提供一個正式的架構，以描述文化遺產相關文件之間的內外在關係。FRBRoo 是一個獨立的文件，它以 CIDOC CRM 物件導向的方法和結構來表達 FRBR 的概念，可說是從另一個角度看圖書館的概念模型，其目的並非取代 FRBR（張慧銖，2011）。

FRBR 的研究發展對當前編目標準帶來相當大的影響，包括對 ISBD、編目規則、MARC 21 與線上公用目錄等，茲分述如下（張慧銖、林時暖，2004）：

（一）ISBDs

FRBR 概念對 ISBDs 修訂具有相當大的潛在影響，這些概念包括：1. 作品的概念，建議 ISBD 修訂版應有系統且一致性地處理紀錄中作品與內容版本，以便能和載體版本有所區別。2. 將傳統的書目紀錄分成獨立的資訊單元，由於文件常由數個次文件（subdocuments）所組成，但目前編目規則僅處理到載體版本層級，因此有所謂扁平的書目紀錄產生。意即依據第一個作者產生書目紀錄，其他作者並未有專屬的書目紀錄，因此 Le Bœuf 建議應該分別為三位作者建置獨立的資訊單元，這有助於強化書目著錄的正確性，尤其是部分文件的數位化計畫。3. 建議將標準號碼項併入附註項，因為其他的標準號碼不斷新增，如數位物件識別碼（Digital Object Identifier，簡稱 DOI）、統一資源名稱（Uniform Resource Name，簡稱 URN）等。因此，建議將標準號碼項併入附註項。4. FRBR 的航行（或稱導航）概念，建議修訂 ISBD 應評估包含 OPAC 的需求，考慮更高層次的紀錄結構，如超紀錄（super-records），以及從網際網路上取得書目紀錄的可行性（Le Bœuf, 2001）。

（二）編目規則

依據 AACR2R 1988 年修訂版（*Anglo-American Cataloguing Rules, 2nd Revised Edition*, 1988）之規則 0.24，作品實體單件的著錄以所屬資料類型為基礎，Tillett 建議應以單一書目紀錄聚合作品的各個載體版本，亦即建議著錄書目紀錄

時應優先考慮「內容」而非「載體」；其次 AACR（*Anglo-American Cataloguing Rules*）中並無內容版本及載體版本的描述，而單件則與 FRBR 的定義不相同，因此建議將 FRBR 術語及概念納入 AACR 之中；第三，應重新組織 AACR 第 21 章，英美編目規則聯合修訂委員會（Joint Steering Committee，簡稱 JSC）建議應從修訂「三原則」（Rule of Three）開始；第四，關於劃一題名的修訂，建議移除主款目和附加款目的術語，改用作品及內容版本摘要取代目前之劃一題名。美國國會圖書館則建議將 AACR 中 22 至 25 章有關標目的形式，變成 AACR2 的第三部分成為新的核心部分，即權威紀錄（Tillett, 2004）。2003 年確定發展新的編目規則以取代 AACR2 並命名為 AACR3。2004 年開始著手新規則的修訂工作，同年 AACR3 第一部分草案完成並提供各界評論，2005 年 JSC 接受來自第一部分草案評論者的意見，決定將新版的編目規則命名為資源描述與檢索（Resource Description and Access，簡稱 RDA），係以 ICP 之規定及 FRBR、FRAD 為其發展依據，取代 AACR2 成為新的編目規則（Joint Steering Committee for Development of RDA, 2010）。

（三）MARC 21

MARC 21 紀錄是單一作品對應單一載體，如何處理多重版本（multiple version-format variation）一直是美國國會圖書館努力的方向。2001 年，該館之網路發展與機讀編目格式標準局（Network Development and MARC Standards Office，簡稱 NDMSO）受命從 FRBR 模式、AACR 編目規則模式，及如何支援使用者工作三個層面重新檢視 MARC 21 並由 FRBR 研究小組顧問開始進行 MARC 與 FRBR 之比對計畫，比對結果發現：1. MARC 和 FRBR 模式有基本的一致性，在 2,300 個元素中，有 1,200 個與 FRBR 相對應，預計尚有 200 個元素可對應到；有 150 個運算元無法成功的對應，約有三分之一的元素不存在 FRBR 模式中，因此有必要擴充 FRBR 的實體和關係。2. 有許多不規則和不確定的資料，尤其是在元素層級而不是標準，很多分欄包含了多元資料元素（如 tag 533），但規則定義不清楚，如存取限制究竟要用在哪個層次？3. AACR 比對結果，AACR 內在抽象實體，深深影響到 MARC，使得規則結構重於功能結構。因此其顧問小組認為除了 MARC 21 格式的比對外，亦應建立不同的 MARC 格式（如 CMARC、CNMARC、JMARC……）與 FRBR 的溝通管道（McCallum, 2002）。

（四）線上公用目錄

　　由於連結實體間的關係，FRBR 模式非常適合用於瀏覽或資訊查詢功能，但是 FRBR 之術語並不直接，故應避免以 FRBR 用語或概念呈現給使用者，編目人員應該要運用 FRBR 的結構及術語，採用圖形導向的方法，如此應有助於 FRBR 結構及關係的呈現，進而容易協助使用者航行於 FRBR 線上公用目錄。而 FRBR 對線上公用目錄的影響，可以從四個面向加以說明：1. 書目紀錄方面，以作品為中心編目，聚合作品的內容版本、載體版本和單件等資訊到作品樹狀結構的目錄之下，如此可增強書目紀錄的內容與邏輯關係。2. 檢索方面，以作品為基礎建立書目紀錄，可使相關紀錄以作品為核心加以聚合，讓使用者執行一次檢索即可獲取所有相關資源，亦可協助其辨識及選擇所需資源。3. 館員方面，可使編目工作更加系統化與條理化，並且運用 FRBR 模式將有助於編目分享，減少重複編目，亦可降低編目成本。4. 除可提供使用者更完善、精確的查詢外，更可因檢索介面友善、簡單明瞭，便於使用者辨識與選擇資訊（張慧銖，2011）。

三、《國際標準書目著錄原則——整合版》（International Standard Bibliographic Description, ISBD: Consolidated Edition）

　　1969 年 IFLA 的編目委員會（IFLA Committee on Cataloguing），後來改名為常務委員會編目組（Standing Committee of the IFLA Section on Cataloguing，今名為 Standing Committee of the IFLA Cataloguing Section），在巴黎召開國際編目專家會議（International Meeting of Cataloguing Experts），建議起草標準，藉以規範書目著錄的形式及內容。當時，書目資料的共享及交換方興未艾，IFLA 的編目委員會考慮當時的情境，極力推動國際標書目著錄原則，至今已超過 30 年。為了推動書目紀錄共享，世界各國的書目機構、國家的編目規則及國際的編目規則，都積極採用國際書目著錄的各個標準。1971 年出版的《國際標書目著錄原則——圖書式出版品》（*ISBD (Monographic)*），有多個國家書目機構採納此標準並被譯為多種語文，作為擬定各國編目規則的依據（黃淵泉、IFLA 編目

委員會，1978），如我國的《書目資料著錄總則》（CNS-13227 (Z7249)）（國家圖書館編目園地，2012）。

　　IFLA 之後續成立 ISBD 修訂委員會，於 1981 年正式規劃，定期審視及修訂圖書、連續性出版品、靜畫資料及非書資料等之 ISBD。該委員會有三個主要目標：（一）協調各 ISBD，增加其一致性；（二）改進範例；（三）加強對非羅馬語系的編目員之支持。1990 年初，IFLA 的編目組（Section on Cataloguing）與分類索引組（Section on Classification and Indexing）合作，成立書目紀錄功能需求研究組（Study Group on the Functional Requirements for Bibliographic Records，簡稱 FRBR），決定暫停對 ISBD 的修訂工作，以便研擬「國家書目機構於製作書目紀錄時，所需的基本功能及基本資料」；1998 年，該研究組出版結案報告，才恢復 ISBD 修訂的工作，在符合 ISBD 及 FRBR 要求之下，製定國家書目紀錄的基本層次（IFLA, 1988）。

　　ISBD 的研訂目標是為國際圖書館界提供一書目著錄標準，使不同機構著錄的書目紀錄可以跨越語言與資料類型達到共享的目標，原已訂定的標準有以下幾種（張慧銖，2011；IFLA, 2009c）：

（一）國際標準書目著錄原則——通則（ISBD (General)）；
（二）國際標準書目著錄原則——古籍（ISBD (Antiquarian)）；
（三）國際標準書目著錄原則——地圖出版品（ISBD (Cartographic)）；
（四）國際標準書目著錄原則——電子出版品（ISBD (Electronic Resources)）；
（五）國際標準書目著錄原則——連續性出版品（ISBD (Serials and Other Continuing Resources)）；
（六）國際標準書目著錄原則——圖書式出版品（ISBD (Monographic)）；
（七）國際標準書目著錄原則——非書資料（ISBD (Non-Book Materials)）；
（八）國際標準書目著錄原則——樂譜（ISBD Printed (Music)）。

　　由於 ISBD 之冊數眾多，且其規則、語言及範例皆不統一，使得更新相當困難。而現行之資料類型標示（General Material Designation，簡稱 GMD）也已不適用，再加上編目員需同時參考數本國際標準書目著錄規則，使得工作不具效率，因而有修訂 ISBD 的必要。

　　2003 年 ISBD 成立研究小組，開始修訂綜合版，首先對資料類型標示（GMD）及特別資料類型標示（Specific Material Designation，簡稱 SMD）討論如何處

理多種內容與媒體型態之作品，同時停止修訂各單冊之國際書目著錄原則，而在 2007 年公布了整合版初版（preliminary consolidated edition）。更新的版本除了配合 2009 年的《國際編目原則》之外，也參考了《書目紀錄功能需求》（FRBR）的概念，包括：與 FRBR 中之國家書目紀錄基本著錄層次一致、遵循必要（mandatory）及選擇（optional）描述項、使用統一詞彙，及提供 FRBR 及 ISBD 對照表等。2009 年又增加第零段（Area 0）（IFLA, 2009c），即內容形式與媒體型態（content form and media type）。整合版之目次如表 2-1：

表 2-1　ISBD 整合版目次一覽表

項次	內容
A	通則（General chapter）
0	內容形式與媒體型態項（Content form and media type area）
1	題名及著者敘述項（Title and statement of responsibility area）
2	版本項（Edition area）
3	媒體及資源特殊細節項（Material or type of resource specific area）
4	出版、製造、經銷項（Publication, production, distribution specific area）
5	稽核項（Physical description area）
6	集叢及多冊書項（Series and multipart monographic resource area）
7	附註項（Note area）
8	資源識別指標及獲得來源項（Resource identifier and terms of availability area）

資料來源：張慧銖（2011，頁 33）。

其中 A 為通則，即原 ISBD 中的 0 段；0 表示內容形式及媒體型態項，取代了資料類型標示（GMD）並新增三個描述項，即 0.1 內容形式（content form）；0.2 內容限定詞（content qualification）；0.3 媒體型態（media type）（張慧銖，2011；IFLA, 2009c）。2011 年 IFLA 出版《國際標準書目著錄原則──整合版》（*International Standard Bibliographic Description: Consolidated Edition*），其用內容形式及媒體型態項取代 GMD 的做法，不僅可以改變 GMD 著錄不一致的混亂狀況，亦可為制定基於 FRBR 的編目條例奠定重要基礎（IFLA, 2011）。

第四節　編目規範的範圍與內容

規範係指規則、典範（中華民國教育部，1994），和其意義相近的用詞包括標準、指引、手冊等。編目就其涵義可為記述編目與主題編目。記述編目是對資料作形體的分析與描述，其所遵循的規範稱為編目規則。主題編目是對資料作內容的分析，以決定資料的分類號及主題標目（或主題詞），所遵循的規範分別為分類表、標題表及主題詞表。另配合圖書館自動化作業，以利資訊查詢和系統間交換機讀資料檔時，所需遵循和使用的標準為機讀編目與權威格式。此外，在取定索書號時，若作品的分類號相同，傳統上會以著者的代表號碼進一步地細分，因此著者號碼表即為所需參考之工具。再者，為因應編目員實際工作需要，或將編目業務之相關工作細則編訂成手冊，以供參考者，亦成為一種編目規範（陳和琴，2001）。簡言之，本節所談之編目規範的範圍主要分為：一、編目規則；二、分類法；三、標題表；四、機讀編目格式；五、權威機讀格式；六、著者號碼表；七、編目工作手冊；八、網路資源。茲將上述編目規範之內容按中、西文常用者加以區分如下：

一、中文

（一）編目規則

- 《中國編目規則（總則、圖書、連續性出版品）》（1982年）／圖書館自動化作業規劃委員會中國編目規則研訂小組編訂
- 《中國編目規則》（1995年修訂版）／圖書館自動化作業規劃委員會中國編目規則研訂小組編訂、中國圖書館學會分類編目委員會修訂
- 《中國編目規則》（2000年修訂二版）／圖書館自動化作業規劃委員會中國編目規則研訂小組編訂、中國圖書館學會分類編目委員會修訂
- 《中國編目規則》（2005年第三版）／圖書館自動化作業規劃委員會中國編目規則研訂小組研訂、中華民國圖書館學會分類編目委員會增修
- 《中國編目規則》（2013年第三版增修版）／圖書館自動化作業規劃委員會中國編目規則研訂小組研訂、中華民國圖書館學會分類編目委員會增修
- 《RDA中文手冊初稿》（2015年）／RDA工作小組譯著

（二）分類法

- 《中國圖書十進分類法修訂本》（2004年修訂版）／何日章編
- 《中文圖書分類法》（2007年版）／《中文圖書分類法》（2007年版）修訂委員會修訂
- 《中文圖書分類法》（2007年版修訂一版）／《中文圖書分類法》（2007年版）修訂委員會修訂，網址：http://catweb.ncl.edu.tw/portal_e6_cnt_page.php?button_num=e6&folder_id=1&cnt_id=3&sn_judge=1

中國圖書十進分類法原由何氏與袁金壇（湧進）兩人合編，初版於1934年1月，由北平師範大學圖書館印行。政府遷臺後，何氏曾於1956年及1965年先後加以修訂，分別印行第二版和第三版。2004年由國立政治大學、輔仁大學、國立臺灣師範大學、中央研究院等單位修訂，並由國立政治大學出版，惟作者仍著錄為何日章編。參考資料如下：

- 「中國圖書十進分類法」／國家圖書館編目園地，網址：http://catweb.ncl.edu.tw/portal_g11_cnt_page.php?button_num=g11&folder_id=6&cnt_id=108
- 〈中國圖書十進分類法之修訂與展望〉／曾秋香、郭麗芳著，《圖書與資訊學刊》，48，97-108。

（三）標題表

- 《中文圖書標題表》（1995年修訂版）／國立中央圖書館編目組編訂
- 《中文主題詞表》（2005年修訂版）／中文主題詞表編訂小組編訂
- 「國家圖書館中文主題編目規範系統」／網址：http://catbase.ncl.edu.tw

（四）機讀編目格式

- 《中國機讀編目格式》（1989年第三版）／國立中央圖書館中國機讀編目格式修訂小組編撰
- 《中國機讀編目格式》（1997年第四版）／中國機讀編目格式修訂小組編撰
- 《中國機讀編目格式（草案）》（2001年）／中國機讀編目格式修訂小組研訂
- 《MARC 21書目紀錄中文手冊：圖書、連續性出版品》（2011年）／徐蕙芬、戴怡正、國家圖書館編目組編著

（五）權威機讀格式

- 《中國機讀權威記錄格式》（1994 年）／國立中央圖書館中國機讀權威記錄格式修訂小組編撰

（六）著者號碼表

- 《中文目錄檢字表》（1965 年）／中國圖書館學會分類編目委員會編
- 《四角號碼作者號取碼原則》（2007 年）／國家圖書館編撰
- 《何日章著者號碼表》（2004 年）／何日章
- 《首尾五筆著者號取碼規則》（2007 年）／國家圖書館編撰
- 《國家圖書館克特號取碼方法》（2007 年）／國家圖書館編撰
- 「首尾五筆檢字法查詢系統」／國家圖書館開發，網址：http://catapp.ncl.edu.tw/five/

　　中文圖書分類法將四角號碼、五筆著者號取碼規則、克特號取碼方法編列於附錄，故著錄 2007 年；何日章著者號碼表亦為中國圖書十進分類法附表，故著錄 2004 年。參考資料如下：

- 「中文圖書分類法（2007 年版）」／國家圖書館編目園地，網址：http://catweb.ncl.edu.tw/class2007/96-1-1.htm
- 《中國圖書十進分類法修訂本》（2004 年）／何日章編著

（七）編目工作手冊

- 《中文圖書編目手冊》（1993 年）／吳瑠璃、江綉瑛編著
- 《中國編目規則修訂二版使用手冊》（2000 年）／國家圖書館、中國圖書館學會分類編目委員會編撰
- 《中國編目規則第三版使用手冊》（2008 年）／國家圖書館、中華民國圖書館學會分類編目委員會編撰
- 《MARC 21 書目紀錄中文手冊：圖書、連續性出版品》（2011 年）／徐蕙芬、戴怡正、國家圖書館編目組編著

- 《MARC 21 權威紀錄中文手冊》（2015 年）／徐蕙芬、戴怡正、國家圖書館館藏發展及書目管理組編著
- 《RDA 中文手冊初稿》（2015 年）／RDA 工作小組譯著

【說明】後三種手冊，在中文沒有相應規則的情況下，有可能作為編目規則及機讀格式使用，故也同時列入前兩個類別中。

（八）網路資源

- 「國家圖書館編目園地」／網址：http://catweb.ncl.edu.tw

二、西文

（一）編目規則

- *Anglo-American Cataloguing Rules* (1967) / American Library Association
- *Anglo-American Cataloguing Rules* (1978, 2nd ed.) / American Library Association
- *Anglo-American Cataloguing Rules* (1988, 2nd ed., rev.) / American Library Association
- *Anglo-American Cataloguing Rules* (2002, 2nd ed., rev.) / American Library Association
- *International Standard Bibliographic Description* (2011, Consolidated ed.) / recommended by the ISBD Review Group; approved by the Standing Committee of the IFLA Cataloguing Section
- *Resource Description & Access: RDA* (2010) / developed in a collaborative process led by the Joint Steering Committee for Development of RDA (JSC)

（二）分類法

- *Dewey Decimal Classification and Relative Index* (2003, 22nd ed.) / devised by Melvil Dewey; edited by Joan S. Mitchell, editor in chief; Julianne Beall, Giles Martin, Winton E. Matthews, Jr., Gregory R. New, assistant editor

- *Dewey Decimal Classification and Relative Index* (2011, 23rd ed.) / devised by Melvil Dewey; edited by Joan S. Mitchell, editor in chief; Julianne Beall; Rebecca Green; Giles Martin; Michael Panzer, assistant editor
- *LC Classification Outline* / prepared by the Library of Congress Cataloging Policy and Support Office
- *Library of Congress Classification Schedules. Class A-Z* / Helen Savage, editor, Kathleen D. Drose and Rita Runchock, associate editors
- *WebDewey* / http://www.oclc.org/en/dewey.html
- *LC ClassificationWeb* / http://classificationweb.net
- *Library of Congress Classification PDF Files* / https://www.loc.gov/aba/publications/FreeLCC/freelcc.html

（三）標題表

- *Library of Congress Subject Headings* / prepared by Subject Cataloging Division, Processing Services
- *Medical Subject Headings* / National Library of Medicine
- *Sears List of Subject Headings* (2010, 20th ed.) / edited by Joseph Miller
- Subject Headings & Genre/Form Terms / https://www.loc.gov/aba/cataloging/subject/
- *Library of Congress Subject Headings* (2016, 38th ed.) / https://www.loc.gov/aba/publications/FreeLCSH/freelcsh.html
- *Faceted Application of Subject Terminology* (FAST, 2011) / OCLC Research and the Library of Congress. http://fast.oclc.org/searchfast/

（四）機讀編目格式

- *UNIMARC*
- *USMARC*
- *MARC 21 Concise Formats: Bibliographic Data Section*
- *MARC 21 Concise Formats: Classification Data Section*
- *MARC 21 Concise Formats: Holdings Data Section*
- *MARC 21 Format for Bibliographic Data*

- *MARC 21 Format for Classification Data*
- *MARC 21 Format for Community Information Data Section*

（五）權威機讀格式

- *MARC 21 Format for Authority Data*

（六）著者號碼表

- *Alfabetic Order Table / Charles A. Cutter*
- *Library of Congress Classification and Shelflisting Manual. G63 Cutter Number /* https://www.loc.gov/aba/publications/FreeCSM/G063.pdf
- *Cutter Sanborn Three-Figure Author Table*
- *OCLC. Dewey Cutter Program /* https://www.oclc.org/support/services/dewey/program/instructions.en.html

（七）編目工作手冊

- *UNIMARC Manual: Bibliographic Format* (1994, 2nd ed.) / International Federation of Library Associations and Institutions
- *MARC Manual: Understanding and Using MARC Records* (1998, 2nd ed.) / Deborah J. Byrne
- *RDA: Resource Description & Access Training Materials* / Program for Cooperative Cataloging, Library of Congress
- *List of the Library of Congress Descriptive Cataloging Manual PDF Files* / Library of Congress, https://www.loc.gov/aba/publications/FreeDCM/freedcm.html
- *Library of Congress Classification and Shelflisting Manual* / https://www.loc.gov/aba/publications/FreeCSM/freecsm.html
- *List of the Subject Heading Manual PDF Files* / https://www.loc.gov/aba/publications/FreeSHM/freeshm.html
- *Unlocking the Mysteries of Cataloging: A Workbook of Examples* (2005) / Elizabeth Haynes and Joanna F Fountain
- *Descriptive and Subject Cataloguing: A Workbook* (2006) / Jayarani Raju and Reggie Raju

- *Manheimer's Cataloging and Classification* (2000, 4th ed., rev. and expanded) / Jerry D. Saye and April Bohannan

（八）網路資源

- *LC Workshop Course Materials* / Library of Congress, http://www.loc.gov/catworkshop/courses/
- *Statement of International Cataloguing Principles* (2009) / IFLA Cataloguing Section and IFLA Meetings of Experts on an International Cataloguing Code, http://www.ifla.org/files/cataloguing/icp/icp_2009-en.pdf
- *Guidelines for Authority Records and References* (2001, 2nd ed., rev.) / Revised by the IFLA Working Group on GARE Revision, http://www.ifla.org/files/assets/hq/publications/series/23.pdf
- *Guidelines for Forming Language Equivalents: A Model Based on the Art & Architecture Thesaurus* (1999) / prepared by International Terminology Working Group, http://glotta.ntua.gr/StateoftheArt/Multilingual-Image-Retrieval/AAT/index.html
- *ANSI/NISO Z39.19-2003 Guidelines for the Construction, Format, and Management of Monolingual Thesauri* / National Information Standards Organization
- *IFLA Guidelines for Multilingual Thesauri* (2005) / IFLA, http://www.ifla.org/VII/s29/pubs/Draft-multilingualthesauri.pdf
- *Guidelines for the Construction, Format, and Management of Monolingual Controlled Vocabularies, ANSI/NISO Z39.19-2005 (R2010)* (2010) / National Information Standards Organization, http://www.niso.org/apps/group_public/download.php/12591/z39-19-2005r2010.pdf

　　編目規範的產生及發展與合作編目有密切的關係。國內編目規範的來源與發展，主要來自國家圖書館及中華民國圖書館學會分類編目委員會的努力。而國外編目規範的發展機構，其國家圖書館與各圖書館學會也扮演極為重要的角色，再者國外書目中心亦積極參與編目規範的發展（陳和琴，2001）。就美國而言，美國國會圖書館即掌理圖書分類法、機讀格式及標題表的編訂事宜；在編目規則方面，美國國會圖書館除了規則解釋外，更代表美國參加英美編目規則聯合修訂委

員會（Joint Steering Committee，簡稱 JSC），積極主導編目規則的修訂工作。另在圖書館學會方面，美國圖書館館藏與技術服務協會（Association for Library Collections & Technical Services，簡稱 ALCTS）設有分類編目部門，負責建構美國圖書館學會對著錄編目的政策，在國際書目著錄規則的持續發展中，亦扮演舉足輕重的角色。美國國際圖書館電腦中心（Online Computer Library Center，簡稱 OCLC）為全球最大的書目資訊網路，除了接管杜威分類法外，更主導創設 Dublin Core，積極發展網路資源的編目規範。此外，在書目控制國際標準化方面，IFLA 亦有相當大的貢獻，除 ISBD 及國際機讀編目格式（Universal Machine-Readable Cataloging，簡稱 UNIMARC）的發展外，其圖書館服務專業部門（division of library services）之下設有書目（bibliography）、編目（cataloguing）、分類與索引（classification and indexing）等組（IFLA, 2015），皆成立了相關的工作小組及討論群，積極對編目的國際標準化與發展投注心力與貢獻。

關鍵詞彙

目錄	編目規則
Catalog	Cataloguing Rules
國際編目原則	書目紀錄功能需求
Statement of International Cataloguing Principles, ICP	Functional Requirements for Bibliographic Records, FRBR
國際標準書目著錄原則	
International Standard Bibliographic Description, ISBD	

自我評量

- 編目規範有何重要性？
- 目錄的目的與功能為何？
- 試述影響編目規則發展的因素有哪些？
- 試述編目規範包含的範圍與內容為何？

參考文獻

中華民國教育部（1994）。重編國語辭典修訂本。檢索自 http://dict.revised.moe.edu.tw/cgi-bin/cbdic/gsweb.cgi?ccd=cnBzB7&o=e0&sec=sec1&index=1

吳明德（1993）。從線上目錄的觀點談編目規則的未來。圖書館學刊，8，1-12。

國家圖書館編目園地（2012）。書目資料著錄總則。檢索自 http://catweb.ncl.edu.tw/portal_g11_cnt_page.php?button_num=g11&folder_id=7&cnt_id=57&order_field=&order_type=&search_field=&search_word=&search_field2=&search_word2=&search_field3=&search_word3=&bool1=&bool2=&search_type=1&up_page=2

張慧銖（2003）。圖書館目錄發展研究。臺北市：文華。

張慧銖（2011）。圖書館電子資源組織：從書架到網路。新北市：Airiti Press。

張慧銖、林時暖（2004）。書目記錄功能需求之發展。中國圖書館學會會報，73，45-61。

陳和琴（2001）。談編目規範之發展。在國家圖書館（編），中文編目規範實務研討會（頁 4-15）。臺北市：國家圖書館。

陳和琴（2001）。國際編目原則 International Cataloguing Principles (ICP)。在圖書館學與資訊科學大辭典。檢索自 http://terms.naer.edu.tw/detail/1679215/

陳和琴、張慧銖、江綉瑛、陳昭珍（2003）。資訊組織。臺北縣：國立空中大學。

黃淵泉、IFLA 編目委員會（1978）。國際標準書目記述規則（單行本）-- ISBD (M) 標準（第一版）（中）。教育資料科學月刊，14(3)，18-24，29。

鄭恆雄（2006）。1980 年以來台灣圖書館中文編目規範的建立與發展。In C. Khoo, D. Singh & A.S. Chaudhry (Eds.), *Proceedings of the Asia-Pacific Conference on Library & Information Education & Practice 2006 (A-LIEP 2006), Singapore, 3-6 April 2006* (pp. 306-311). Singapore: School of Communication & Information, Nanyang Technological University.

Bekiari, C., Doerr, M., Le Bœuf, P., & Riva, P. (Eds.). (2015). *Definition of FRBROO: A conceptual model for bibliographic information in object-oriented formalism*. Retrieved from http://www.ifla.org/files/assets/cataloguing/FRBRoo/frbroo_v_2.4.pdf

Cole, J. Y. (2006). *Jefferson's legacy: A brief history of the library of congress -- The library of congress: 1800 ~ 1992*. Retrieved from http://www.loc.gov/loc/legacy/loc.html

Gorman, M. (1995). The corruption of cataloging. *Library Journal*, 120(15), 32-34.

IFLA Working Group on Functional Requirements and Numbering of Authority Records. (2009). *Functional requirements for authority data: A conceptual model*. Retrieved from http://www.ifla.org/publications/functional-requirements-for-authority-data

International Federation of Library Associations and Institution. (1988). *Guidelines for the application of the ISBDs to the description of component parts*. Retrieved from http://www.ifla.org/files/cataloguing/isbd/component-parts.pdf

International Federation of Library Associations and Institution. (2003). *First IFLA meeting of experts on an international cataloguing code*. Retrieved from http://www.ifla.org/node/10395

International Federation of Library Associations and Institution. (2004). *Second IFLA meeting of experts on an international cataloguing code*. Retrieved from http://www.ifla.org/node/10599

International Federation of Library Associations and Institution. (2005). *Third IFLA meeting of experts on an international cataloguing code*. Retrieved from http://www.ifla.org/node/10633

International Federation of Library Associations and Institution. (2006). *Forth IFLA meeting of experts on an international cataloguing code*. Retrieved from http://www.ifla.org/node/10638

International Federation of Library Associations and Institution. (2007). *Fifth IFLA meeting of experts on an international cataloguing code*. Retrieved from http://www.ifla.org/node/10400

International Federation of Library Associations and Institution. (2009a). *Statement of international cataloguing principles*. Retrieved from http://www.ifla.org/files/cataloguing/icp/icp_2009-en.pdf

International Federation of Library Associations and Institution. (2009b). *Functional requirements for bibliographic records*. Retrieved from http://www.ifla.org/files/assets/cataloguing/frbr/frbr_2008.pdf

International Federation of Library Associations and Institution. (2009c). *International standard bibliographic description (ISBD) Area 0: Content form and media type area*. Retrieved from http://www.ifla.org/files/assets/cataloguing/isbd/area-0_2009.pdf

International Federation of Library Associations and Institution. (2011). *International standard bibliographic description*. Retrieved from http://www.ifla.org/files/assets/cataloguing/isbd/isbd-cons_20110321.pdf

International Federation of Library Associations and Institution. (2015). *Division of library services*. Retrieved from http://www.ifla.org/library-services

Joint Steering Committee for Development of RDA. (2010). *RDA: Resource description and access*. Retrieved from http://www.rda-jsc.org/rda.html#background

Le Bœuf, P. (2001). *The Impact of the FRBR Model on the Future Revisions of the ISBDs: A *challenge for the IFLA Section on Cataloguing*. Retrieved from: http://www.ifla.org/IV/ifla67/papers/095-152ae.pdf

McCallum, S. H. (2002, June). *FRBR and MARC 21*. Paper presented at the Committee on Cataloging: Description & Access. ALCTS/LITA/RUSA Committee on Machine-Readable Bibliographic Information (MARBI), Atlanta, GA.

Tillett, B. B. (2004). *The FRBR model (functional requirements for bibliographic records)*. Retrieved from http://www.nla.gov.au/lis/stndrds/grps/acoc/tillett2004.ppt

第三章
編目規則

學習目標

研讀本章內容之後，學習者應能夠：

- 瞭解書目的著錄項目與方法
- 瞭解機讀編目格式的著錄
- 知道如何選擇檢索點
- 瞭解檢索標目的格式
- 瞭解權威控制的意義與功能
- 認識權威紀錄的種類
- 瞭解權威紀錄的編製內容與建立方式

作者簡介

陳淑燕

(sychen@ntnu.edu.tw)

天主教輔仁大學進修部
圖書資訊學系兼任講師

本章綱要

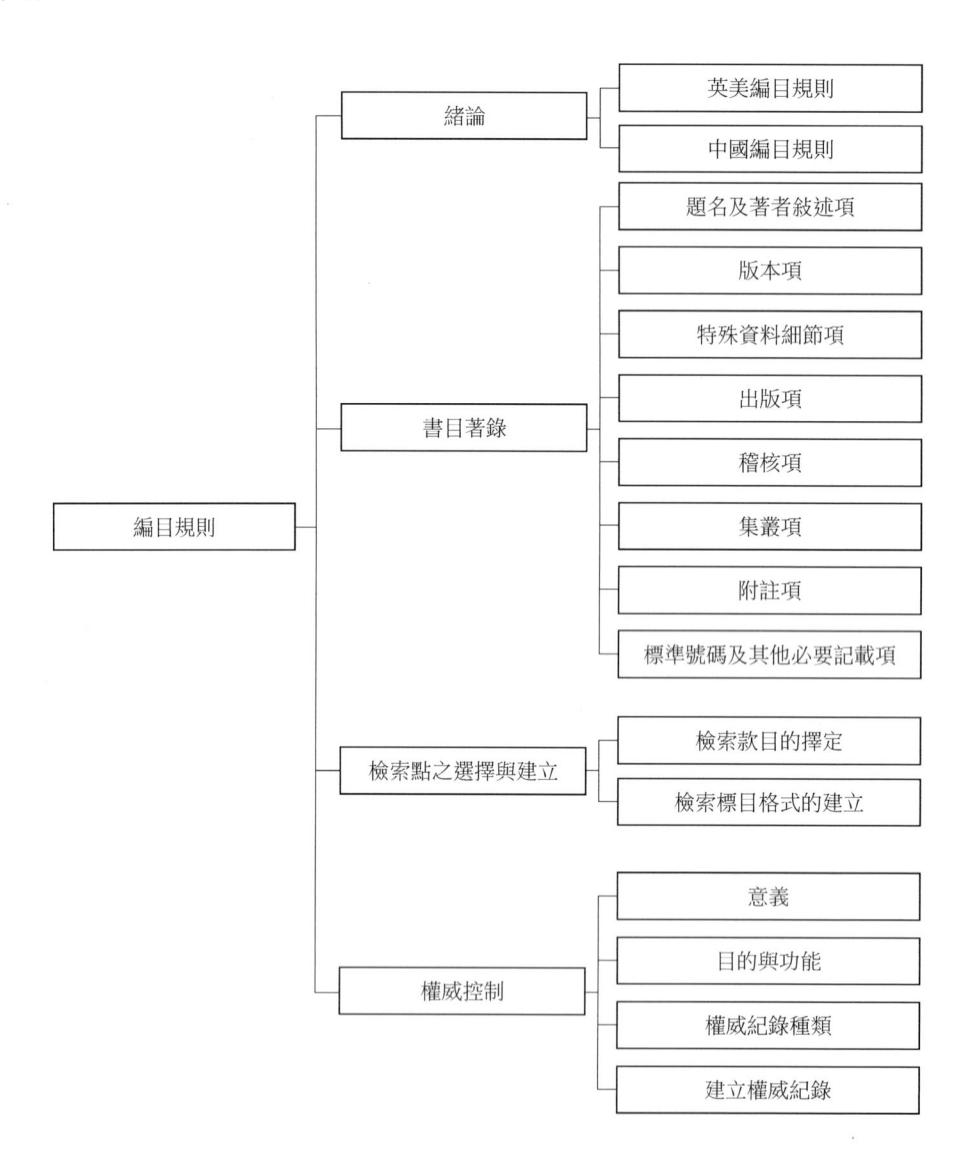

```
編目規則 ─┬─ 緒論 ─┬─ 英美編目規則
          │        └─ 中國編目規則
          │
          ├─ 書目著錄 ─┬─ 題名及著者敘述項
          │            ├─ 版本項
          │            ├─ 特殊資料細節項
          │            ├─ 出版項
          │            ├─ 稽核項
          │            ├─ 集叢項
          │            ├─ 附註項
          │            └─ 標準號碼及其他必要記載項
          │
          ├─ 檢索點之選擇與建立 ─┬─ 檢索款目的擇定
          │                      └─ 檢索標目格式的建立
          │
          └─ 權威控制 ─┬─ 意義
                       ├─ 目的與功能
                       ├─ 權威紀錄種類
                       └─ 建立權威紀錄
```

第三章
編目規則

第一節　緒論

　　圖書館是集合圖書及其他印刷或非印刷等各類型資料的典藏所，透過對資料的組織與整理，提供使用者閱讀、參考、學習與研究（Reitz, 2016）。為提供讀者查詢及利用館藏目錄，編目人員針對館藏資料必須進行書目紀錄的著錄，無論是描述資料的形體特性，確立書目紀錄的著錄項目、次序與格式，或為書目資訊建立檢索點（access point），都必須有編目規則為依循，才能建立標準化的書目紀錄與一致性的檢索點。《中國編目規則》第三版及《英美編目規則第二版（2002年修訂版）》（*Anglo-American Cataloguing Rules, 2nd ed., 2002 Revision*，簡稱AACR2R）提供標準化的著錄規範，是目前國內各圖書館進行記述編目（descriptive cataloging）的重要準則。有關編目規則的歷史沿革，本書其他章節已有詳細說明，本章不再贅述，僅概述其發展現況，主要以《中國編目規則》第三版為基礎架構（圖書館自動化作業規劃委員會中國編目規則研訂小組、中華民國圖書館學會分類編目委員會，2005a），首先介紹編目規則的通則部分，其次說明圖書資料的著錄項目、檢索點的選擇與建立，及權威控制的相關條文，同時以《中國機讀編目格式民90年修訂版》（*Chinese Machine Readable Cataloging*，簡稱CMARC）（中國機讀編目格式修訂小組，2002）和《MARC 21書目格式》（*MARC 21 Format for Bibliographic Data*，簡稱MARC 21）（Library of Congress, 2016a）為依據，說明機讀編目格式的著錄方法。

一、英美編目規則

　　英美編目規則是全球最為普遍通行的編目規則，從 1908 年，英、美兩國的圖書館學會首次合作，共同出版《著者與書名款目編目規則》（*Catalog Rules, Author and Title Entries*）包括著者、書名標目的著錄與描述，共 174 條規則，確立了編目規範。1961 年的「巴黎原則」重啟英、美、加三國圖書館學會與美國國會圖書館（Library of Congress，簡稱 LC）共同制訂編目規則的合作計畫，爰於 1967 年正式出版《英美編目規則》（*Anglo-American Cataloguing Rules*，簡稱 AACR）。1971 年國際圖書館協會聯盟（International Federation of Library Associations and Institutions，簡稱 IFLA）發表《國際標準書目著錄原則》（*International Standard Bibliographic Description*，簡稱 ISBD），確立書目紀錄的著錄項目與順序，以及標點符號的使用，作為書目資料的交換標準（Byrum, 2002），促使英美編目規則聯合修訂委員會（The Joint Steering Committee for the Revision of AACR，簡稱 JSC）也著手修訂規則。1978 年發行《英美編目規則第二版》，另於 1988 年、1998 年及 2002 年分別印行《英美編目規則第二版修訂版》（RDA Steering Committee, 2009）。

　　1998 年 IFLA 發表《書目紀錄功能需求》（*Functional Requirements for Bibliographic Records*，簡稱 FRBR），引領 JSC 大幅展開英美編目規則修訂計畫。2004 年 12 月完成 AACR3 第一部分初稿，提供各界評論之際，隨即接受評論者意見，2005 年在 JSC 的會議中宣布放棄 AACR3 草案，決定重新研擬新的內容與標準，以因應數位環境下的編目規則，除涵蓋所有資源的著錄與檢索，並且將新版編目規則命名為《資源描述與檢索》（*RDA: Resource Description and Access*，簡稱 RDA）。2008 年 11 月 RDA 發展指導委員會（The Joint Steering Committee for the Development of RDA，仍簡稱 JSC）發布了 RDA 的完整草案（RDA Full Draft）。2009 年 1 月，針對新版編目規則 RDA，美國三大國家圖書館，美國國會圖書館、美國國家醫學圖書館（National Library of Medicine，簡稱 NLM）與美國國家農業圖書館（National Agricultural Library，簡稱 NAL）提出合作測試計畫，並且徵求 20 個測試夥伴進行測試，JSC 歷經多年的努力，終於在 2011 年 6 月完成 RDA 最終測試報告（RDA Steering Committee, 2016）。

　　2013 年 3 月 31 日起，美國國會圖書館宣布全面採行 RDA，正式取代 AACR2（Library of Congress, 2012），由 RDA 指導委員會（The RDA Steering

Committee，簡稱 RSC）負責後續的規則維護與修訂。RDA 的推動不僅改變了圖書館的編目規則，也影響了書目著錄架構（bibliographic framework，簡稱 BIBFRAME），圖書館自動化系統，及讀者資訊檢索服務（陳和琴，2014）。

二、中國編目規則

　　中國自西漢以降，歷代均十分重視典籍之蒐集與整理，並編製成書目，記載於歷代之史志目錄中，可見中文書目著錄的發展歷史悠久獨樹一格。民國以來，受到西方目錄體制的影響產生編目規則，成為書目著錄的依據。西洋現代編目規則始於 19 世紀，而於 20 世紀通行，各國紛紛制定其編目規則，民國以後，中文書目的著錄也開始吸納西方的編目規範。1929 年劉國鈞編撰「中文圖書編目條例草案」包括著錄事項及著錄格式兩編；1936 年國立中央圖書館（國家圖書館前身）訂定《暫行中文圖書編目規則》；1946 年正式出版《國立中央圖書館中文圖書編目規則》；1959 年發行《中文圖書編目規則增訂修正版》，成為 1949 年以後臺灣圖書館普遍使用的編目規範（鄭恒雄，2012）。

　　國家圖書館與中國圖書館學會（中華民國圖書館學會前身）遵循《中文圖書編目規則》的精神與體制，參考《英美編目規則》之著錄原則，同時考量我國目錄著錄之實際需求，於 1983 年 8 月研訂出版《中國編目規則》，自發行以來國內圖書館皆普遍採用，作為記述編目的準則。制定時保留了我國固有編目的特色，包括古籍、拓片等專章敘述著錄方式，使之更適合以中文資料為重的圖書館使用，而書目著錄的項目、次序、標點符號，以及著錄來源等，則力求與 ISBD 相同，以期符合國際標準。爾後因應 1988 年《英美編目規則第二版修訂版》的發表，也開啟《中國編目規則》的修訂工作，1995 年發行《中國編目規則修訂版》，仍保存中國編目規則原有的特色，採取與 AACR2 不同的觀點，雖 AACR2 中規定的檢索點有主要款目與附加款目之分，而中國編目規則皆泛稱檢索款目，修訂時仍然維持原有設計，不採用主要款目的觀念。2000 年出版《中國編目規則修訂二版》，同時以修訂二版為內容編寫使用手冊，由國家圖書館印行《中國編目規則修訂二版使用手冊》，透過編目使用手冊的範例說明，增進對中國編目規則條文的瞭解與使用。2005 年完成《中國編目規則》第三版的修訂，為目前通用的版本（圖書館自動化作業規劃委員會中國編目規則研訂小組、中華民國圖書館學會分類編目委員會，2005b）。

中國編目規則的發展深受英美編目規則的影響，雖然《中國編目規則》的條文不如 AACR2 繁複，但至少結構及內容大致相同。明顯可見的是 RDA 和 AACR2 有很大的差異，因為 RDA 不依資料類型分章節規範，一套原則應用於所有資料類型。若未來《中國編目規則》也要比照 RDA 修訂，如 RDA 第一部分「著錄與檢索」、第二部分「關係」，需要將《中國編目規則》甲編的「著錄」與乙編的「標目」大幅改寫，RDA 第三部分「檢索點控制」與附錄部分也要再增補修訂，而編目規則的修訂或重新制定都將會是一項重大作業（陳和琴，2006）。

有鑒於美國國會圖書館已全面採行 RDA 取代 AACR2，國家圖書館於 2012 年 3 月乃成立「RDA 小組」，邀請國內學者專家、大學圖書館及相關機關代表協同參與，共同針對新規則進行評估與討論。2013 年 1 月 21 日國家圖書館召開的國內編目規則未來發展專家諮詢會議中，確定在中文資料尚未正式採行 RDA 之前，《中國編目規則》第三版仍為過渡期必須應用的規範，有必要進行微幅修訂後印行，以因應教學需要（國家圖書館，2013）。另於 2015 年 3 月完成了六項 RDA 詞彙中譯及《RDA 中文手冊初稿》，希冀配合在國內中文環境下的 RDA 編目作業，手冊中增加若干中文範例、MARC 21 著錄格式及國家圖書館的作法，以協助國內編目人員快速認識 RDA，未來修訂新的中文編目規則，對國內編目規則修訂主事單位而言，將是另一大挑戰（曾淑賢，2015）。

第二節　書目著錄

本節先就《中國編目規則》第三版（*Chinese Cataloging Rules*，簡稱 CCR）通則部分作介紹，再針對圖書資料的編目，說明書目紀錄的著錄項目與條文規範，同時加上 CMARC 和 MARC 21 機讀目錄的著錄方式對照說明之，並且將 CCR 條文號碼與 CMARC、MARC 21 欄位號碼，均記載於著錄項目後之圓括弧內供參照。

一、著錄通則

《中國編目規則》提供各級圖書館建立館藏目錄的基本規範。甲編「著錄」說明各種資料類型如何著錄書目紀錄，包括著錄項目、著錄來源、標點符號及著

錄層次。乙編「標目」闡釋如何選擇檢索款目及確立標目形式，凡有助於讀者查檢或辨識某一資料之款目，均可立為檢索款目，檢索款目之形式，應依其性質遵循適當條文確立之。

（一）資料類型

《中國編目規則》甲編，共 14 章，第一章總則適用於各種資料類型的通則，第二至十三章為各種資料類型的著錄規則，第十四章分析，說明由若干部分組成的作品，其各部分書目紀錄之編製。各種資料類型編目時，除須參考第一章總則外，另須根據該資料類型適用之章節著錄，如果該資料包含若干部分（如集叢），則須依第十四章的規定，分析其各部分之內容。乙編，共 6 章，包括第二十一章檢索款目的擇定及第二十二至二十六章說明檢索款目的形式等，其編次名稱詳見表 3-1。

表 3-1　《中國編目規則》編次名稱一覽表

中國編目規則	章次	適用資料類型	章次	適用資料類型
甲編「著錄」	第一章	總則	第二章	圖書
	第三章	連續性資源	第四章	善本圖書
	第五章	地圖資料	第六章	樂譜
	第七章	錄音資料	第八章	電影片及錄影資料
	第九章	靜畫資料	第十章	立體資料
	第十一章	拓片	第十二章	微縮資料
	第十三章	電子資源	第十四章	分析
	章次	標目規範	章次	標目規範
乙編「標目」	第二十一章	檢索款目之擇定	第二十二章	人名標目
	第二十三章	地名	第二十四章	團體標目
	第二十五章	劃一題名	第二十六章	參照

（二）著錄項目（CCR 1.0.1）

書目紀錄應依次記載 ISBD 所規定的八大項目，詳如表 3-2。

表 3-2　《中國編目規則》書目著錄八大項

著錄項目	著錄內容
題名及著者敘述項	正題名、資料類型標示、副題名、並列題名、著者敘述
版本項	版本敘述、關係版本著者敘述
資料特殊細節項	僅適用於連續性資源、地圖、樂譜
出版項	出版地、出版者、出版年
稽核項	數量單位、插圖及其他細節、高廣尺寸、附件
集叢項	集叢正題名、集叢並列題名、集叢副題名、集叢著者敘述、集叢號、附屬集叢
附註項	解說題名、著者、版本、出版、稽核、集叢等各項未詳盡之處
標準號碼及其他必要記載項	標準號碼、獲得方式、裝訂及其他區別字樣

（三）著錄來源（CCR 1.0.2）

　　為了保持書目紀錄的一致性，從事記述編目時，書目資料的著錄必須有所依據，也就是著錄來源，《中國編目規則》將著錄來源分為主要著錄來源（chief source of information）和指定著錄來源（prescribed source of information）兩種。主要著錄來源因資料類型不同而有差異，每一種資料類型有特定的主要著錄來源。編目規則針對各種資料類型的主要著錄來源，分別詳細規定，供編目員依序選擇著錄，如果所著錄的書目資料不是得自指定著錄來源，則必須加方括弧，針對各種資料類型的主要著錄來源規定，如表 3-3。

（四）標點符號（CCR 1.0.3）

　　ISBD 規範了書目紀錄的著錄方法，著錄項目及順序，以及使用指定標點符號。《中國編目規則》依循 ISBD 的標點符號著錄，透過在每一著錄項目之前均指定標點符號，用以辨識著錄項目的性質，讓使用者能辨識出圖書資料的題名、著者或版本等項目，有助於國際間不同語文書目紀錄的交換。常用之標點符號，除另有特殊規定者外，說明如表 3-4。

表 3-3　《中國編目規則》主要著錄來源

資料類型	主要著錄來源
圖書	書名頁
印刷類連續性出版品	首期之書名頁
善本書	本書所載各項資料
地圖	地圖本身或盛裝之紙夾、封套、封袋、盒、箱及球體支架
樂譜	書名頁
唱片	唱片及標籤
盤、卡、匣式錄音帶	錄音帶及標籤
電影片及錄影資料	影片帶本身（如片頭題名）、不可分離之盛裝物及其標籤
靜畫資料	作品本身（含永久附著之標籤）及其不可分離之盛裝物
立體資料	物體本身（含永久附著之標籤）、附隨文字資料及其盛裝物
微縮資料	題名幅（通常為第一幅，載有完整題名及出版有關資料）
電子資源	資源本身

表 3-4　《中國編目規則》常用標點符號一覽表

標點符號	使用方式
圓點（．）	用於題名及著者敘述項以引出補篇； 用於集叢項以引出附屬集叢名。
連字符號（--）	用於列舉內容時，子題間以兩連字符號相連； 用於連續性出版品之年分、卷期起訖等處。
冒號（：）	用於題名及著者敘述項以引出副題名； 用於出版項以引出出版者、經銷者及印製者； 用於稽核項以引出插圖及其他稽核細節； 用於集叢項以引出集叢副題名； 用於附註項以引出各種題名，及引出列舉之內容； 用於標準號碼項以引出作品之價格。
等號（＝）	用於題名及著者敘述項以引出並列題名； 用於版本項以引出並列版本敘述； 用於出版項以引出並列出版敘述； 用於集叢項以引出集叢並列題名； 用於連續性出版品之標準號碼項以引出識別題名。

表 3-4 《中國編目規則》常用標點符號一覽表（續）

標點符號	使用方式
斜撇（/）	用於題名及著者敍述項以引出著者敍述； 用於版本項以引出關係版本之著者敍述； 用於集叢項以引出集叢之著者敍述。
逗點（，）	用於正題名之又名前後； 用於編次與編次名稱間之分隔； 用於題名及著者敍述項，以分隔相同著作方式之著者敍述； 用於出版項，以引出修訂或重印敍述； 用於出版項以分隔出版者（印製者）與出版年（印製年）。
分號（；）	用於題名及著者敍述項以分隔不同著作方式之著者敍述； 用於出版項以分隔不同之出版地與經銷地； 用於稽核項以引出高廣尺寸； 用於集叢項，以引出集叢號。
圓括弧（()）	用於題名及著者敍述項以標示中國著者之時代或外國著者之原名； 用於出版項之補充說明； 用於稽核項之補充說明； 用於集叢項。 用於標準號碼項之裝訂及其他區別字樣。
方括弧（[ ]）	用於標示資料類型； 用於標示得自指定著錄來源以外之記載； 同項相鄰之細目，如需各加方括弧，可同置一方括弧內； 不同項者，分置之。
乘號（×）	用於稽核項以記高廣。
刪節號（…）	用於標示省略字句。
加號（＋）	用於稽核項引出附件。
引號（""）	用於附註項引用字句。
問號（？）	用於編目員自行推測之出版、發行年代。
分項符號（.--）	以圓點、空格、短橫、短橫、空格表示之。 用於同一段落中項與項之間。

二、著錄項目

《中國編目規則》對書目紀錄的著錄項目及著錄方法，均有詳細條文規定，以下依八大著錄項目，將 CCR 條文號碼及 CMARC 與 MARC 21 欄位號碼一併記載於著錄項目後之圓括弧內，並且以範例說明之。

（一）題名及著者敘述項（CCR ＊.1）（CMARC tag200）（MARC 21 tag245）

記述編目的第一個著錄項，題名部分，包括正題名、卷數、資料類型標示、副題名（subtitle）及並列題名等細目的著錄；著者敘述部分，則包括著者名稱及著作方式的記載。

1. 正題名

正題名之遣詞用字、符號、標點、數字、國語注音符號、羅馬拼音，或其他拼音符號及夾用外文者，均依原作品所載著錄（CCR 1.1.1.1）。

正題名著錄範例

\multicolumn{4}{l	}{C++ 程式設計入門與實作 / 王震寰著}
機讀格式	欄位	指標	分欄
CMARC	200	1 0	$a C++ 程式設計入門與實作 $f 王震寰著
MARC 21	245	1 0	$a C++ 程式設計入門與實作 /$c 王震寰著

【說明】：正題名含外文及符號等，照樣著錄。

正題名之冠有「欽定」、「增廣」、「增補」、「詳註」、「重修」、「校訂」、「選本」、「繪圖」、「最新」等字樣者，依原題字樣著錄，並以省略此類字樣之題名另立檢索款目，或另定劃一題名（CCR 1.1.1.7）。

正題名之相關題名著錄範例

新編中日大辭典／大新書局編輯部編			
機讀格式	欄位	指標	分欄
CMARC	200	1 ｂ	$a 新編中日大辭典 $f 大新書局編輯部編
	517	1 1	$a 中日大辭典 $z chi
	300	ｂ ｂ	$a 其他題名：中日大辭典
MARC 21	245	0 0	$a 新編中日大辭典 /$c 大新書局編輯部編
	246	1 3	$a 中日大辭典
	500	＃ ＃	$a 其他題名：中日大辭典

【說明】：省略正題名之「新編」字樣，另著錄其他相關題名欄位，產生檢索款目及附註說明。

2. 資料類型標示

資料類型標示（general material designation，簡稱 GMD）的目的在於告知使用者，該作品的資料類型名稱，並提示運用該資料所需要的機器設備與存放位置。資料類型名稱記於正題名之後，並列題名或其他題名資料之前，外加方括弧（CCR 1.1.2）。《中國編目規則》所使用的資料類型名稱如表 3-5：

表 3-5　《中國編目規則》資料類型名稱一覽表

資料類型標示名稱			
工程圖	多媒體組	電子資源	樂譜
文字印刷本	玩具	電影片	錄音資料
手稿	拓片	複製藝術品	錄影資料
幻燈捲片	閃示卡	圖片	點字本
幻燈單片	球儀	圖表	微縮資料
生態立體圖	透明片	實物	藝術品原件
地圖	遊戲用品	模型	顯微鏡單片

資料類型標示著錄範例 1

人間四月天 [錄音資料] / 丁亞民導演				
機讀格式	欄位	指標		分欄
CMARC	200	1	▶	$a 人間四月天 $b[錄音資料]$c 丁亞民導演
MARC 21	245	1	0	$a 人間四月天 $h[錄音資料] / $c 丁亞民導演

【說明】：「資料類型標示」著錄於正題名後之指定分欄。

　　非書資料編目時，AACR2 規範應註明其資料類型標示於正題名之後，並且加上方括弧 [ ]，例如 [sound recording] 或 [錄音資料] 等。RDA 編目規則將此附屬於題名著者項的「資料類型標示」，已改由資源「內容」、「媒體」及「載體」的著錄來取代，且提供完善的著錄用語清單與使用規則。MARC 21 也另新增欄位 336（內容）、337（媒體）、338（載體）供各種資料類型的著錄。

資料類型標示著錄範例 2

人間四月天 [錄音資料] / 丁亞民導演				
機讀格式	欄位	指標		分欄
MARC 21	245	1	0	$a 人間四月天 / $c 丁亞民導演
	336	#	#	$a 平面動態影像 $b tdi $2 rdacontent
	337	#	#	$a 錄影 $b v $2 rdamedia
	338	#	#	$a 影碟 $b vd $2 rdacarrier

【說明】：RDA 規範「資料類型標示」改由欄位 336（內容）、337（媒體）、338（載體）著錄。

3. 並列題名

　　主要著錄來源載有與正題名不同語文之其他題名或符號（如羅馬拼音、國語注音等），視為並列題名。依主要著錄來源所載之順序著錄，並列題名前冠以等號（＝）（CCR 1.1.3）。並列題名（parallel title）係指其他語文的對照題名，又稱平行題名，記於正題名之後。並列題名必須是兩種或兩種以上語文同時並列於主要著錄來源，其他語文題名如果不是出現在主要著錄來源，不能以並列題名著錄，而應以其他題名載於附註項（吳瑠璃，1996）。

(1) 並列題名著錄範例 1

中華民國出版圖書目錄 = Chinese national bibliography / 國立中央圖書館編			
機讀格式	欄位	指標	分欄
CMARC	200	1 b	$a 中華民國出版圖書目錄 $d Chinese national bibliography $f 國立中央圖書館編 $z eng
	510	1 b	$a Chinese national bibliography. $z eng
MARC 21	245	0 0	$a 中華民國出版圖書目錄 =$b Chinese national bibliography /$c 國立中央圖書館編
	246	3 1	$a Chinese national bibliography.

【說明】：主要著錄來源載有與正題名不同語文之題名，視為並列題名，另立檢索款目。

　　翻譯作品附原文（全部或部分），且原題名（original title）出現於主要著錄來源，其原題名以並列題名著錄；翻譯作品未附原文，其原題名不可視為並列題名，一律著錄於附註項，並以前導用語「譯自：」引出（CCR 1.1.3.2）。

(2) 並列題名著錄範例 2

龍龍查理快醒來 = Wake up, Charlie dragon / Brenda Smith 著；何信彰譯			
機讀格式	欄位	指標	分欄
CMARC	200	1 b	$a 龍龍查理快醒來 $d Wake up, Charlie dragon $f Brenda Smith 著 $g 何信彰譯 $z eng
	510	1 b	$a Wake up, Charlie dragon. $z eng
MARC 21	245	1 0	$a 龍龍查理快醒來 =$b Wake up, Charlie dragon /$c Brenda Smith 著；何信彰譯
	246	3 1	$a Wake up, Charlie dragon.

【說明】：翻譯作品書名頁同時載有原題名及中文譯名，作品內文亦為兩種語言並陳，其原題名得以並列題名著錄之。

　　翻譯作品未附原文，雖然主要著錄來源有原題名及翻譯題名兩種不同語文的題名，其原題名仍不可視為並列題名，一律著錄於附註項，並以前導用語「譯自：」引出。

(1) 翻譯作品之原題名著錄範例

你所不知道的 4 個賈伯斯 / 丹尼爾．伊克貝 (Daniel Ichbiah) 著；黃琪雯，鄭馨，粘耿嘉譯			
譯自 : Les 4 vies de Steve Jobs			
機讀格式	欄位	指標	分欄
CMARC	200	1　ь	$a 你所不知道的 4 個賈伯斯 $f 丹尼爾．伊克貝 (Daniel Ichbiah) 著 $g 黃琪雯，鄭馨，粘耿嘉譯
	527	1　1	$a Les 4 vies de Steve Jobs. $z fre
	300	ь　ь	$a 譯自 : Les 4 vies de Steve Jobs.
MARC 21	240	1　4	$a Les 4 vies de Steve Jobs.$l 中文
	245	1　0	$a 你所不知道的 4 個賈伯斯 /$c 丹尼爾．伊克貝 (Daniel Ichbiah) 著；黃琪雯，鄭馨，粘耿嘉譯
	500	#　#	$a 譯自 : Les 4 vies de Steve Jobs.

【說明】：1. 翻譯作品，未附原文，其原題名於附註項說明，並以前導用語「譯自：」引出。

　　　　　2. 著錄劃一題名以集中同一作品的不同翻譯或版本。

　　並列題名非得自主要著錄來源，則著錄於附註項（CCR 1.1.3.3）。亦即非得自主要著錄來源之其他語文題名，一律著錄於附註項。

(2) 其他題名（非得自主要著錄來源）著錄範例

中國童玩 / 吳美雲總編輯			
其他題名：Games Chinese children play			
機讀格式	欄位	指標	分欄
CMARC	200	1　ь	$a 中國童玩 $f 吳美雲總編輯
	516	1　1	$a Games Chinese children play. $z eng
	300	ь　ь	$a 書背題名：Games Chinese children play.
MARC 21	245	0　0	$a 中國童玩 /$c 吳美雲總編輯
	246	1　8	$a Games Chinese children play.
	500	#　#	$a 書背題名：Games Chinese children play.

【說明】：該書有一英文題名載於書背，非得自主要著錄來源，故於附註項說明，另立書背英文題名為檢索款目。

4. 副題名

主要著錄來源若載有副題名，則加冒號置於所屬正題名或並列題名之後。副題名多半在解釋或補充說明正題名，著錄時以冒號（：）引出，記於正題名或資料類型標示之後（CCR 1.1.4）。

副題名著錄範例

紙鳶：廖添丁的故事 / 心岱著				
機讀格式	欄位	指標		分欄
CMARC	200	1	♭	$a 紙鳶 $e 廖添丁的故事 $f 心岱著
	517	1	1	$a 廖添丁的故事 $z chi
	300	♭	♭	$a 其他題名：廖添丁的故事
MARC 21	245	1	0	$a 紙鳶 :$b 廖添丁的故事 /$c 心岱著
	246	1	0	$a 廖添丁的故事
	500	#	#	$a 部分題名：廖添丁的故事

【說明】：副題名於附註項說明後，另立為其他題名附加檢索款目。

5. 著者敘述

著作方式（如撰、編、輯……等）相同之著者名稱，間以逗點（,）；不止一人（團體）時，併錄之；但超過三人（團體）者，僅記首列之著者，並加「等」字，其餘全部省略。若著作方式不同時，則隔以分號（;）區隔，著者敘述項包括著者名稱及著作方式的記載，以斜撇（/）與題名相隔（CCR 1.1.5.3）。

(1) 著者超過三人著錄範例

圖書教師手冊 = Handbook of teacher librarian / $c 陳昭珍等編著				
機讀格式	欄位	指標		分欄
CMARC	200	1	♭	$a 圖書教師手冊 $d Handbook of teacher librarian $f 陳昭珍等編著
MARC 21	245	0	0	$a 圖書教師手冊 =$b Handbook of teacher librarian / $c 陳昭珍等編著

【說明】：該書編著者有陳昭珍、簡馨瑩、林菁、賴苑玲、陳海泓等 5 位，僅著錄首列者，其餘省略。

作品所題外國著者原名或僅載中文譯名者,均依原題著錄;若同時載有著者外文原名及其中文譯名者,則原名著錄於中文譯名後,並加圓括弧(CCR 1.1.5.7)。

(2) 外國著者著錄範例

圖書館學概論:圖書館服務的基本要素 / 傑西.薛拉 (Jesse H. Shera) 著;鄭肇陞譯			
機讀格式	欄位	指標	分欄
CMARC	200	1 ♭	$a 圖書館學概論 $e 圖書館服務的基本要素 $f 傑西.薛拉 (Jesse H. Shera) 著 $g 鄭肇陞譯
MARC 21	245	1 0	$a 圖書館學概論:$b 圖書館服務的基本要素 /$c 傑西.薛拉 (Jesse H. Shera) 著;鄭肇陞譯

【說明】:外國著者姓名,依書名頁原題著錄,原名著錄於中文譯名後,並加圓括弧。

(二)版本項(CCR *.2)(CMARC tag205)(MARC 21 tag250)

通常在作品書名頁、版權頁或封面可取得版次或版本的資訊,例如,初版、再版、第二版等,記載於此項。若未取得相關版本資訊,可不必著錄(CCR 1.2.1)。

版本項著錄範例

盲點 / 廖輝英著 .-- 初版			
機讀格式	欄位	指標	分欄
CMARC	200	1 ♭	$a 盲點 $f 廖輝英著
	205	♭ ♭	$a 初版
MARC 21	245	0 0	$a 盲點 /$c 廖輝英著
	250	# #	$a 初版

【說明】:依據該書版權頁記載之版本資訊。

（三）特殊資料細節項（CCR ＊.3）（CMARC tag207）（MARC 21 tag362）

僅適用於第三章連續性資源，記載期刊卷期（CCR 3.3）；第五章地圖資料的製圖細節（CCR 5.3）；及第六章樂譜的形式（CCR 6.3）等三種類型的資料，圖書則不需著錄此項。

期刊特殊資料細節著錄範例

客家風雲 = The Hakka monthly / 客家雜誌社編輯 . --
第 1 期 (民 76 年 10 月) - 第 23 期 (民 78 年 12 月)

機讀格式	欄位	指標	分欄
CMARC	200	1 ♭	$a 客家風雲 $d The Hakka monthly $f 客家雜誌社編輯
	207	♭ 0	$a 第 1 期 (民 76 年 10 月)- 第 23 期 (民 78 年 12 月)
MARC 21	245	1 0	$a 客家風雲 = $b The Hakka monthly /$c 客家雜誌社編輯
	362	1 #	$a 第 1 期 (民 76 年 10 月)- 第 23 期 (民 78 年 12 月)

【說明】：連續性出版品，依首期所載卷期編次著錄，編次後加連字符號，供記載末期編次，或預留空格。

（四）出版項（CCR ＊.4）（CMARC tag210）（MARC 21 tag260）

出版項中若逕以發行者或出版者著錄，不必加記職責敘述。若同時載有出版者、發行者、經銷者等不同職責之機構名稱時，則不宜省略（CCR 1.4.4）。

出版項著錄範例 1

臺北市 : 心靈工坊出版 ; 新北市 : 大和書報總經銷 , 2010.06

機讀格式	欄位	指標	分欄
CMARC	210	♭ ♭	$a 臺北市 $c 心靈工坊出版 $a 新北市 $c 大和書報總經銷 $d 2010.06
MARC 21	260	# #	$a 臺北市 :$b 心靈工坊出版 ;$a 新北市 :$b 大和書報總經銷 ,$c 2010.06

【說明】：出版者與經銷者的職責不同，依序加記職責敘述。

MARC 21 欄位 260 的分欄可以重複予以細分不同的出版職責項目，RDA 編目規則已以欄位 264 取代欄位 260，須依據欄位 264 的指標 2，來區分不同出版職責，如出版、經銷、印製或版權年等資訊的著錄。

出版項著錄範例 2

臺北市：心靈工坊出版；新北市：大和書報總經銷, 2010.06			
機讀格式	欄位	指標	分欄
MARC 21	264	# 1	$a 臺北市 :$b 心靈工坊 ,$c 2010.06
	264	# 2	$a 新北市 :$b 大和書報 ,$c 2010

【說明】：RDA 依據欄位 264 的指標 2，來區分不同出版職責。指標 2 ＝ 1（著錄出版商）；指標 2 ＝ 2（說明經銷商）。

（五）稽核項（CCR ＊ .5）（CMARC tag215）（MARC 21 tag300）

稽核項記載作品外部形體之數量特徵等，數量單位以阿拉伯數字及作品之計數單位著錄，插圖細節、高廣尺寸及附件等各類型資料詳細著錄方法，需依各章之規定著錄（CCR 1.5.1）。

稽核項著錄範例

285 面，圖版 8 面：圖，表；21 公分＋1 捲錄音帶			
機讀格式	欄位	指標	分欄
CMARC	215	0 b	$a 285 面，圖版 8 面 $c 圖 , 表 $d 21 公分 $e 1 捲錄音帶
MARC 21	300	# #	$a 285 面，圖版 8 面 :$b 圖 , 表 ;$c 21 公分 +$e 1 捲錄音帶

【說明】：附件可視為另一作品著錄；或著錄於附註項；或著錄於稽核項末。

（六）集叢項（CCR ＊ .6）（CMARC tag225、505）（MARC 21 tag490、830）

集叢項著錄包括：集叢正題名、集叢並列題名、集叢副題名、集叢編號等細目。集叢號依作品之編次著錄，力求簡明，不必要之文字得予省略，數碼以阿拉伯數字記之（CCR 1.6.6）。

集叢項著錄範例

（天下雜誌日本館.生活美學；30）			
機讀格式	欄位	指標	分欄
CMARC	225	1　1	$a 天下雜誌日本館.生活美學 $v 30
	505	♭　♭	$a 天下雜誌日本館 $i 生活美學 $v 30
MARC 21	490	1　#	$a 天下雜誌日本館.生活美學 ;$v 30
	830	#　0	$a 天下雜誌日本館.$p 生活美學 ;$v 30

【說明】：作品所載之集叢名與編目單位所訂集叢權威標目不同時，須另處理集叢權威標目的著錄。

（七）附註項（CCR＊.7）（CMARC tag300）（MARC 21 tag500）

為解說題名、著者、版本、出版、稽核、集叢各項未詳盡之處，得於附註項說明之（CCR 1.7.1）。

附註項著錄範例

據天方夜譚改寫 中英對照			
機讀格式	欄位	指標	分欄
CMARC	300	♭　♭	$a 據天方夜譚改寫
	300	♭　♭	$a 中英對照
MARC 21	500	#　#	$a 據天方夜譚改寫
	500	#　#	$a 中英對照

【說明】：附註分為數則者，須按八大項的先後順序排列之。

（八）標準號碼及其他必要記載項（CCR＊.8）（CMARC 010、011）（MARC 21 欄位 020、022）

記載國際標準號碼（國際標準書號 ISBN、國際標準叢刊號 ISSN）、識別題名、獲得方式、裝訂及其他區別字樣。將作品之國際標準書號或國際標準叢刊號等著錄於其縮寫字母 ISBN 或 ISSN 等之後，各組號碼之間加連字符號（CCR 1.8.1.1）。

標準號碼著錄範例

ISBN 978-957-661-601-3（平裝）：NT$300				
ISSN 1608-568X				
機讀格式	欄位	指標	分欄	
CMARC	010	0 ♭	$a 978-957-661-601-3$b(平裝) $d NT$300	
	011	0 ♭	$a 1608-568X	
MARC 21	020	# #	$a 9789576616013 $q(平裝)：$c NT$300	
	022	# #	$a 1608-568X	

【說明】：機讀格式著錄時，ISBN 或 ISSN 等字樣皆省略。MARC 21 著錄國際標準書號時連字符號亦可省略。

第三節　檢索點之選擇與建立

　　書目紀錄除了記載基本著錄項目外，還要選擇適當的檢索款目，以利檢索目錄中的書目紀錄，檢索款目取自各著錄項目，如題名及著者敘述項、集叢項或附註項（吳瑠璃，1996）。以機讀目錄而言，檢索款目就是檢索點，在線上目錄中用以查詢書目紀錄的名稱、用詞或代碼。檢索點包括「主要款目」（main entry）及「附加款目」（added entries），每一筆書目紀錄只有一個主要款目，其餘檢索款目即為附加款目，一筆書目紀錄有多個附加款目，端視目錄使用者查詢此一紀錄所需檢索點而定。

　　英美編目規則對「著者」檢索點有明確定義，界定舉凡對作品有智慧或藝術品內容有創作性貢獻的個人或團體，以貢獻最大的「第一著者」為主要款目，其餘有利於檢索的個人著者、團體著者，及題名、相關題名為附加款目。如果著者非主要創作，屬於編、譯等著作方式；或作品中沒有明顯的主要著者；或合著者超過 4 人以上，則以書名為主要款目，另立其他合著者為附加款目（陳和琴，2003）。

　　RDA 已將著者敘述項改採全部照錄，取消 AACR2 對於「『同一職責敘述之著者若超過三個時，僅著錄第一個，並於其後加上『... [et al.]』」的規定。未來編目時為呈現書目紀錄完整資料，以照錄為主，若為避免過度長篇累牘的情形，編目人員亦可採用選擇性省略原則，即是僅著錄名列首位者，其餘以 [and ... others] 表示。無論何種作法，RDA 皆另給予每一著者單一的題名著者檢索點，以確保著者可被檢索並連結與作品的關係（鄭玉玲、許令華、林淑芬、牛惠曼，2012）。

一、檢索款目的擇定

《中國編目規則》乙編「標目」部分，就是闡釋如何選擇檢索款目及確立標目形式，檢索款目主要包括作品之題名、集叢名及著者等相關檢索款目的擇定。AACR 強調檢索款目有主要款目（main entry）與附加款目（added entries）之分，而中國編目規則不採用主要款目的觀念，僅說明除以正題名及著者為檢索款目外，可視需要設立適當的各種檢索款目，凡有助於讀者查檢或辨識某一資料之款目，均可立為檢索點，說明如下：

（一）題名檢索款目的擇定（CCR 21.1.1）（CMARC tag5XX）（MARC 21 tag246；tag240）

1. 正題名

依中國編目規則的著錄，以正題名為主，是必然的檢索款目，除正題名以外，凡有助於讀者查檢或辨識某一資料的相關題名，均可立為檢索款目，設立檢索點。相關題名包括又名、副題名、並列題名、原題名、非載於主要著錄來源與正題名有異的其他題名，以及劃一題名、集叢名等，必須記載於適當的著錄項目或附註項說明後，再建立檢索款目。CMARC 5XX「相關題名段」（詳表 3-6）（中國機讀編目格式修訂小組，2002），及 MARC 21 欄位 246「其他題名」指標的著錄規範（詳表 3-7）（徐蕙芬、戴怡正、國家圖書館館藏發展及書目管理組，2013），提供機讀目錄中各種相關題名的著錄，可以建立檢索款目或產生附註。

2. 又名

又名著錄範例

才子古文，又名，天下才子必讀書				
機讀格式	欄位	指標		分欄
CMARC	200	1	b	$a 才子古文，又名，天下才子必讀書
	517	1	1	$a 天下才子必讀書
MARC 21	245	1	0	$a 才子古文，又名，天下才子必讀書
	246	1	#	$i 又名：$a 天下才子必讀書

【說明】：題名著者敘述項照錄後，另以「又名」立為檢索款目及產生附註。

表 3-6　CMARC 5XX 相關題名段著錄規範

指標 1	指標值	說明該相關題名是否做為檢索款目	指標 2	指標值	表示是否產生附註
	0	不做為檢索款目		0	不產生附註
	1	做為檢索款目		1	產生附註

欄位	欄位名稱	欄位	欄位名稱
500	劃一題名	517	其他題名
505	集叢名	526	譯作
510	並列題名	527	譯自
512	封面題名	530	繼續
513	附加書名頁題名	531	衍自
514	卷端題名	540	改名
515	逐頁題名	544	併入
516	書背題名	546	衍成

表 3-7　MARC 21 欄位 246 其他題名著錄規範

指標 1	指標值	附註／題名附加款目控制	指標 2	指標值	題名類型
	0	有附註，無附加款目		#	未標示題名類型（no type specified）
	1	有附註，有附加款目		0	部分題名（portion of title）
	2	無附註，無附加款目		1	並列題名（parallel title）
	3	無附註，有附加款目		2	區別題名（distinctive title）
				3	其他題名（other title）
				4	封面題名（cover title）
				5	附加書名頁題名（added title page title）
				6	卷端題名（caption title）
				7	逐頁題名（running title）
				8	書背題名（spine title）

分欄	分欄名稱	分欄	分欄名稱
a	題名	b	其他題名
f	卷期或日期	g	其他資料
h	資料類型標示	i	顯示文字
n	編次	p	編次名稱

3. 副題名

正題名以外的副題名或並列題名須著錄時，CMARC 欄位 200 分欄 $d 著錄「並列題名」，分欄 $e 著錄「副題名」。MARC 21 則於欄位 245 分欄 $b 著錄，因為分欄 $b 不可重複，需用標點符號來連接分欄 $a 的正題名，若「並列題名」以（=）來連接題名；「副題名」則用（:）來連接。

副題名及並列題名著錄範例

\multicolumn{4}{l}{真原醫：21 世紀最完整的預防醫學 = Primordia medicine : the most comprehensive preventive medicine of the 21st century / 楊定一著}
機讀格式	欄位	指標	分欄
CMARC	200	1 ｂ	$a 真原醫 $e 21 世紀最完整的預防醫學 $d Primordia medicine $e the most comprehensive preventive medicine of the 21st century $c 楊定一著 $z eng
	510	1 ｂ	$a Primordia medicine $e the most comprehensive preventive medicine of the 21st century $z eng
	517	1 1	$a 21 世紀最完整的預防醫學 $zchi
MARC 21	245	1 0	$a 真原醫 :$b 21 世紀最完整的預防醫學 = Primordia medicine : the most comprehensive preventive medicine of the 21st century /$c 楊定一著
	246	1 0	$a 21 世紀最完整的預防醫學
	246	3 1	$a Primordia medicine :$b the most comprehensive preventive medicine of the 21st century

【說明】：該書主要著錄來源載有兩種不同語文之正題名與副題名；應於題名著者敘述項著錄後，另立副題名與並列題名為附加檢索款目或產生附註。

4. 並列題名

並列題名著錄範例

\multicolumn{4}{l}{遠離悲傷 = Saying goodbye to grief / 鄧美玲著}
機讀格式	欄位	指標	分欄
CMARC	200	1 ｂ	$a 遠離悲傷 $d Saying goodbye to grief $c 鄧美玲著
	510	1 ｂ	$a Saying goodbye to grief $z eng
MARC 21	245	1 0	$a 遠離悲傷 =$b Saying goodbye to grief /$c 鄧美玲著
	246	3 1	$a Saying goodbye to grief

【說明】：題名著者敘述項著錄並列題名後，另立並列題名為檢索款目。

5. 原題名
原題名著錄範例

落腳城市：最終的人口大遷徙與世界的未來 / 道格.桑德斯 (Doug Saunders) 著；陳信宏譯				
譯自：Arrival city : the final migration and our next world.				
機讀格式	欄位	指標	分欄	
CMARC	200	1 ♭	$a 落腳城市 $e 最終的人口大遷徙與世界的未來 $f 道格.桑德斯 (Doug Saunders) 著 $g 陳信宏譯	
	527	1 1	$a Arrival city $e the final migration and our next world. $z eng	
	300	♭ ♭	譯自：Arrival city : the final migration and our next world.	
MARC 21	240	1 0	$a Arrival city : the final migration and our next world. $l 中文	
	245	1 0	$a 落腳城市 :$b 最終的人口大遷徙與世界的未來 /$c 道格.桑德斯 (Doug Saunders) 著；陳信宏譯	
	500	# #	譯自：Arrival city : the final migration and our next world.	

【說明】：1. 翻譯作品未附原文，其原題名於附註項說明，並以前導用語「譯自：」引出。
　　　　　2. 翻譯作品其原題名得著錄劃一題名，以並置同一作品的不同翻譯及版本。

6.「欽定」、「增補」、「最新」等字樣後之題名
其他題名著錄範例

增補中華諺海 / 史襄哉編；朱介凡校				
機讀格式	欄位	指標	分欄	
CMARC	200	1 ♭	$a 增補中華諺海 $f 史襄哉編 $g 朱介凡校	
	517	1 1	$a 中華諺海	
	300	♭ ♭	$a 其他題名：中華諺海	
MARC 21	245	0 0	$a 增補中華諺海 /$c 史襄哉編；朱介凡校	
	246	1 3	$a 中華諺海	
	500	# #	$a 其他題名：中華諺海	

【說明】：正題名冠有「欽定」、「增補」等字樣，依原題字樣照錄，另以省略此類字樣之題名立為檢索款目及產生附註。

7. 非載於主要著錄來源與正題名有異的其他題名
封面題名著錄範例

在圖書館培養比爾蓋茲 / 李賢著；寧莉譯			
封面題名：How to use the library			
機讀格式	欄位	指標	分欄
CMARC	200	1 b	$a 在圖書館培養比爾蓋茲 $f 李賢著 $g 寧莉譯
	512	1 1	$a How to use the library. $z eng
	300	b b	$a 封面題名：How to use the library.
MARC 21	245	1 0	$a 在圖書館培養比爾蓋茲 /$c 李賢著；寧莉譯
	246	1 4	$a How to use the library.
	500	# #	$a 封面題名：How to use the library.

【說明】：該書封面載有英文題名，惟此封面英文題名非得自主要著錄來源，故附註項說明後，得另立封面題名為檢索款目。

8. 劃一題名

同一經典作品因版本或譯本眾多而題名有異，欲使之匯集一處，採用劃一題名著錄，以利檢索。

(1) 文學作品劃一題名著錄範例

石頭記 / (清) 曹雪芹著			
機讀格式	欄位	指標	分欄
CMARC	200	1 b	$a 石頭記 $f(清) 曹雪芹著
	500	1 0	$a 紅樓夢
MARC 21	240	1 0	$a 紅樓夢
	245	1 0	$a 石頭記 /$c(清) 曹雪芹著

【說明】：同一經典作品題名有異，另立「紅樓夢」為劃一題名，以並置同一作品的不同表現形式。

(2) 翻譯作品劃一題名著錄範例

哈利波特：消失的密室 / 羅琳 (J. K. Rowling) 著；彭倩文譯			
譯自：Harry Potter and the chamber of secrets.			
機讀格式	欄位	指標	分欄
CMARC	200	1 ♭	$a 哈利波特 $e 消失的密室 $f 羅琳 (J. K. Rowling) 著 $g 彭倩文譯
	527	1 1	$a Harry Potter and the chamber of secrets.
	300	♭ ♭	$a 譯自：Harry Potter and the chamber of secrets.
MARC 21	240	1 0	$a Harry Potter and the chamber of secrets. $l 中文
	245	1 0	$a 哈利波特 :$b 消失的密室 /$c 羅琳 (J. K. Rowling) 著；彭倩文譯
	500	# #	$a 譯自：Harry Potter and the chamber of secrets.

【說明】：翻譯作品其原題名得著錄劃一題名，以並置同一作品的不同翻譯及版本。

（二）集叢分析著錄（CCR 14）（CMARC tag225、505）（MARC 21 tag490、830）或（CMARC tag327、7XX）（MARC 21 tag505、740）

集叢或由多部分組成之作品，若於共同題名外，各有其明確題名時，則各部分得另行編製完整之書目記錄，而將共同題名、編號等有關資料記於集叢項（CCR 14.3）。

集叢名著錄範例

在圖書館培養比爾蓋茲 / 李賢著；寧莉譯			
（滿分爸媽系列；12）			
機讀格式	欄位	指標	分欄
CMARC	200	1 ♭	$a 在圖書館培養比爾蓋茲 $g 李賢著 $g 寧莉譯
	225	1 2	$a 滿分爸媽系列 $v 12
MARC 21	245	1 0	$a 在圖書館培養比爾蓋茲 /$c 李賢著；寧莉譯
	490	1 #	$a 滿分爸媽系列；$v 12
	830	# 0	$a 滿分爸媽系列；$v 12

【說明】：將作品集之共同集叢名與編號著錄於集叢項，並說明所載之集叢名與編目單位所訂之集叢權威標目是否一致或另訂。

作品如含若干部分，可將各部分之書目資料記於附註項（多載於內容註），此為最簡易之分析方式（CCR 14.4）。各部分之書目資料通常僅及於題名，或題名與著者。

集叢分析著錄範例

幽默聊齋 / 周銳著；奇兒繪圖				
內容註：第一冊, 地府流浪貓 .-- 第二冊, 會作詩的寵物豬 .-- 第三冊, 失憶霸王龍 .-- 第四冊, 垃圾堆裡的妖精 .-- 第五冊, 怪鳥荷包蛋				
機讀格式	欄位	指標		分欄
CMARC	200	1	b	$a 幽默聊齋 $f 周銳著 $g 奇兒繪圖
	327	1	b	$v 第一冊, $a 地府流浪貓 .-- $v 第二冊, $a 會作詩的寵物豬 .-- $v 第三冊, $a 失憶霸王龍 .-- $v 第四冊, $a 垃圾堆裡的妖精 .-- $v 第五冊, $a 怪鳥荷包蛋
	700	b	1	$a 周 $b 銳 $t 地府流浪貓
	700	b	1	$a 周 $b 銳 $t 會作詩的寵物豬
	700	b	1	$a 周 $b 銳 $t 失憶霸王龍
	700	b	1	$a 周 $b 銳 $t 垃圾堆裡的妖精
	700	b	1	$a 周 $b 銳 $t 怪鳥荷包蛋
MARC 21	245	1	0	$a 幽默聊齋 /$c 周銳著；奇兒繪圖
	505	0	#	$a 第一冊, 地府流浪貓 .-- 第二冊, 會作詩的寵物豬 .-- 第三冊, 失憶霸王龍 .-- 第四冊, 垃圾堆裡的妖精 .-- 第五冊, 怪鳥荷包蛋
	740	0	2	$a 地府流浪貓
	740	0	2	$a 會作詩的寵物豬
	740	0	2	$a 失憶霸王龍
	740	0	2	$a 垃圾堆裡的妖精
	740	0	2	$a 怪鳥荷包蛋

【說明】：1. CMARC 內容註（欄位 327）：著錄時以欄位 327，分欄 $a 重複記載各部分之書目資料。若著者及單冊題名，欲立為檢索款目，可選擇 7XX 著者段之分欄 $t 著錄各單冊題名。

2. MARC 21 內容註（欄位 505）：內容註基本級，以欄位 505，分欄 $a 著錄各部分之書目資料，另以欄位 740，分欄 $a 著錄欲分析之各單冊題名；若採增強級，則以分欄 $g 著錄編次，分欄 $t 單冊題名，無須再著錄欄位 740（國家圖書館，2011）。

（三）著者檢索款目的擇定（CCR 21.1.2）（CMARC tag7XX）（MARC 21 tag1XX、7XX）

作品的創作者應立檢索款目，其他則視重要性，為個人或團體名稱立為檢索款目。

1. 著（撰）者
(1) 單一著者著錄範例

新人生觀 / 羅家倫著			
機讀格式	欄位	指標	分欄
CMARC	200	1 ♭	$a 新人生觀 $f 羅家倫著
	700	♭ 1	$a 羅 $b 家倫
MARC 21	100	1 #	$a 羅家倫
	245	1 0	$a 新人生觀 /$c 羅家倫著

【說明】：單一個人著者，著錄於主要著者欄位，建立著者檢索款目。

(2) 3 位合著者著錄範例

圖書分類編目 / 陳和琴, 吳瑠璃, 江綉瑛著			
機讀格式	欄位	指標	分欄
CMARC	200	1 ♭	$a 圖書分類編目 $f 陳和琴, 吳瑠璃, 江綉瑛著
	700	♭ 1	$a 陳 $b 和琴
	702	♭ 1	$a 吳 $b 瑠璃
	702	♭ 1	$a 江 $b 綉瑛
MARC 21	100	1 #	$a 陳和琴
	245	1 0	$a 圖書分類編目 /$c 陳和琴, 吳瑠璃, 江綉瑛著
	700	1 #	$a 吳瑠璃
	700	1 #	$a 江綉瑛

【說明】：著作方式相同的三位合著者，以首列者為主要著者檢索款目，其餘兩人為附加著者檢索款目。

2. 編（輯）者
(1) 單一團體編（輯）者著錄範例

中華民國經濟年鑑 = Economic yearbook of the Republic of China / 經濟日報社編			
機讀格式	欄位	指標	分欄
CMARC	200	1 b	$a 中華民國經濟年鑑 $d Economic yearbook of the Republic of China $f 經濟日報社編 $z eng
	510	1 b	$a Economic yearbook of the Republic of China $z eng
	712	0 2	$a 經濟日報社
MARC 21	245	0 0	$a 中華民國經濟年鑑 =$b Economic yearbook of the Republic of China /$c 經濟日報社編
	246	3 1	$a Economic yearbook of the Republic of China.
	710	2 #	$a 經濟日報社

【說明】：單一團體著者，非主要創作，故以團體著者附加檢索款目著錄。

(2) 三位以上編（輯）者著錄範例

新編六法參照法令判解全書 / $c 林紀東等編纂			
機讀格式	欄位	指標	分欄
CMARC	200	1 b	$a 新編六法參照法令判解全書 $f 林紀東等編纂
	702	b 1	$a 林 $b 紀東
MARC 21	245	0 0	$a 新編六法參照法令判解全書 /$c 林紀東等編纂
	700	1 #	$a 林紀東

【說明】：編纂者超過四人，編纂者僅著錄林紀東（首列者），立為著者附加檢索款目。

3. 譯者

譯者著錄範例

圖書館學概論：圖書館服務的基本要素 / 傑西．薛拉 (Jesse H. Shera) 著；鄭肇陞譯			
機讀格式	欄位	指標	分欄
CMARC	200	1 ｂ	$a 圖書館學概論 $e 圖書館服務的基本要素 $f 傑西．薛拉 (Jesse H. Shera) 著 $g 鄭肇陞譯
	700	ｂ 1	$a 薛拉 $c(Shera, Jesse Huak, 1903-1982)
	702	ｂ 1	$a 鄭 $b 肇陞
MARC 21	100	1 #	$a 薛拉 $c(Shera, Jesse Huak, 1903-1982)
	245	1 0	$a 圖書館學概論：$b 圖書館服務的基本要素 /$c 傑西．薛拉 (Jesse H. Shera) 著；鄭肇陞譯
	700	1 #	$a 鄭肇陞

【說明】：翻譯作品以原著者為主要著者檢索款目；譯者則著錄於個人著者附加檢索款目。

二、檢索標目格式的建立

編目員須依據編目規範工具，如編目規則、標題表等，來訂定如書名、著者、標題等檢索款目，惟據以著錄之作品，有時其所載之書目資訊不盡相同，如個人著者有不同筆名，外國著者譯名，原文書名翻譯不同，或團體名稱時有變更等，編目人員照錄的檢索款目即會有各種不同形式。《中國編目規則》第二十二章至二十五章，乃為規範各種檢索款目之標目形式而訂的條文，第二十六章「參照」則為指引目錄使用者從一標目去見另一標目。標目形式包括人名標目、地名、團體標目、劃一題名及參照，說明如下：

（一）人名標目

人名標目通常可根據作品的主要著錄來源所記載的著者名稱選定。一人有兩個以上名號，應選擇最著稱的名號立為標目；如無法確定，可依下列順序擇定：1. 個人作品中最常用者；2. 文獻中最常用者；3. 個人最近使用者。人名標目既經確定，未經採用的名稱，另立參照款目引見（CCR 22.1.1）。

人名標目	說明
（宋）歐陽修, 1007-1072	中國人名之前須註明其朝代或生卒年，朝代置於圓括弧內（CCR 22.2.2）。
清高宗	帝王、后妃、諸侯、貴族逕以廟號、諡號、封號為標目，如本名較為著稱，則以本名為標目，帝王之廟號已冠朝代，不必另加註朝代（CCR 22.1.3）。
林語堂, 1895-1976	中國人名依擇定名稱，直接著錄之。民國以後之人名，不必加註民國（CCR 22.2.2）。
王志誠（文學） 王志誠（法律）	人名標目相同者，加註其西元生卒年、籍貫、專長、職稱等於姓名之後，置於圓括弧內（CCR 22.3.1）。
琦君, 1917-2006	文學家以著稱筆名為標目，如知其本名，則另立參照款目引見之（CCR 22.1.2.1）。例如，琦君不用本名潘希真為標目，但另立「見」款目。
釋星雲	僧尼之有法名及俗名者，以法名為標目，法名前冠「釋」字（CCR 22.1.4）。
詹姆斯（James, Henry, 1843-1916）	西洋人之中譯名，以姓為標目，其後記其原文姓名於圓括弧內，姓在前，名在後，二者以逗點相隔（CCR 22.2）。
杜威（Dewey, John, 1859-1952） 杜威（Dewey, Melvil, 1851-1931）	外國人名標目相同時，可於譯名後圓括弧內之原文名稱後加註公元生卒年代，原文名稱與生卒年以逗點相隔（CCR 22.3.2）。

（二）地名標目

團體標目中常含有地名，其作用為：1. 區別名稱相同之團體；2. 作為政府機關標目之一部分；3. 標示會議、展覽會等舉行之地點（CCR 23.0.1）。

地名標目	說明
韓國	同一地方如有不同的地名，選用其正式之地名，惟國家名稱若有習用者，宜選用習用的名稱（CCR 23.1.3）。例如，韓國不用「大韓民國」或「朝鮮」。
佛羅倫斯	外國地名如有習用之中文譯名，照錄之。如無習用者，則參考地名辭典及其他資料選定之（CCR 23.1.4）。例如，佛羅倫斯不用「翡冷翠」。

英國曼徹斯特	外國地名除最著名者外,應冠國名或地區名(CCR 23.1.2)。例如,倫敦著錄時則可省略國名。
美國愛荷華州邁阿密 (Miami, Iowa, U.S.A.) 美國佛羅里達州邁阿密 (Miami, Florida, U.S.A.)	相同之地名,應冠較大地區之地名以資區別。外國地名之原名,得記於中文譯名之後,加圓括弧(CCR 23.3)。
國家圖圖書館(加拿大)	標目相同之團體,需於名稱之後,加註其所在地或其他足以辨識之字樣,置於圓括弧內,以資區別(CCR 24.2.3)。
臺北市教育局	當團體名稱中含地名或轄區名,以地名或轄區著錄為標目主體(CCR 24.2.4)。
亞太地區圖書館學研討會 (1 : 民72 : 臺北市)	會議標目的著錄格式:會議名稱(屆次:時間:地點)(CCR 24.2.6.4)。

(三)團體標目

　　團體標目直接採用該團體著稱之名稱,未經採用者,另立參照款目引見之。團體名稱不止一個,採用其著稱者。如無法確定,則依下列順序擇定:1. 作品中最常用者;2. 文獻中最常用者;3. 最近使用者(CCR 24.1.1)。

團體標目	說明
原住民族委員會	團體名稱如有不同之形式(如全銜、簡稱等),則採正式名稱或全銜,不用簡稱(CCR 24.1.3)。
國立政治大學國際關係研究中心	下級單位之名稱本身不足以區辨者,須冠其上級單位之名稱(CCR 24.2.5.1)。
中華兒童福利基金會	團體名稱中如含「私立」、「財團法人」等字樣,宜省略之(CCR 24.2.1)。

(四)劃一題名

　　作品因版本或譯本不同而題名有異,或題名相同而作品不同,編目時得使用劃一題名,並立為檢索款目,期於目錄中匯集一處,以便檢索。某一作品是否應使用劃一題名,可依下列情況考慮:1. 該作品之知名度;2. 該作品不同版本及譯

本之多寡；3.該作品之原文是否為外文；4.該作品之不同版本、譯本是否需匯集一處，以便於研究（CCR 25.0.2）。

劃一題名以使用本國語言為原則，必要時得以外文題名著錄，並依下列順序選擇：1.最為著稱之題名；2.作品中最常使用之題名；3.原題名（CCR 25.1.1）。

劃一題名	說明
聖經.新約.中文	基督教經典以「聖經」為劃一題名（CCR 25.3.2）。例如，聖經新約中文版，依宗教經典標目格式訂定。
紅樓夢	紅樓夢，又名石頭記，選擇最為著稱之題名（CCR 25.1.1）。採用紅樓夢為劃一題名，不用石頭記。
哈姆雷特	劃一題名之選擇，以使用本國語言為原則，必要時得以外文題名著錄。翻譯作品之題名如有多種不同之中文譯名，為並置同一作品不同翻譯版本，擇定以哈姆雷特（Hamlet）為劃一題名，不用王子復仇記（CCR25.1.2）。

（五）參照

根據《中國編目規則》第二十六章「參照」，為便於目錄檢索，規範書目紀錄建立時，得立「見」、「參見」、「說明參照」三種，略說明如下（CCR 26.0.1）：

1.「見」款目

指引讀者由未被採用的標目，「見」目錄中選用的權威標目。從可能被查詢之個人名稱、團體名稱或題名等「見」目錄中選用之標目，又稱直接參照。

權威標目	說明
潘希真 見 琦君	個人作品如均署同一筆名，即以該筆名為標目。例如，琦君擇定為權威標目，不用本名潘希真，但另立「見」款目（CCR 22.1.2.1）。

2.「參見」款目

指引讀者從某一權威標目，「參見」其他相關的權威標目，即目錄中若同時使用不同的權威標目，得建立「參見」參照說明其相關關係，又稱相關參照。

權威標目	說明
林良 參見 子敏 子敏 參見 林良	作者以不同之筆名或本名題署於不同寫作領域或風格之作品，且各署名均已相當著稱，則同時採用各署名為標目，並立參照款目連結之（CCR 22.1.2.3）。

3.「說明參照」

如僅以「見」或「參見」款目，無法給予讀者適當之指引時，得於目錄中以簡潔之文字加以說明，又稱一般參照。如團體名稱冠首之「私立」、「財團法人」等字樣，不記載於標目內，以「說明參照」說明之。

權威標目	說明
太平洋文化基金會	說明目錄中凡團體名稱冠首之「私立」、「財團法人」等字樣已省略（CCR 24.2.1）。說明參照亦可說是一種範圍註，針對某一權威標目加以界定定義及範圍，並提供詳細的使用指導。

第四節　權威控制

目錄提供書目查詢與類聚的功能，讓使用者可以從著者或作品名稱查詢到特定的資料，並且聚集特定著者的所有作品，聚合特定作品的所有版本，聚合特定主題的所有作品。圖書館編目人員在編製書目紀錄的過程中，依據編目規則、主題詞表或標題表，訂定檢索款目時，屢有同書異名、同人異名、同名異人或同形異義詞、同義異形詞等情況，在擇定書名、著者及主題詞等檢索標目時就會面臨不同形式的抉擇，為使檢索款目的形式具有獨特性及一致性，必須依據編目規範加以擇定權威標目，將不用的標目及參見標目建立參照關係。透過檢索標目的控制，可避免讀者發生漏檢或誤檢的遺憾，增進書目檢索的準確度，進而有效地掌握書目紀錄，也可充分發揮圖書館目錄的檢索效能。

一、權威控制的意義

權威控制（authority control）是圖書館書目控制中不可或缺的工作，包括決

定書目紀錄中著者名稱、劃一題名、標題等檢索標目的形式，同時建立標目之間的參照關係。在人工編目作業時期，用以維護卡片目錄中標目形式的一致性；在線上編目系統，除了維護檢索標目的一致性，也藉由系統連結與指引功能，辨識同名、匿名作者及追蹤名稱的各種更替情形，故能將相關主題或特定著者的作品聚集一處（胡歐蘭，1995）。

權威控制係指維護圖書館目錄中檢索標目的一致化及其參照關係作業，由編目人員為書目紀錄中每一個檢索標目，訂定一個獨特的權威形式標目，並且將其他變異形式的標目以參照關係相互引見，以避免檢索款目的重複與錯誤。綜合言之，權威控制是圖書館控制目錄中所建置的檢索標目，包括個人名稱、團體名稱、劃一題名、集叢名、標題等標目的形式，使其一致化與建立參照關係的過程，也是提升目錄檢索效益的必要工作（江綉瑛，2003）。

二、權威控制的目的與功能

權威控制的目的乃維護檢索標目的一致性、建立標目之間的參照關係，及建立權威紀錄。首先，決定檢索標目的形式；其次，記錄標目間相互引見之參照關係，利用「參照」方式，將不同形式的標目，指引到所採用的標目，藉以將「選用」與「未被選用」的標目予以連接；最後，建立權威紀錄。其目的與功能略述如下：

（一）維護檢索標目的一致性

維護檢索標目的一致性係針對同一著者有不同名稱、不同著者相同名稱、同一翻譯作品不同題名、同一翻譯作品原著者譯名不一或主題詞的同形異義與同義異詞的處理，藉由標目的建立與指引功能，可以辨識同名、匿名作者；辨識同義詞；或追蹤名稱的各種更替情形。經由權威控制使得目錄中所有的檢索點皆具有唯一性及獨特性，不會產生混淆，也使得標目與標目之間相關的詞彙，產生關聯性，讓使用者由任何一個相關的詞彙查找，皆可獲得完整的資料。

（二）建立標目之間的參照關係

在權威標目建立之後，未被選取的名稱必須建立參照關係，即「見」或「參見」，以有效連結標目，例如，同一著者不同名稱之參照、同一翻譯作品不同題

名之參照，以及同一主題概念不同用詞之參照等。利用「參照」方式，顯示其相互間的關係，以辨識同質異形或同形異質的標目。藉由「參照」說明，能使不同標目的新舊資料相互連繫，增多檢索項，從而擴展讀者對查找資料更進一層的瞭解與認識，並且能節省檢索時間。

（三）建立權威紀錄

將書目紀錄中的檢索標目，確立一種權威標目，同時記錄該權威標目的不同形式及相關形式，說明此權威標目與其他不同形式標目的參照關係，以及權威資料來源等一併記錄，謂之「權威紀錄」（authority records）。透過權威紀錄中各種參照說明與指引，能讓館藏資料有更好的連結。採訪人員可利用權威紀錄作為查證書目資料的依據；對編目館員而言，有權威紀錄作為新進館藏資料擇定檢索款目之參考，可減少權威標目的審核，加速編目資料的處理，提高編目工作效率；對參考館員而言，當接到讀者有關館藏查詢的問題時，也必須利用權威紀錄查核檢索款目的正確性，確定目錄中所選用的名稱作為檢索的依據；對讀者而言，可節省讀者查找資料的時間，擴大查找資料的範圍，除提高其查詢資料的有效性外，也能提升目錄的檢索效能與讀者的使用率（江綉瑛，2003）。

三、權威紀錄種類

權威紀錄就是為書目資料的檢索點（access points）建立一種標準形式，同時將此權威標目及其不同形式、相關形式、參照關係、資料來源及建立日期等事項一併記載存查，組成一筆完整的權威紀錄，用以確定圖書館目錄或書目系統中所建立的標目與選用的標目是否一致，以及避免檢索款目的重複與錯誤，影響檢索結果（劉春銀，2013）。

權威紀錄通常可分為三種，有名稱權威紀錄、主題權威紀錄及集叢權威紀錄，茲分別說明於後：

（一）名稱權威紀錄

為使同一著者的作品或劃一題名的相關作品能夠聚合，增加書目資料的完整

性查詢，必須建立名稱權威紀錄，包括個人名稱、地名、團體名稱、會議名稱和劃一題名等權威紀錄。針對這些名稱權威標目的擇定與格式，在《中國編目規則》第二十二章人名標目、第二十三章地名、第二十四章團體標目、第二十五章劃一題名等，均有明確的規定及說明，茲舉例說明如下：

1. 個人名稱

著者有本名、筆名、室名、別號、廟號、諡號、封號、法名、譯名等，致使出現在作品的姓名時有不同，建立著者標目時必須有所抉擇，若有相同之標目，必須加註適當字樣，如朝代、生卒年、籍貫、專長等，以資識別。

(1) 著者本名與筆名不同

權威標目	參照	說明
路寒袖	王志誠 見 路寒袖	同一著者有不同名稱，應擇其著稱者為標目，未經採用者，另立參照款目引見之。例：路寒袖本名王志誠，擇其著稱者，以「路寒袖」為權威標目，另立「見」款目。
王志誠	路寒袖 見 王志誠	

(2) 不同著者相同名稱

權威標目	參照	說明
六月 (藝人)	六月 (藝人) 本名 蔡君茹, 1976-	不同著者相同姓名，須加註其生卒年、籍貫、專長等，以資識別。
六月 (文學家)	六月 (文學家) 本名 劉菊英, 1944-	

(3) 著者譯名與原名

權威標目	參照	說明
歐巴馬 (Obama, Barack)	歐巴馬 (Obama, Barack) 參見 Obama, Barack	著者譯名，另立參照款目引見其原名。

(4) 原著者譯名不一

權威標目	參照	說明
歐巴馬 (Obama, Barack)	奧巴馬 改譯 歐巴馬	原著者譯名不一，擇定其一為權威標目。

2. 團體名稱

團體名稱有全銜、簡稱、新舊名稱、譯名等，常因涉及團體歷史變遷、改名、合併、分衍、上下層組織、簡稱等多種複雜的關係，必須依賴權威紀錄及參照關係的建立，以求標目一致，另對名稱相同的不同團體，應分別建立標目，並且加註識別字樣以資區別。

(1) 團體名稱採全銜

權威標目	參照	說明
行政院文化建設委員會	文建會 見 行政院文化建設委員會	團體名稱如有不同之形式（如全銜、簡稱等），則採用正式名稱或全銜。未經採用者，另立參照款目引見之。

(2) 團體名稱變更

權威標目	參照	說明
淡江文理學院	參見 淡江大學	團體名稱如有變更，採用其作品所載之名稱，新舊名稱分立「參見」款目。
淡江大學	參見 淡江文理學院	

3. 會議名稱

為特定主題召開之會議或研討會具獨特性，須附加會議屆次、召開時間與舉辦地點，依序加註於會議名稱後，置於圓括弧內，其中會議屆次、時間、地點間，以冒號相隔。

(1) 會議名稱（屆次：時間：地點）

權威標目	說明
亞太地區圖書館學研討會（1：民72：臺北市） 亞太地區圖書館學研討會（2：民96：臺北市）	為使會議名稱具獨特性，須將會議屆次、時間、地點依次加註於會議名稱之後，置於圓括弧內。例：第一屆、第二屆亞太地區圖書館學研討會。

(2) 會議名稱（屆次：時間：機構）

權威標目	說明
中文文獻資源共建共享合作會議（8：民99：國家圖書館）	會議地點記載於年份之後，會議如係在教育、文化機構內舉行，舉辦地點則記載機構名稱。

4. 地理名稱

　　地理名稱除可作為政府機關標目的一部分，亦可用於團體名稱標目內，以區別名稱相同的團體，或用於標示會議舉行之地點，另若有改名、改隸之情況，均應各自建立標目，說明其關係，以力求一致。

(1) 新舊地名

權威標目	參照	說明
金陵 南京	參見 南京 參見 金陵	地名如有變更，採用作品所載之地名。其新舊地名分立「參見」或「說明參照」款目。

(2) 區別團體名稱相同

權威標目	說明
國立中山大學 國立中山大學（廣州市）	標目相同之團體，須於名稱之後，加註其所在地或其他足以辨識之字樣，置於圓括弧內，以資區別。如其中之一為眾所熟知者，該團體可不加任何字樣。

5. 劃一題名

　　同一作品常因版本或譯本不同，產生不同題名，須依編目規則擇定劃一題名，藉以建立檢索款目，俾使不同版本或譯本得以匯集一處，方便讀者利用。

翻譯作品不同譯名

權威標目	參照	說明
天方夜譚 哈姆雷特	一千零一夜　見　天方夜譚 王子復仇記　見　哈姆雷特	翻譯作品有多種不同譯名，擇其最著稱者為劃一題名。例如，「天方夜譚」不用一千零一夜；「哈姆雷特」不用王子復仇記。

（二）主題權威紀錄

　　主題詞的功能在於有效地揭示資料主題內容，而主題檢索之詞彙有同形異義詞（homograph/homonym）與同義異詞（synonym）的現象，所以在標準化（standardization）或正規化（normalization）處理過程中，通常須借助標題表、主題詞表等工具，才能提供正確的主題檢索服務。

　　主題權威紀錄能使所選用的詞彙正確且有效地控制，加速資料的查檢與聚合，也可避免使用各種不同的詞彙而查不到資料。主題權威控制必須借助標題表、主題詞表等參考工具，透過專家學者討論訂定的詞彙關係，完成主題的控制詞彙、非控制詞彙、新舊標題、廣狹義詞的參照說明，使內容主題相同的文獻資料，採用相同的、唯一的標題，以正確地聚合相同主題內容之作品，而建立主題權威紀錄即在使主題詞彙得以正確而有效地控制。

1. 主題詞同形異義

權威標目	說明
花（姓氏） 花（花卉）	主題詞同形異義，加修飾語，置於圓括弧內，以資識別。

2. 主題詞同義異詞

權威標目	參照	說明
不明飛行體	飛碟　見　不明飛行體 幽浮　見　不明飛行體	主題詞同義異詞，擇定替代標題為權威標目，另立「見」款目引見被替代標題。

（三）集叢權威紀錄

當一套書進行單本分類編目時，若希望將集叢名建立檢索款目，則其標目形式必須一致，才能將同一集叢的作品聚集，若集叢名稱有變更，也要進行查證並加註相關變更資訊，以資區別。

權威標目	說明
中國歷代詩人選集（遠流） 中國歷代詩人選輯（源流）	集叢名稱變更，加註出版者名稱置於圓括弧內，以資區別。

四、建立權威紀錄

就權威控制作業程序而言，可歸納為五個步驟：（一）建立權威紀錄，可依據機讀編目權威紀錄格式建立權威紀錄；（二）彙集權威紀錄組成權威檔（authority file）；（三）連接權威檔與書目檔，組成權威系統，或由書目檔建立權威檔並連結成為權威系統；（四）維護權威檔及權威系統，配合書目檔與書目系統一起增長；（五）經常評估權威檔的時效性與正確性，以提升書目資料庫之品質（胡歐蘭，1995）。茲就權威紀錄的內容、建立權威紀錄及權威檔的轉錄來源說明如下：

（一）權威紀錄內容

權威紀錄的建立，就是將書目紀錄中的檢索款目確立其權威形式，並且將該標目之不同形式及相關形式等一併記錄存查，通常每筆權威紀錄所著錄的資料包括：權威標目、參照標目、參照說明、標目語文、資料來源、著錄規範、權威紀錄的建立者、建立日期等，以便於日後的追蹤考核，及維護權威資料的完整性。權威資料之參考依據，可參考圖書館已建立之權威紀錄、根據手邊正在編目的資料、查詢參考工具書，如百科全書、書目、傳記字典、人名字典、地理資料等。或者參考「臺灣書目整合查詢系統」（Synergy of Metadata Resources in Taiwan，簡稱 SMRT）、「香港中文名稱規範數據庫」（Hong Kong Chinese Authority (Name) Database，簡稱 HKCAN）的權威標目及資料來源等。如果發現

上述幾處來源，均有可供參考的權威紀錄，惟其標目形式或參照不盡相同，例如，文學家王志誠其筆名路寒袖，有以本名王志誠為權威標目（詳表 3-8）（國家圖書館臺灣書目整合查詢系統，2016），也有以筆名路寒袖為權威標目（詳表 3-9）（香港中文名稱規範小組，2016），則有待圖書館的編目政策決定取捨之優先順序，以確立標目一致性原則。

表 3-8　權威紀錄：王志誠

紀錄來源	SMRT（臺灣書目整合查詢系統）
個人權威名稱	王志誠 (中國文學), 1958-
變異標目名稱	Lu-han-hsiu, 1958- Luhanxiu, 1958- Wang, Chih-ch'eng, 1958- Wang, Zhicheng, 1958- 路寒袖 , 1958-
資料來源	2007 臺灣作家作品目錄 . 民 97: 冊 3 面 1157. http://www.ntl.gov.tw/Publish_List.asp?CatID=863 中華民國作家作品目錄 . 84: 冊 4 面 115. 人生船 . 民 74: 面 581. 路寒袖主編 . 根：第五屆中縣文學獎得獎作品集 . 臺中縣豐原市 : 臺中縣立文化中心 , 民 92. 路寒袖編 . 風景明信片 . 臺北市 : 麥田 , 民 84.
傳記或歷史資料	路寒袖 - 當代文學史料知識加值系統 http://lit.ncl.edu.tw/litft/searchCP.action?dtdId=1&sysId=131501-A-001 閱讀華文臺北 - 華文文學資訊平台 作家資料庫 作家 - 作品檢索 路寒袖 http://www.tpocl.com/content/writerView.aspx?n=G0157

表 3-9　權威紀錄：路寒袖

紀錄來源	JULAC-HKCAN（香港中文名稱規範數據庫）
西文個人權威名稱	Lu, Hanxiu, 1958-
變異標目名稱	Lu, Han-hsiu, 1958- Wang, Zhicheng, 1958- Wang, Chih-ch'eng, 1958- 王志誠, 1958-
中文個人權威名稱	路寒袖, 1958-
資料來源	His Tsao, han 1991 : t.p. (Lu Han-hsiu) p. 10 of 1st group (real name: Wang Chih-ch'eng; b. 1958; native of T'ai-chung hsien Ta-chia chen; grad., Tung-wu ta hsüeh Chung wen hsi) 我的父親是火車司機, 1997: t.p.（路寒袖）jkt.（路寒袖, 本名王志誠, 一九五八年生, 臺中縣大甲人）

（二）權威紀錄建檔

　　權威控制落實於機讀編目格式上，自行建檔可採用 MARC 21 權威資料標準（MARC 21 Standards: Authority Data）（Library of Congress, 2016b），著錄個人名稱、團體名稱、劃一題名、主題詞的權威款目、參照款目及資料來源等，便於後續權威紀錄資源的交換與共享。MARC 21 權威資料簡表及著錄說明，如表 3-10（徐蕙芬、戴怡正、國家圖書館館藏發展及書目管理組，2015）：

（三）權威紀錄轉檔

　　權威控制的主要目的在於維護標目的一致性與建立標目之間的參照關係，以期加強目錄效能及增加檢索途徑。每筆權威紀錄的著錄內容應該涵括所有足以辨識及區別的資料，惟有時因編目人員學科背景不足或專業知識的缺乏，以致難以決定其權威標目及資料來源之參考依據，或礙於編目人力不足，無法有效地建立權威紀錄。此時可以藉助權威性編目機構已建置的權威紀錄檔直接轉檔，例如，轉載自美國國會圖書館發行的「名稱權威檔」、「主題權威檔」。各圖書館經由此種方式取得的權威紀錄，不僅有其權威性且多趨向於一致，可提高書目的正確性與可靠性（江綉瑛，1996）。

表 3-10　MARC 21 權威資料簡表（MARC 21 Standards: Authority Data）

欄號	欄位名稱	著錄內容
Leader	紀錄標示	固定長度 24 位，屬於 MARC 機讀紀錄結構的一部分，提供對紀錄處理的必要參數。
008	Fixed-Length Data Element 定長欄位	定長資料，共 40 位代碼，說明權威紀錄相關資訊或與欄位 1XX 或 4XX，5XX 相關的資訊。
001	Control Number	控制號
01X-09X	Numbers and Codes Fields	號碼與代碼欄，著錄美國國會圖書館控制號、國際標準號碼、編目來源、分類號、索書號等。
1XX，3XX	Heading - General Information Fields	權威標目：欄位 1XX 用來著錄名稱或主題的權威款目，未採用的其他標目形式，著錄於欄位 4XX 反見款目。
100	Personal Name	權威標目－個人名稱
110	Corporate Name	權威標目－團體名稱
130	Uniform Title	權威標目－劃一題名
150	Topical Term	權威標目－主題用語
151	Geographic Name	權威標目－地區名稱
370	Associated Place	相關地方
372	Field of Activity	專業領域
373	Associated Group	相關團體
374	Occupation	職業
375	Gender	性別
260	Complex See Reference - Subject	標題參考註－見關係註
360	Complex See Also Reference - Subject	標題參考註－參見關係註
4XX	See From Tracing Fields	反見款目：欄位 4XX 著錄權威標目的其他形式。指引讀者從其他形式的標目至權威標目。
400	Personal Name	反見款目－個人名稱
410	Corporate Name	反見款目－團體名稱

表 3-10　MARC 21 權威資料簡表（MARC 21 Standards: Authority Data）（續）

欄號	欄位名稱	著錄內容
5XX	See Also From Tracing Fields	反參見款目：欄位 5XX 著錄與欄位 1XX 相關的權威標目，建立反參見款目，目的在引導讀者至其他相關的權威標目。
500	Personal Name	反參見款目－個人名稱
510	Corporate Name	反參見款目－團體名稱
64X	Series Treatment Fields	欄位 64X 說明集叢的出版資訊。
663-666	Complex Name Reference Fields	名稱款目參考註－見關係註、參見關係註、歷史註、一般註。
667-68X	Notes Fields	附註項
670	Source Data Found	著錄來源註
678	Biographical or Historical Data	傳記或歷史資料
7XX	Heading Linking Entry Fields	連結款目：欄位 7XX 著錄系統相關連結，用來連結到代表同一作者、同一作品、或等同主題詞語等的相關款目。
8XX	Other Variable Fields	其他欄位
856	Electronic Location and Access	電子資源位址及取得方法
880	Alternate Graphic Representation	欄位 880 著錄以不同文字語系表現的欄位資訊，以分欄 $6 連結權威紀錄中相應的欄位。

　　此外，參與權威資料合作編目計畫，亦可共建共享權威紀錄資源。例如，參與美國國會圖書館的「名稱權威合作計畫」（Name Authority Cooperative Program，簡稱 NACO）、「主題權威合作計畫」（Subject Authority Cooperative Program，簡稱 SACO），或者加入「中文名稱權威聯合資料庫檢索系統」（Chinese Name Authority Joint Database Search System，簡稱 CNASS）（中文名稱規範聯合協調委員會，2016）、「虛擬國際權威檔案」（The Virtual International Authority File，簡稱 VIAF）等計畫，透過權威系統查詢，查得所需權威紀錄可直接下載，省卻重複建檔作業，如表 3-11（The Virtual International Authority File, 2016）。

表 3-11　VIAF 權威紀錄：李安

欄位	指標	著錄內容
Leader		00000cz a2200037n 45 0
001		CYT|AC000215384（VIAF cluster）
008		120106na azznnaabn a aaa c
003		CYT
035	＃＃	$a (CYT)AC000215384
040	＃＃	$a NBI
046	＃＃	$f 19541023
100	1 ＃	$a 李安, $c (電影), $d 1954-
370	＃＃	$a 屏東縣潮州　　$f 祖籍：江西德安
372	＃＃	$a 電影
373	＃＃	$a 國立藝術專科學校影劇科畢　$t 1975
373	＃＃	$a 伊利諾大學香檳分校戲劇系　$s 1979　$t 1980
373	＃＃	$a 紐約大學電影碩士　$s 1981　$t 1982
373	＃＃	$a 二等景星勳章　$s 2006
373	＃＃	$a 2012 年由法國文化部長菲里佩提 (Aurélie Filippetti) 授文化藝術騎士勳章　$s 2012
373	＃＃	$a 奧斯卡金像奖最佳导演　$s 2006
373	＃＃	$a 奧斯卡金像奖最佳导演　$s 2013
375	＃＃	$a 男
400	1 ＃	$a Li, An, $d 1954-
500	1 ＃	$a Lee, Ang, $d 1954-
670	＃＃	$a 飲食男女：電影劇本與拍攝過程. 臺北市：遠流出版；[臺北縣中和市]：信報發行, 民 83.
670	＃＃	$a 李安：导演, 奥斯卡奖得主 ; .., [2005?]
670	＃＃	$a ACbib 風雲兒 鄭成功：電影劇本 / 藤水名子, 高畠久, 貢敏劇本；李安導演, 2008
670	＃＃	$a ACbib Feng yun er zheng cheng gong : dian ying ju ben / Teng shui ming zi, gao zi jiu, gong min ju ben; li an dao yan, 2008
678	＃＃	$a 李安 - 基百科，自由的百科全　$u http://zh.wikipedia.org/wiki/ 李安
678	＃＃	$a 李安 _ 百度百科　$u http://baike.baidu.com/view/25290.htm
678	＃＃	$a 李安奪獎成台灣強勁代言人 | 兩岸透視 | 中央社即時　$u http://www.cna.com.tw/News/aCN/201302260074-1.aspx

關鍵詞彙

編目規則	記述編目
Cataloging Rule	Descriptive Cataloging
資訊組織	權威控制
Organization of information	Authority Control
權威紀錄	
Authority Record	

自我評量

- 依據《中國編目規則》第三版，著錄項目分為哪八大項？
- 檢索點的擇定原則為何？
- 試述權威控制的意義與目的。
- 名稱權威紀錄的種類有哪些？
- 試述權威控制對館員與讀者的影響。

參考文獻

中文名稱規範聯合協調委員會（2016）。中文名稱權威聯合資料庫檢索系統。檢索自 http://cnass.cccna.org/jsp/index.jsp?lancval=zh_TW

中國機讀編目格式修訂小組（編撰）（2002）。中國機讀編目格式民90年修訂版。臺北市：國家圖書館。

江綉瑛（1996）。權威控制。在陳和琴、吳瑠璃、江綉瑛，圖書分類編目（頁221-231）。臺北縣：國立空中大學。

江綉瑛（2003）。權威控制。在陳和琴、張慧銖、江綉瑛、陳昭珍，資訊組織（頁211-232）。臺北縣：國立空中大學。

吳瑠璃（1996）。記述編目。在陳和琴、吳瑠璃、江綉瑛，圖書分類編目（頁17-82）。臺北縣：國立空中大學。

胡歐蘭（1995）。權威控制。在圖書館學與資訊科學大辭典。檢索自 http://terms.naer.

edu.tw/detail/1679460/

香港中文名稱規範小組（2016）。路寒袖。香港中文名稱規範數據庫公眾檢索目錄。檢索自 http://www.hkcan.net/hkcanopac/servlet/list/zh_TW?action=list&list=%2Fhkcanopac%2Fidxlist2.jsp%3Faction%3Di-list%26i%3D00XXXXXX%26w%3D%25E7%258E%258B%25E5%25BF%2597%25E8%25AA%25A0%26o%3D00%26mode%3Dtext%26top%3D11%26pageSize%3D10%26lang%3Dzh_TW&i=i&k=&w=%E7%8E%8B%E5%BF%97%E8%AA%A0%2C+%7C+1958-+%7C+&z=00&o=&mode=text&startPos=1&pageSize=10

徐蕙芬、戴怡正、國家圖書館館藏發展及書目管理組（編）（2013）。*MARC 21 書目紀錄中文手冊：圖書、連續性出版品（修訂版）*。臺北市：國家圖書館。

徐蕙芬、戴怡正、國家圖書館館藏發展及書目管理組（編）（2015）。*MARC 21 權威紀錄中文手冊*。臺北市：國家圖書館。

國家圖書館（2011）。*MARC 21 部分欄位著錄說明及注意事項彙整版*。檢索自 http://catweb.ncl.edu.tw/flysheet_admin/new_file_download.php?Pact=FileDownLoad&Pval=1017

國家圖書館（2013）。國內編目規則未來發展諮詢會議會議紀錄。檢索自 http://catweb.ncl.edu.tw/portal_d7_cnt_page.php?button_num=d7&folder_id=14&cnt_id=153&order_field=&order_type=&search_field=&search_word=&search_field2=&search_word2=&search_field3=&search_word3=&bool1=&bool2=&search_type=1&up_page=1

國家圖書館臺灣書目整合查詢系統（2016）。王志誠。檢索自 http://metadata.ncl.edu.tw/blstkmc/blstkm#tudorkmtop

陳和琴（2003）。記述編目。在陳和琴、張慧銖、江綉瑛、陳昭珍，資訊組織（頁 44-118）。臺北縣：國立空中大學。

陳和琴（2006）。新內容標準 RDA 初探。*圖書與資訊學刊，57*，19-34。

陳和琴（2014）。國際編目規則發展趨勢：RDA 簡介。在國家圖書館館藏發展及書目管理組（編），*103 年資訊組織基礎班研習手冊*（頁 89-108）。臺北市：中華民國圖書館學會。

曾淑賢（2015）。序。在國家圖書館館藏發展及書目管理組（編），*RDA 中文手冊初稿*（頁 iii-iv）。臺北市：國家圖書館。

圖書館自動化作業規劃委員會中國編目規則研訂小組（研訂）、中華民國圖書館學會分類編目委員會（增修）（2005a）。*中國編目規則（三版）*。臺北市：中華民國圖書館學會。

圖書館自動化作業規劃委員會中國編目規則研訂小組（研訂）、中華民國圖書館學會

分類編目委員會（增修）（2005b）。序及修訂說明。在中國編目規則（三版，頁 xv-xxxviii）。臺北市：中華民國圖書館學會。

劉春銀（2013）。權威控制的發展。在國家圖書館館藏發展及書目管理組（編），*102 年資訊組織進階班研習手冊*（頁 319-394）。臺北市：中華民國圖書館學會。

鄭玉玲、許令華、林淑芬、牛惠曼（2012）。資源描述與檢索：RDA 與 AACR2、MARC 21 相關議題初探。國家圖書館館刊，*101*(2)，31-64。

鄭恒雄（2012）。目錄與編目：歷史。在圖書館學與資訊科學大辭典。檢索自 http://terms.naer.edu.tw/detail/1679319/?index=1

Byrum, J. D. (2002). Introduction. *ISBD(M): International standard bibliographic description for monographic publications. 2002 revision*. Retrieved from http://archive.ifla.org/VII/s13/pubs/isbd_m0602.pdf

Library of Congress. (2012). *Library of congress announces its long-range RDA training plan*. Retrieved from http://www.loc.gov/catdir/cpso/news_rda_implementation_date.html

Library of Congress. (2016a). *MARC 21 format for bibliographic data*. Retrieved from http://www.loc.gov/marc/bibliographic/

Library of Congress. (2016b). *MARC 21 format for authority data*. Retrieved from http://www.loc.gov/marc/authority/

RDA Steering Committee. (2009). *A brief history of AACR: Early English language cataloguing codes*. Retrieved from http://www.rda-jsc.org/archivedsite/history.html

RDA Steering Committee. (2016). *RDA: Resurce description and access: Background*. Retrieved from http://www.rda-jsc.org/archivedsite/rda.html

Reitz, J. M. (2016). *Online dictionary for library and information science*. Retrieved from http://www.abc-clio.com/ODLIS/odlis_A.aspx

The Virtual International Authority File. (2016). *VIAF: The virtual international authority file*. Retrieved from http://www.viaf.org/

第四章
資源描述與檢索（RDA）

作者簡介

張慧銖
(lisahcc@dragon.nchu.edu.tw)
國立中興大學
圖書資訊學研究所教授

學習目標

研讀本章內容之後，學習者應能夠：

- 認識 RDA 的緣起
- 瞭解 FRBR 家族與 RDA 的關係
- 瞭解 RDA 章節架構及與 AACR 的異同
- 瞭解 RDA 在各國及臺灣的發展現況

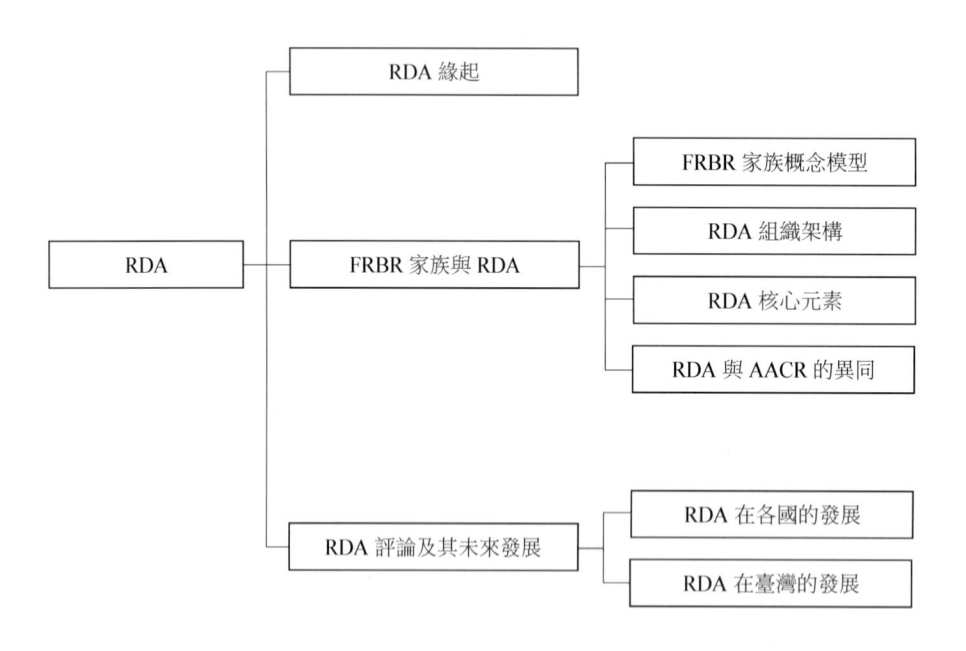

本章綱要

```
                            ┌── RDA 緣起
                            │
                            │                    ┌── FRBR 家族概念模型
                            │                    │
                            │                    ├── RDA 組織架構
         RDA ───────────────┼── FRBR 家族與 RDA ──┤
                            │                    ├── RDA 核心元素
                            │                    │
                            │                    └── RDA 與 AACR 的異同
                            │
                            │                    ┌── RDA 在各國的發展
                            └── RDA 評論及其未來發展┤
                                                 └── RDA 在臺灣的發展
```

第四章
資源描述與檢索（RDA）

第一節　RDA 緣起

　　隨著科技的進步及網路的發展，圖書館的內外環境也不斷地變遷，編目作業從傳統人工方式，進入電腦的自動化作業，再邁入現今網路的電子資源作業，皆對圖書館目錄及編目造成莫大衝擊（盧秀菊，2000）。因此，為因應資訊資源組織的網路化、國際化、標準化趨勢並提高編目效率，便需要簡單、易於掌握，且適用於網路環境及全球範圍皆可應用和操作的規則。

　　資源描述與檢索（resource description and access，簡稱 RDA）之修訂起源於 1997 年 AACR 聯合修訂委員會（The Joint Steering Committee for Revision of AACR，簡稱 JSC）於加拿大多倫多舉行的「AACR 原則與未來發展國際會議」（International Conference on Principles and Future Development of AACR，簡稱 ICP），決議制定《英美編目規則》（Anglo-American Cataloging Rules，簡稱 AACR）新版本。2003 年確定發展新的編目規則以取代 AACR2 並命名為 AACR3，2004 年開始新規則的修訂工作，同年 AACR3 第一部分初稿問世，後於 2005 年 JSC 接受評論者的意見，決定將新版的編目規則改名為 RDA，係以《國際編目原則》（Statement of International Cataloguing Principles，簡稱 ICP）之規定為其發展依據，取代 AACR2 成為新的編目規則（Joint Steering Committee for Development of RDA, 2015）並於其後持續進行修訂。歷經多年的努力，2008 年 11 月全部初稿公諸於世並接受評論，2010 年 6 月 RDA Toolkit[1] 正式出版。

---

[1] RDA Toolkit 是唯一提供 RDA 規則、對照表、關係圖表與開發工具之完整 RDA 線上資源，提供 ALA 官方資料，可說是幫助圖書館從 AACR2 進階至 RDA 的最佳工具（iGroup 智泉國際事業，2016）。

為更進一步瞭解 RDA 在編目著錄和系統運作上的可行性，2009 年由美國的三所國立圖書館號召 20 多個夥伴進行測試作業。測試完成後，由測試協調委員會於 2011 年中提出測試報告，而後美國國會圖書館（Library of Congress，簡稱 LC）便宣布自 2013 年 3 月 31 日起全面採用 RDA 進行編目。同時，美國國立醫學圖書館、國立農業圖書館、大英博物館、加拿大圖書檔案局、澳大利亞國家圖書館等單位亦決定同步實施（張慧銖，2011；鄭玉玲、許令華、林淑芬、牛惠曼，2012）。

自此之後，"Anglo-American" 便從編目規則的名單中消失，圖書館界專用的「編目」（cataloguing）一詞也被更換成比較一般性且容易為其他領域所瞭解的用詞，如「資源」（resource）、「著錄」（description）及「檢索」（access）。循此，RDA 可謂是 AACR 現代化、國際化及網路化的具體成果（Cronin, 2011）。

第二節　FRBR 家族與 RDA

RDA 的訂定係以國際圖書館協會聯盟（International Federation of Library Associations and Institutions，簡稱 IFLA）所發展的 FRBR、FRAD 與 FRSAD 等概念模型為基礎，以下簡述 RDA 所依循的 FRBR 家族之內涵，以及兩者間的關係。

一、FRBR 概念模型

《書目紀錄功能需求》（Functional Requirements for Bibliographic Records，簡稱 FRBR），係由 IFLA 自 1991 至 1997 年發展並於 1998 年提出 FRBR 最終報告，其最新版本為 2009 年。FRBR 使用關連式資料庫的實體─關係模型（Entity-Relationship Model），將一筆書目紀錄分成不同獨立的實體並建立起實體間的關聯性，將過去以單件（item）為主，扁平式的傳統書目紀錄改以具階層關係的實體聚合並增進目錄的導航功能，以滿足使用者執行查詢（find）、辨識（identify）、選擇（select）與獲取（obtain）相關工作。實體─關係模型即用來描述物件的實體、屬性以及關係（International Federation of Library Associations and Institutions [IFLA], 1998），茲分別說明如下：

（一）實體（entities）：圖書目錄使用者查詢書目資料的基本項目，指的是書目著錄的對象，能以數個屬性（值）來描述。

（二）屬性（attributes）：FRBR 所有實體均有其特性或屬性，可分為固有的（與生俱來的）及外來的。前者包括書籍的外部特徵，如高、廣尺寸與標記資訊；後者指的是實體的指定識別特性，如語意編號。

（三）關係（relationships）：可協助使用者在目錄與書目資料庫等書目紀錄中導航（navigate），協助辨識搜尋結果之實體間的關係。各實體間的關係共可分為以下幾種：

1. 作品與作品間的關係，如：翻譯、譜曲、改編、轉換（若原先的作品形式為小說，可能會轉換成劇本形式的作品）、模仿作等。
2. 整體與部分的關係，一個作品是由其他許多作品所組成，包括非獨立部分和獨立部分。非獨立部分，如：章、節、期刊中的某一卷和某一期、文章中的插圖、影片中的聲音；獨立部分，如：集叢中的專題論文、期刊中的文章。
3. 表形現式的關係，如：節本、縮節版及修訂版。
4. 具體呈現與單件間的關係，如：合訂、拆開、重製。

對於使用者而言，FRBR 強調書目層次及書目關係的聚合，提供較好的聚集功能、易於搜尋資訊，尤能辨識單一作品內容版本間的關係。FRBR 的主要概念是將書目著錄的對象分為三群實體，第一群實體是智慧與藝術創作的產品，包括作品、表現形式、具體呈現及單件，並且敘述實體間存在的三層關係模式，即實體、屬性及關係，請見圖 4-1：

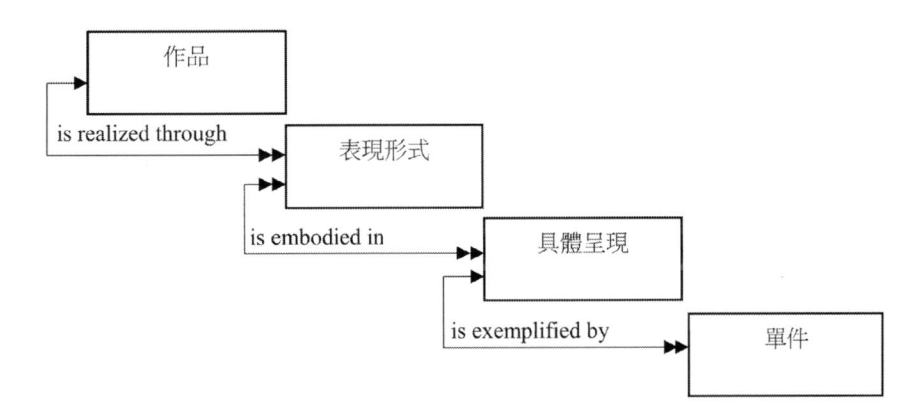

圖 4-1　FRBR 第一群實體關係圖

資料來源：IFLA（1998）。

（一）作品（work）：為明確的知識與藝術創作，此一抽象的實體可以提供一個名稱，也可以描繪出知識與藝術創作之間的關係。例如：當我們提到曹雪芹所著的《紅樓夢》時，認定它是一部作品，只會去考慮它的知識創作並不會去提到特定的版本或文本。

（二）表現形式（expression）：又稱內容版本，為作品知識與藝術創作之展現，包括特定的用字、句子、段落等，展現出其所代表的作品，並且提供同一作品不同版本在知識內容上的區隔。例如：哈利波特這本小說的不同語言翻譯版本，或是相關的評論書籍。

（三）具體呈現（manifestation）：又稱載體版本，為作品版本的具體化。版本是指出版或發行，代表了所有具體物件的最大範圍，這些具體物件都帶有相同的特性，反應出知識內容與外觀形式，諸如：手稿、錄影帶、期刊等。如一本書的內容可以透過紙本、電子書或 HTML 等不同的載體形式予以呈現。

（四）單件（item）：為載體版本的單一實例，在許多情況下是指單一的有形物件，也就是使用者在實質或是虛擬的館藏中所查詢到的具體物件。舉例來說有

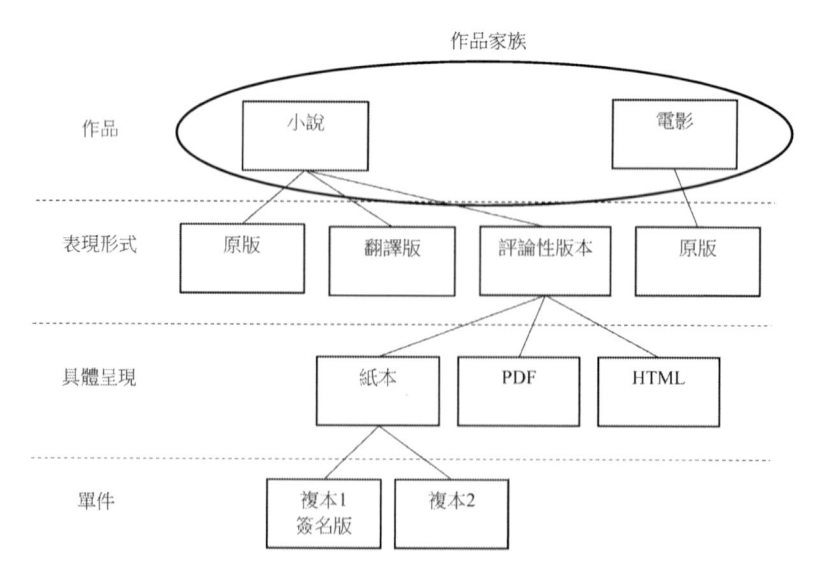

圖 4-2　FRBR 實體階層示意圖

資料來源：Tillett（2002）。

兩本相同的書，但其中只有一本有作者的親筆簽名。

由圖 4-2 可看出作品、表現形式、具體呈現及單件之間的層次表現，一個作品家族，包含了小說以及電影等不同作品；小說作品有原始版本、翻譯版本、甚至是對此小說的相關評論；而小說作品可以透過紙本、PDF 或 HTML 等載體呈現；若以紙本而言，包含了是否有著者親筆簽名的兩個單件。

第二群實體是關於作品及其知識與藝術創作負責者之間的關係，包括個人（person）及團體（corporate body）。個人包含已故及尚存者；團體則包含組織與具有特定識別名稱的個人團體或組織，如：研討會、會議、考察、展覽、活動、博覽會等。而第二群實體與第一群實體間的關係，詳如圖 4-3：

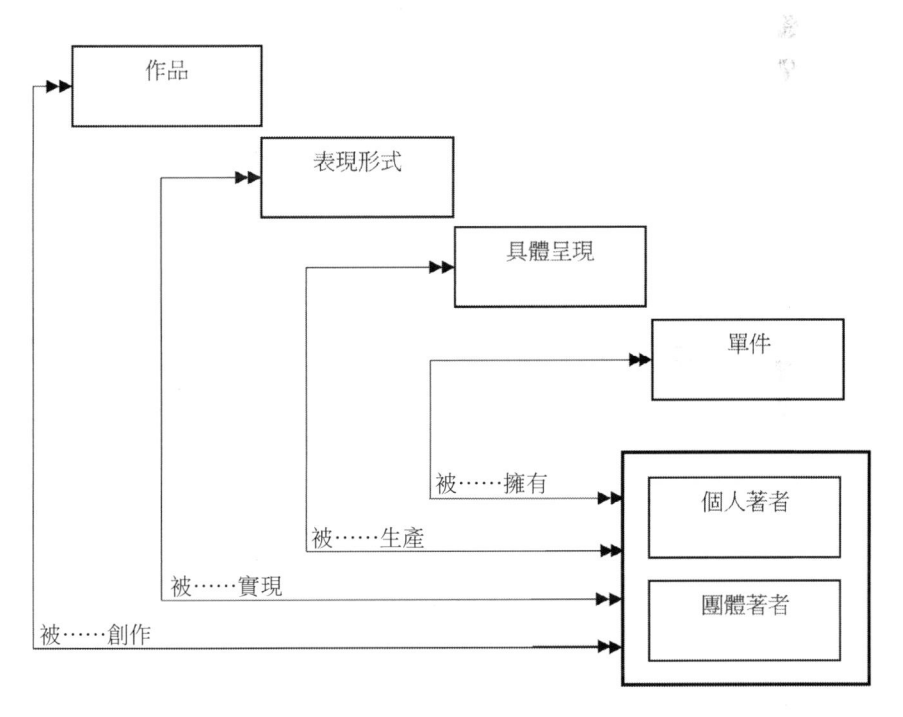

圖 4-3　FRBR 第二群實體與負責者關係圖

資料來源：IFLA（1998）。

第三群實體是作品的主題展現，包括概念（concept）、物件（object）、事件（event）和地點（place）。在實體關係模式中會將具體呈現加以描述、聚合並連結權威形式的名稱、作品及主題。第三群實體間的關係如圖 4-4：

第四章｜資源描述與檢索（RDA）

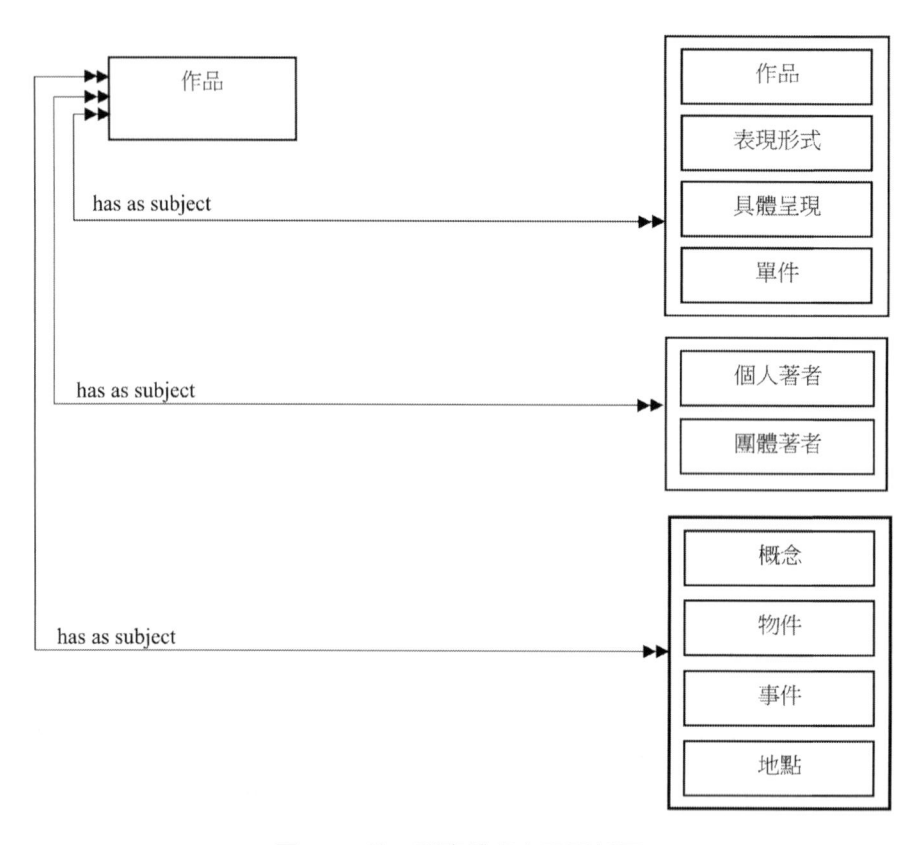

```
    作品  ──has as subject──▶  ┌─────────┐
                                │  作品    │
                                │ 表現形式 │
                                │ 具體呈現 │
                                │  單件    │
                                └─────────┘

         ──has as subject──▶   ┌─────────┐
                                │個人著者 │
                                │團體著者 │
                                └─────────┘

         ──has as subject──▶   ┌─────────┐
                                │  概念   │
                                │  物件   │
                                │  事件   │
                                │  地點   │
                                └─────────┘
```

圖 4-4　第三群實體與主題關係圖

資料來源：IFLA（1998）。

　　除 FRBR 之外，IFLA 之 FRBR 家族尚有權威資料功能需求（Functional Requirements for Authority Data，簡稱 FRAD），以及主題權威資料功能需求（Functional Requirements for Subject Authority Data，簡稱 FRSAD）。與 FRBR 相同，兩者皆採實體─關係概念模式，以分別規範名稱及主題權威資料間的關係，以下分別介紹之。

二、FRAD 概念模型

　　FRAD 於 2008 年發布最終報告，目前最新版本為 2013 年所發布的修訂版，

這個概念模型的主要目的是提供用於權威控制的權威資料分析,以及權威資料國際共享功能需求的架構(IFLA Working Group on Functional Requirements and Numbering of Authority Records, 2009)。

在圖書館、博物館或是檔案館,權威控制是常被用於控制檢索點一致性的方法,是指受控檢索點的實體識別和管理,目錄功能不可或缺的部分,讓使用者利用作者或題名等任何受控制的形式進行檢索,都可從目錄中檢索到書目資源。FRAD可協助編目人員及使用者進行查找(find)、辨識(identify)、釐清實體間的關係(contextualize),以及驗證(justify)等任務。

圖4-5呈現FRAD的基本原則,書目領域中的實體(例如FRBR中的實體),可以透過名稱(name)或者是識別碼(identifier)來認知。在編目過程中,這些名稱及識別碼是建立受控檢索點的基礎。

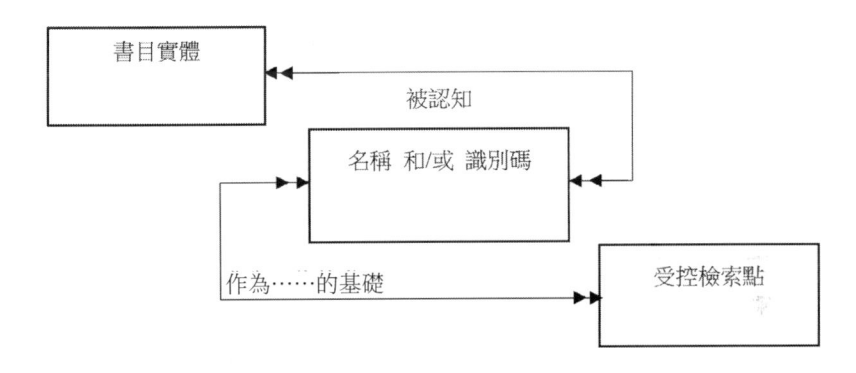

圖4-5 FRAD概念模型的基礎原則

資料來源:IFLA Working Group on Functional Requirements and Numbering of Authority Records(2009)。

FRAD實體除了FRBR所定義的十個實體以及附加的家族(family)實體之外,新增了五個實體,包括名稱、識別碼、受控檢索點、規則,以及機構,簡略分述如下:

(一)名稱(name):指的是FRBR的實體名稱,以及附加的家族(family)實體名稱。
(二)識別碼(identifier):用於區別其他實體與某實體相關聯的數字、代碼、字、片語等。

（三）受控檢索點（controlled access point）：一個名稱、術語、代碼等，可以透過其找到書目紀錄、權威紀錄或參照，內容包括具有經過規範的權威形式（authorized forms）和各種名稱變異形式（variant forms）的檢索點。

（四）規則（rules）：受控點索點（權威形式、變異形式或參照）格式或紀錄應遵循的指令集合，包括編目規則或編碼規則。

（五）機構（agency）：負責建立和修改受控檢索點的單位，負責建立、維護規則及識別碼。

　　權威資料概念模型見圖4-6，上半部表示權威資料所關注的實體，包括FRBR定義的十個實體，外加一個家族實體；而圖下半部則描述上半部所有實體與權威資料的關係，包括描述實體的名稱、分配給實體的識別碼和基於前兩者建立的權威受控檢索點。此外，規則和機構兩個實體，決定了檢索點的內容和形式。FRAD模型主要將權威資料的實體關係分成四大類：

　　各實體類型間的關係。

（一）個人、家族、團體與作品等特定實例之間的關係，包括：1.個人之間的關係；2.個人與家族的關係；3.個人與團體的關係；4.家族之間的關係；5.家族與團體之間的關係；6.團體之間的關係；7.作品之間的關係。

（二）個人、家族、團體、作品的變異名稱之間的關係，包括：1.個人名稱之間的關係；2.家族名稱之間的關係；3.團體名稱之間的關係；4.作品名稱之間的關係。

（三）受控檢索點之間的關係：出現於權威紀錄的連結結構，例如資料內容相同而文字不同的受控檢索點相關欄位間的連結，包括並列語言（parallel language）、替代文字（alternate script）、不同規則（different rules）、名稱主題詞（name/corresponding subject term）或分類號（classification number）及名稱／識別碼（name/identifier）等關係。

（四）其中第二大類與第三大類涵蓋一般反映於權威紀錄參照結構中的實體關係。

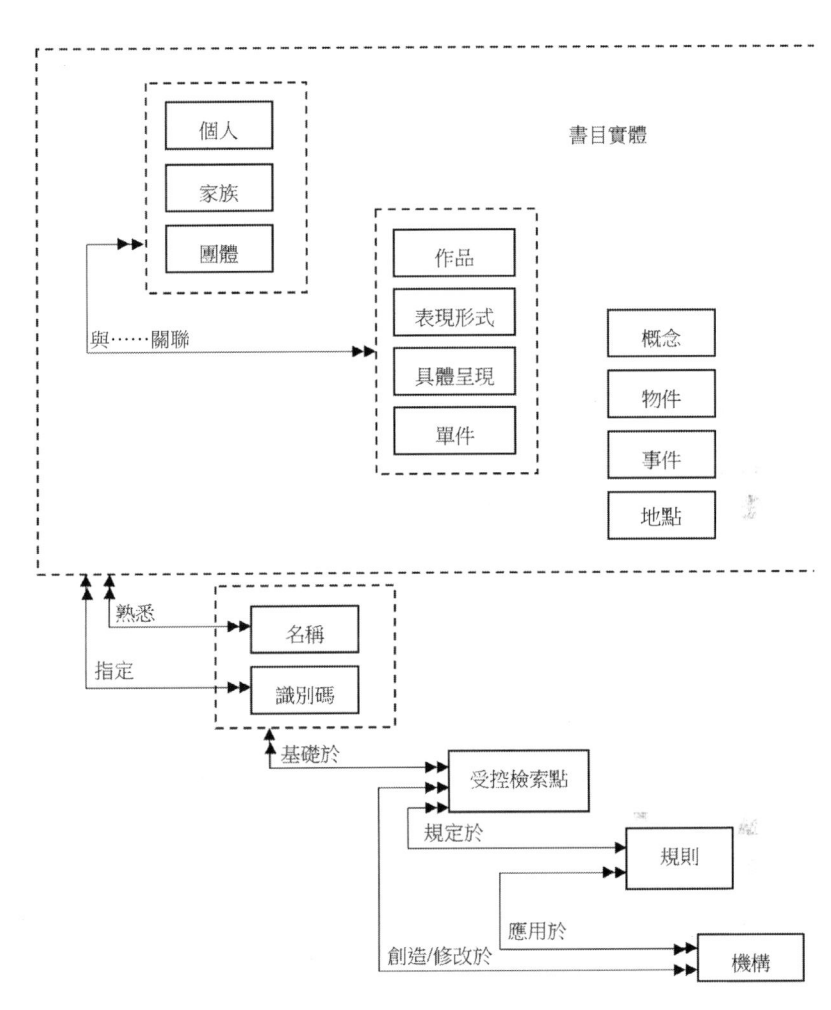

圖 4-6　權威資料概念模型

資料來源：IFLA Working Group on Functional Requirements and Numbering of Authority Records（2009）。

三、FRSAD 概念模型

　　FRBR 主要聚焦在第一組書目實體及其關係，而 FRAD 則是提供權威控制的架構，著重在個人、家族、團體、作品等的名稱，雖然前述兩者已涵蓋部分

主題資料，但還沒有對相關的主題規範之實體屬性及其關係進行全面的分析。因此 IFLA 便成立工作小組處理主題權威資料的問題，於 2008 年發布第一份 FRSAD 草案、2010 年 6 月經核準通過，於 2011 年出版（Zeng, Žumer, & Salaba, 2011）。FRSAD 與 FRBR 的關係見圖 4-7。

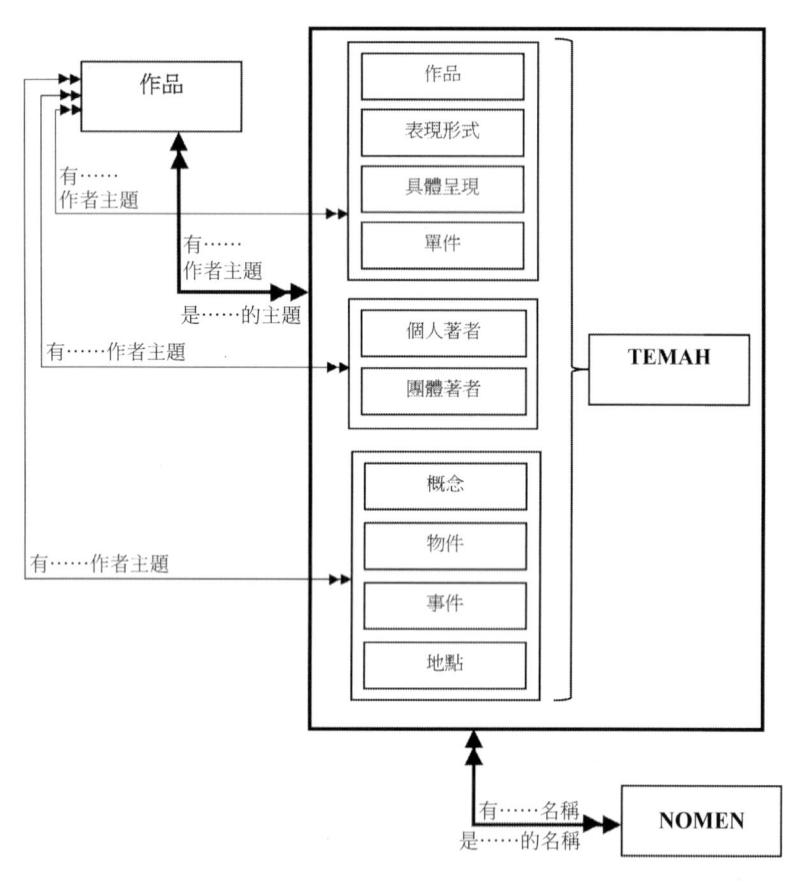

圖 4-7　FRSAD 與 FRBR 的關係圖

資料來源：Zeng 等（2011）。

　　FRSAD 使用來自 FRBR 的作品（work）實體，並且增加了 THEMA 及 NOMEN 兩個超級實體（super-entity 或稱 superclass），意指其可以當作所有 FRBR 實體的實體，茲簡述如下：

（一）THEMA：用於一件作品的主題的任何實體，是抽象概念，包括 FRBR 的第一組和第二組實體，也包含所有可能作為作品主題事物的第三組實體，見圖 4-8。
（二）NOMEN：任何一個已知、被引用、被標記的主題的符號或符號序列（字母數字符號、符號、聲音等），包括了 FRAD 的名稱、識別碼和受控檢索點等實體。

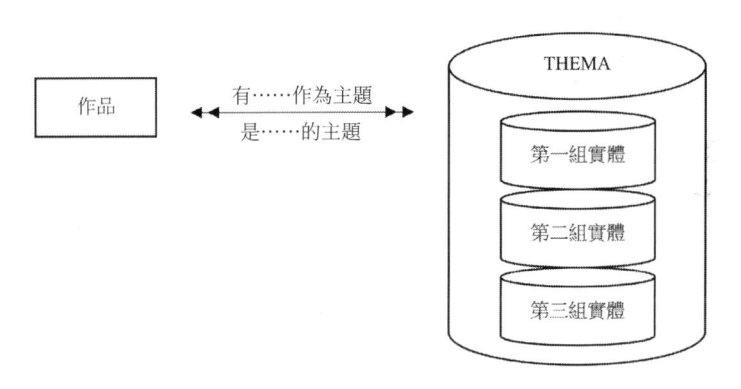

圖 4-8　THEMA 包含 FRBR 的三組實體

參考資料：Zeng 等（2011）。

工作小組選擇拉丁詞 THEMA 和 NOMEN，因為它們在我們常用的語境中沒有預設的意義，是文化中立和不需要翻譯的。

FRSAD 模型建立了兩套關係：

（一）不同類型的實體之間的關係：作品—THEMA 以及 THEMA—NOMEN。圖 4-9 為 FRSAD 的概念模型，THEMA 與 FRBR 作品的基本關係見圖左半部：作品有作為主題的 THEMA，以及 THEMA 是作品的主題；THEMA 與 NOMEN 的關係見圖右半部：THEMA 有 NOMEN 名稱，以及 NOMEN 是 THEMA 的名稱，一般情況下為多對多的關係，但在進行主題權威控制的過程中，在給定一個受控制的詞彙時，一個 THEMA 可以有不止一個 NOMEN，但一個 NOMEN 通常只是一個 THEMA 的名稱，會呈現一對多的關係，如圖 4-10。

圖 4-9　FRSAD 概念模型圖

資料來源：Zeng 等（2011）。

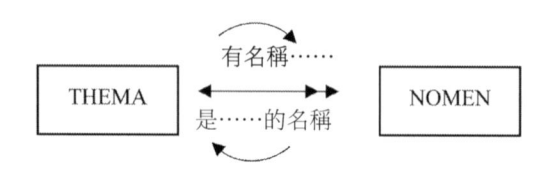

圖 4-10　在控制詞彙中 THEMA—NOMEN 關係圖

資料來源：Zeng 等（2011）。

（二）相同類型實體之間的關係：THEMA—THEMA 和 NOMEN—NOMEN。THEMA—THEMA 之間的關係包括層級關係（hierarchical）：1. 屬種關係（generic）、2. 整體部分關係（whole-part）、3. 實例關係（instance）、4. 多對一層級關係（polyhierarchical）、5. 其他層級關係（other hierarchical）；非層級關係（associative）；語義關係（semantic）等。NOMEN—NOMEN 之間的關係則包括相等關係（equivalence）以及整體部分關係（whole-part）。

四、RDA 組織架構

　　由前文可知，RDA 的發展以 FRBR 家族概念模型為基礎，以描述各種不同內容與類型的資源，期能相容於國際流通的標準與原則並符合資源描述機構，如：圖書館、博物館、出版商的需求，不僅期望能適用於英語國家和西方國家，同時可以作為全球通用資源描述與檢索的內容標準，以滿足網路資訊技術進步與讀者資訊尋求模式日益改變的需求。

就整體內容而言，RDA 含括以下三個部分（陳和琴，2006），即（一）資源著錄：涉及書目紀錄的建立，包含資源描述的功能性目標及原則；（二）關係：涉及權威紀錄的建立，為表現關係的一般性指引，這些關係包括與資源有關的個人、家族、團體、相關作品及特定類型作品等之間關係的表現；（三）檢索點控制：涉及書目紀錄與權威紀錄間關係的建立，為建構檢索點及記載檢索點控制的相關資料。

RDA 不採用 AACR2 以資料類型逐章描述各自的著錄規則與說明，而是仿照 FRBR 實體與關係的結構，以發揮書目紀錄的功能。因此 RDA 的組織結構共分為 10 個部分（section）、37 章（chapter）及 12 個附錄（appendix）。其中第 1 到第 4 部分，主要描述 FRBR 和 FRAD 所定義的著錄屬性（attributes）；第 5 到第 10 部分，主要描述 FRBR 和 FRAD 所定義的關係（relationships）。每個部分的第 1 章皆說明該範圍的目標、原則和核心項目；每個部分的後續章節則包括支援使用者工作（user task）的屬性或關係，詳如表 4-1。另 RDA 之後附有 12 個附錄（Appendices A-L），包括大小寫及縮寫等相關規定、RDA 著錄項目及檢索點與詮釋資料間之對應、實體間 4 種關係用語表等（鄭玉玲等，2012；RDA Toolkit, 2014）。

五、RDA 核心元素

AACR2 對於各項著錄項目的必要性，共分為三種著錄層次，分別為簡略層次（minimal）、標準層次（full）以及詳細層次（detailed），各館可以選擇適合的著錄層次。但 RDA 則是列出各實體及關係的核心元素（core elements），只要該元素在資源上有出現，就代表該項目是必須要著錄的項目。此外，還有一種條件式核心元素（core if elements）代表著某些元素在特殊條件下也可以是核心元素。至於其他非核心元素，各編目單位可以自行決定其著錄政策（張慧銖，2011）。

RDA 核心元素的設計是將其視為組成書目紀錄的最基本資料，也等同於必備的著錄的資料，幾乎是 AACR2 的第一著錄層次（Bloss, 2011）。RDA 之核心元素詳如表 4-2。其中核心元素的選擇標準有兩種，一種是著錄資源的核心元素是應用於 FRBR 的每一個屬性與關係，用以支援使用者識別工作的進行，像是識

表 4-1　RDA 結構一覽表

RDA 各部分	內容說明	RDA 各章節	內容說明
第 1 部分	著錄屬性	第 0 章	導論
		第 1～4 章	記錄載體版本和單件之屬性
第 2 部分		第 5～7 章	記錄作品與內容版本之屬性
第 3 部分		第 8～11 章	著錄個人、家族與團體之屬性
第 4 部分		第 12～16 章	著錄概念、物件、事件、地點之屬性
第 5 部分	著錄關係	第 17 章	記錄同一組作品、內容版本、載體版本、及單件間之主要關係
第 6 部分		第 18～22 章	記錄特定名稱（個人、團體、家族）與相關的 所有作品、內容版本、載體版本、及單件間之關係
第 7 部分		第 23 章	記錄作品與概念、物件、事件、地點之關係
第 8 部分		第 24～28 章	記錄相關作品、內容版本、載體版本、及單件間之關係
第 9 部分		第 29～32 章	記錄相關個人、團體、家族間之關係
第 10 部分		第 33～37 章	記錄相關主題間之關係

資料來源：RDA Toolkit（2014）。

別與選擇某一具體呈現、識別作品隱含的具體呈現的表現形式，或是識別創作者等；另一種則是能滿足 FRAD 支援使用者查尋與識別某一個人、家族或團體（RDA 工作小組，2015）。著錄項目是否為核心元素會在 RDA 文件中加以註記，請參考圖 4-11。

2.3　Title

CORE ELEMENT

The title proper and earlier and later variants of the title proper are core elements. Other titles are optional.

圖 4-11　RDA 中對核心元素的標示

資料來源：RDA Steering Committee（2008, p. 11）。

表 4-2　RDA 核心元素一覽表

核心元素
正題名（title proper）
著者敘述段（statement of responsibility）
版本段（designation of edition）
修訂版本段（designation of a named revision of an edition）
期刊卷期年編次（numbering of serials）
製圖內容尺規（scale of cartographic content）
第一出版地（first place of publication）
第一出版者（first publisher）
出版年（date of publication）
叢刊／副叢刊題名（title proper of series/subseries）
叢刊／副叢刊編次（numbering of series/subseries）
載體呈現辨識碼（identifier of manifestation）
載體形式（carrier type）
出版品單位數量（extent）

資料來源：張慧銖（2014）。

目前針對 RDA 的核心元素，有些單位認為不能滿足著錄上的需求，因此部分單位採取自行增列的方式，來強化不足之處，例如美國國會圖書館就增列了一個表格，針對那些非 RDA 核心元素，但是美國國會圖書館認為在有需要的元素其後加上「+」作為標示，請參考圖 4-12，美國國會圖書館增列並列題名為核心元素的例子。此外，國家圖書館在《RDA 中文手冊》中也增加了一些非 RDA 的核心元素，此與 RDA 落實於 MARC 相關，或是與 LC-PCC PS 之政策相關。同時，有些與個人名稱權威相關的也一併列入，諸如：RDA 9.15 個人活躍領域、RDA 9.19 建構代表個人的檢索點等（RDA 工作小組，2015）。針對這些額外增列的元素，國家圖書館建議可以由各館自行選擇，基本上有以下兩種選擇方式（RDA 工作小組，2015）：

（一）訂定著錄層次與權威控制的政策時，可以考慮採取統一規則或是為特定資源及其他實體另立規則。

（二）著錄的詳細程度可以由編目人員決定。

Element	RDA no.	FRBR	Decision with qualification if appropriate	MARC encoding
IDENTIFYING MANIFESTATIONS AND ITEMS				
Title proper (T)	2.3.2	M	Yes	245
Parallel title proper (T) +	2.3.3	M	Yes	245 246
Other title information (T) +	2.3.4	M	Yes, for monographs and integrating resources; see notes in CONSER Standard Record (CSR) guidelines for serials	245
Earlier title proper (T) +	2.3.7	M	Yes (for integrating resources give in 247 field; for serials when description is not "backed up," give in 246 field)	247 246

圖 4-12　美國國會圖書館增列並列題名為核心元素

資料來源：Library of Congress（2015）。

六、RDA 與 AACR 的異同

　　RDA 基本上是奠基於 AACR2 之上，但是兩者在著錄的基本概念有所不同，RDA 除了包含 AACR2 的優點外，更強調使用者在查詢、辨識、選擇和獲取所需資源的需求，同時對於不同領域間的詮釋資料之相容性也有所著墨。如果檢視 RDA 與 AACR2，可以瞭解大部分的編目規則並無太大的差異，但是為了呈現 FRBR 的使用者工作，RDA 在章節的規劃上是與 AACR2 完全不同的（鄭玉玲等，2012；Kuhagen, 2010），例如：

（一）著錄項目設計的基礎差異：AACR2 是以資料類型做為條文的基準，整體而言是按章節描述各種資料類型的著錄方式，其中雖也具有 FRBR 的實體理念，但不若 RDA 確實。RDA 在實體關係的呈現上，在規則的前半段是以實體的屬性著錄，後半段則為實體間的關係描述。

（二）著錄項目的選擇方向不同：RDA 重點在滿足使用者需求，分別是查詢、辨識、選擇和獲取，並且依此推導出資料內容應該有的著錄項目。

（三）提供方便取用的 RDA 網路版本：透過 RDA Toolkit 網頁，可以即時提供更新的版本，同時也讓編目人員可以透過網路來使用 RDA、參考 RDA 及引用實作範例。

（四）詞彙用語：RDA 的條文用字，在設計時就以資訊檢索所需要的條件為主要的考量，請參考表 4-3。

表 4-3　AACR2 與 RDA 使用詞彙對照表

AACR2	RDA
主要款目（main entry）	首選題名＋檢索點（preferred title + authorized access point for creator if appropriate）
附加款目（added entry）	檢索點（access points）
劃一題名（uniform title）	首選題名（preferred title）
標目（heading）	權威檢索點（authorized access point）
稽核項（physical description）	載體描述（carrier description）
主要著錄來源（chief source）	首選著錄來源（preferred sources）
資料識別標示（gmd）	內容形式＋媒體形式＋載體形式（media type + carrier type + content type）

資料來源：徐蕙芬與戴怡正（2011）。

(五) 著錄項目的獨立性與連結性：為了能應用於語意網的環境，RDA 設計著錄項目時已考量其獨立性與連結性。

(六) 代表性（representation）：RDA 為了可以呈現物件的原始面貌，例如著者敘述項改採全部照錄、取消 AACR2 的縮寫而改為全稱等。

(七) 正確性（accuracy）：針對誤植正題名，RDA 仍為照錄，但需另外提供正確資訊，並且說明所編項目的訛誤資訊。

(八) RDA 強調資料的著錄與呈現是可以不同的，主要為了達成以下兩點目標：

　　1. 辨識（identify）：各實體間之屬性（attributes）。

　　2. 相關（relate）：各實體間之關係（relationships）。

(九) RDA 強調國際化（international）：考量不同國家之使用者的不同需求。

此外，RDA 移除了「資料類型標示」，而是透過內容型式（content type）、媒體型式（media type）及載體型式（carrier type）等三種，來表達編目資料的特性。同時 MARC 21 的書目紀錄也為了配合 RDA 增加了三個欄位，分別為 tag336（content type）、tag337（media type）和 tag338（carrier type），以取代原資料類型標示（GMD）之欄位 245 及分欄 h（張慧銖，2011）。

除了章節的安排有差異之外，AACR2 與 RDA 還有幾項較大的差異，像是取消資料類型標示、誤值正題名時照錄的特性、縮寫的著錄原則改變、方括弧的使用及著者敘述項採全部照錄等，表 4-4 舉例說明以著者敘述項採全部照錄及誤

值正題名時照錄兩項規定。表4-5則分別以RDA及《中國編目規則》（Chinese Cataloging Rules，簡稱CCR）兩種規則著錄一筆完整的書目之對照範例。

表4-4　AACR2與RDA著錄的差異

範例	AACR2規定與著錄方式	RDA規定與著錄方式
著者敍述項採全部照錄，例如三位以上作者，著錄來源：by Susan Brown, Melanie Carlson, Stephen Lindell, Kevin Ott, and Janet Wilson.	規則內容：AACR2對於「同一職責敍述之著者若超過3個時，僅著錄第1個，並於其後加上『...[et al.]』」 著錄方式： 245 $a... / $c by Susan Brown... [et al.]. 700 $a Brown, Susan.	規則內容：19.2.1.3著錄創作者，選擇代表創作者的權威檢索點 著錄方式： 245 10 $a Stratifications ; Nachtund Trompeten ; Concerto for piano and orchestra; Recompositions / $c Hans Abrahamsen. 336 $a performed music $2 marccontent 337 $a audio $2 marcmedia 338 $a audio disc $2 marccarrier
誤值正題名時照錄，著錄來源： Teusday´s tasks	規則內容：AACR2之1.0F對誤植的正題名（如字母錯漏）是以[sic...]加以更正。 著錄方式： 245 $a Teusday's [i.e. Tuesday's] tasks	規則內容：1.7.9錯誤 在資源上的元素出現錯誤或拼字錯誤的文字時，直接著錄之，除非在其他元素有特別的說明。 著錄方式： 245 $a Teusday´s tasks 246 $i Corrected title: $a Tuesday´s tasks

表 4-5　以 RDA 及 CCR 著錄結果對照表

RDA	RDA 元素	RDA 著錄	CCR 項目	CCR 著錄
2.3.2	正題名	超從容時間管理術	題名/著者	超從容時間管理術/吳淡如著
2.4.2	正題名相關之著者敘述	吳淡如		
2.5.2	版本標示	第一版	版次	第一版
2.8.2	出版地	臺北市	出版項	臺北市：遠見天下文化出版；[新北市]：大和書報總經銷, 2014.10
2.8.4	出版者	遠見天下文化		
2.8.6	出版日期	民 103.10		
2.9.4	經銷者	大和書報總經銷		
2.12.2	集叢正題名	心理勵志	集叢名	心理勵志；BP605；
2.13	發行模式	單行本		
2.15	具體呈現識別碼	ISBN 9789863205821	ISBN	9789863205821（平裝）：NT$280
3.2	媒體類型	無媒介		
3.3	載體類型	成冊		
3.4	數量單位	230 面	稽核項	230 面：圖；21 公分
3.5	尺寸	21 公分		
6.9	內容類型	文字		
17.8	具體化之作品	吳淡如, 超從容時間管理術		
19.2	創作者	吳淡如	著者	吳淡如
28.5	關係標示	文字作者		
25.1	相關作品	心理勵志		
			標題	時間管理 生活指導

第三節　RDA 評論及其未來發展

　　從 2004 年 JSC 發表 RDA 到 2010 年正式出版，RDA 本身已是整個圖書資訊學編目領域中最重要的課題，圖書館面對數位時代的各種挑戰，如何有效且妥善地應用 RDA 規範來著錄書目，並且與 MARC 以外的詮釋資料格式互相轉換，同時作為關聯資料（linked data）的一環，進而達到語意網的境界，可說是相當重要的發展方向，其中 RDA 的落實應是最重要的一步（Tosaka & Park, 2013）。而如何強化圖書館的資訊技術能力，以便可以協助 RDA 這個新的編目規範融入圖書館的實務工作流程，進而增進效率，即是面對這個新議題的重要工作（張慧銖，2014）。

　　RDA 官方所提供的 RDA Toolkit 仍持續地發布更新，包括內容與詮釋資料的更新、RDA Toolkit 功能的增強、現存錯誤的修正、不同語言版本的修訂，以及更新各國國家圖書館的策政聲明等（RDA Toolkit, 2016c）。此外，RDA Toolkit 已發布其重建及再設計計畫，將於 2017 年提升 RDA Toolkit 網站，預計將改變網站的介面外觀，在使用說明及 RDA 相關文件的工具呈現上再增加其彈性與效用，藉以滿足使用者的需求（國家圖書館編目園地，2016b）。

　　RDA 督導委員會（The RDA Steering Committee，簡稱 RSC）於 2016 年 11 月在德國法蘭克福國家圖書館召開的年會上，討論了 RDA 致力於國際化以及如何過渡到新的管理模式，亦探討「FRBR 圖書館參考模型」（FRBR Library Reference Model，簡稱 FRBR-LRM）對於 RDA 及 RDA Toolkit 建構上的影響（國家圖書館編目園地，2016d）。

　　2017 年該委員會更發表了一則訊息，該訊息中提到 RDA 督導委員會已在前述會議中通過以 IFLA 圖書館參考模型（Library Reference Model，簡稱 LRM）草案作為 RDA 發展的概念模式，擬藉此取代原本功能需求家族的相關模型（FRBR、FRAD 和 FRSAD）。該訊息中亦提及，雖然 LRM 尚未被 IFLA 批准和公布，但是 RSC 希望在此階段能更積極主動，因為 RSC 預計提交的最終草案理應不會發生重大變化（國家圖書館編目園地，2017；RDA Steering Committee, 2017）。

　　在 2016 年 6 月討論時，仍是以 FRBR Library Reference Model 為名，但在經過三次會議討論後，最終改名為 LRM（Riva, 2016），由此可以瞭解基本上

LRM 是延續 FRBR 的架構而來。目前整個 LRM 的發展進度為：一、已經過全球的評閱，雖收到一些評論意見，但基本的概念並不會再作調整；二、最後的版本將會產製三份文件，分別是 LRM 本身、轉型過程所需的轉置表，以及針對會產生疑問的議題進行說明。目前正在等待 IFLA 批准，預計於 2017 年發表（IFLA, 2017）。

根據 LRM 的設計，在模型屬性及關係上有以下幾個特點（IFLA, 2017）：

一、會更加強調實體間的關係，並且設計一個有最高的「類」（superclass），並將「關於甚麼的地點 X」（place of ...）、「關於甚麼的日期 Y」（date of ...）等也視為關係的一種。例如：「關於某出版品的出版地是臺灣」；「關於某作品的出版日期是 2017 年」。

二、主題分析工作也是一種關係的產生，用來取代 FRAD 的作品主題屬性。

三、在 LRM 中只會宣告最基本的屬性，而 RDA 可以根據所需增加屬性。

四、在最高「類」中定義的屬性會自動由子類繼承，同理任何為代理者（agent）所宣告的，也同樣會影響到集體代理者（collective agent）及個人（person）。

整體來說，目前已知將會有三個新實體增加到 RDA 中，分別為集體代理者（collective agent）、名稱（nomen）及時間間隔（time-span）；另已內含在 RDA 中的 2 個實體：代理者（agent）及地點（place），也將予以強化。RDA 既有的實體：個人、家族及團體，將變成代理者和集體代理者的次級實體型態；目前的 RDA 元素將被視為高層次 LRM 關係的子元素，請參考圖 4-13。

除上述範例外，更多明確的細節仍有待 IFLA 公告之後才會呈現，在本書完稿時，IFLA 尚未批准 LRM。因此，讀者需針對此部分訊息加以斟酌，必要時應以 IFLA 最後公告的資訊為參考依據。

一、RDA 在各國的發展

RDA 指導委員會（RDA Steering Committee，簡稱 RSC）於 2016 年發表了《將 RDA 推廣到更廣大社群》（*Making RDA Relevant to the Broader Community*）的聲明，特別針對非洲、亞洲、拉丁美洲及加勒比等地區的國家（國家圖書館編目園地，2016a）。

RDA 在規劃階段已納入國際化的概念，因此即便是非英語系的國家，也對

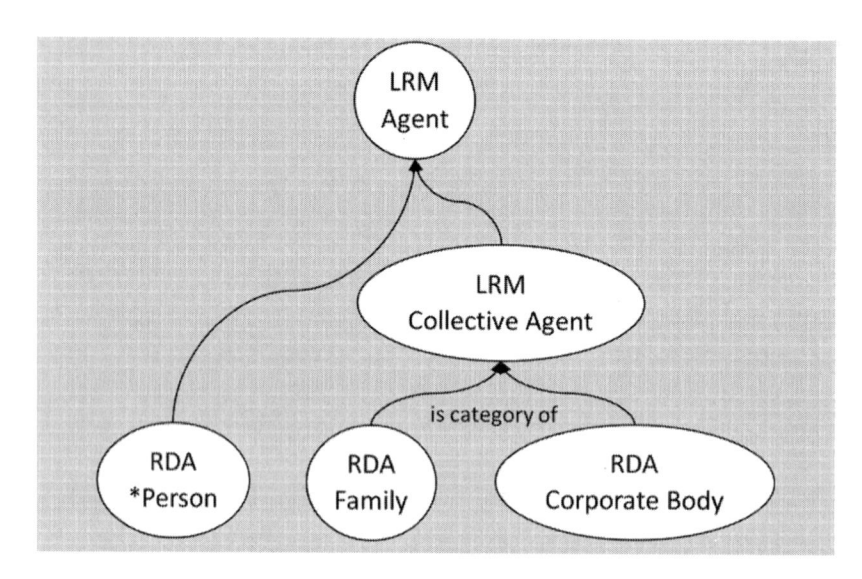

圖 4-13　LRM Agent 實體關係示意圖

資料來源：IFLA（2017）。

RDA 產生高度的興趣，其中 2011 年在歐洲由英國、德國、西班牙、瑞典 4 國之國家圖書館成立的 RDA 興趣小組（European RDA Interest Group，簡稱 EURIG）就對於 RDA 的推廣著力甚深（Gryspeerdt, 2012）。其中德國於 2004 年決定將其所使用的編目規範轉換為 MARC 21 及 RDA（國家圖書館編目園地，2013）；西班牙及芬蘭的國家圖書館，則分別於 2008 年及 2011 年確定放棄原本的編目規則改採 RDA 規範（高紅、胡小菁，2012）。此外，荷蘭皇家圖書館、大英圖書館、德國國家圖書館皆計畫在 2013 年實施 RDA，芬蘭國家圖書館則計畫在 2015 年實施（高紅、胡小菁，2012）。另葡萄牙於 2016 的一項研究指出該國的多數機構沒有充分的分析與研討，以確定如何在葡萄牙導入 RDA（Santos, 2016）。

　　綜觀各國對於 RDA 抱持的態度可謂是正向的，但是否要實施的最大考量則在於語言上的差異。由於 RDA 的條文是以英語書寫的，對於全球非英語系的國家來說，導入 RDA 勢必要有對應的翻譯版本才能有助於推廣。因此，在 EURIG 成員國中就有九個國家將會翻譯 RDA 條文（Gryspeerdt, 2012）。北歐的挪威根據挪威編目委員會（Norwegian Cataloguing Committee）的決議，也會於 2015 年

將 RDA 條文加以翻譯（Haugen, 2014）。波羅的海拉脫維亞國家圖書館（National Library of Latvia，簡稱 NLL）對於導入 RDA 也面臨著資源相對不足，以及語言和文化上的差異（Goldberga, Kreislere, Sauka, Sturmane, & Virbule, 2014）。

亞洲地區各國對於 RDA 的發展也相當關切，其中在中國重要的圖書館將採用 RDA 對西文資源進行編目，但是對於中文資源要不要採用 RDA，仍需更進一步的討論（Gu, 2012）。而日本國會圖書館（National Diet Library，簡稱 NDL）與中國的策略基本上是類似的，都是讓多種編目規則並行，從 2013 年 4 月 1 日起對於原本以 AACR2 編目的外國資源改用 RDA 編目，但本國語文的資源目前仍採用《日本目錄規則》（Nippon Cataloging Rules，簡稱 NCR），該規則係根據 RDA 加以修訂後的「新 NCR 第一次案」（編目精靈 III，2012）。新加坡國家圖書館已於 2013 年將美國國會圖書館的訓練資料包裝成符合新加坡國家圖書館的模式，並且透過一連串的討論以便更進一步地調整更適合的規則，擬於導入之後，再將原本的導入小組，轉型為一個「RDA Hotline」團隊，提供相關的諮詢及後續的 RDA 規則修訂。另從一項土耳其的研究可以瞭解到其關心的焦點在於對編目人員的教育需求，同時提到出版商及經銷商也應該提供符合 RDA 規則的書目資料（Atılgan, Özel, & Çakmak, 2015）。此外，以色列在傳統上，除了希伯來語、阿拉伯語和西里爾字母的本土編目外，皆遵循美國的編目標準，因此從 2013 年美國國會圖書館決定採用 RDA 後，以色列就決定跟隨其腳步，且於 2012 年及 2013 年舉行多次會議針對如何因應加以討論（Goldsmith & Adler, 2014）。

在中南美洲的貝里斯則是透過多次的 RDA 研討會，於會中搭配教育訓練（Frost & Battenberg, 2014）。而在 2013 年的一份加拿大研究指出，與 2010 年相比，不管是英語或法語的區域對於 RDA 的相關訓練所需的成本仍是一項很大的負擔，尤其要讓館員到定點受訓需付出較多的成本，因此網路形式的研討會相對而言是一個較好的選項（Cross, Andrews, Grover, Oliver, & Riva, 2014）。

整體而言，各國導入 RDA 的第一個環節都在於 RDA 的條文翻譯，從 RDA Toolkit 上的資訊可以瞭解，RDA 官方認可的翻譯版本目前已有中文、芬蘭文、法文、德文、義大利文及西班牙文等翻譯版（RDA Toolkit, 2016a）。其中 RDA 的中文翻譯是中國在 2012 年 5 月與 ALA 完成出版 RDA 中文版的簽約程序後，於 2014 年 4 月出版的（RDA Toolkit, 2016b）。

二、RDA 在臺灣的發展

為瞭解 RDA 在臺灣的發展概況，茲針對國家圖書館對 RDA 規範的研究、RDA 的推廣，以及 RDA 於國內的發展與建議等三個部分進行說明。

（一）國家圖書館對 RDA 規範的研究

國家圖書館於 2011 年 6 月 17 日召開「國家圖書館技術規範諮詢委員會」會議，與會學者決議由國家圖書館進行 RDA 的維護與統整，並且在 2012 年成立「RDA 小組」以便對 RDA 進行研究，該小組主要的工作可分為下列幾點：
1. RDA 中文手冊的修訂；
2. 針對 RDA 條文的討論與因應對策的制訂；
3. 分析 RDA 對國內圖書館的影響及應對模式；
4. 作為應用 RDA 於數位時代的準備。

該工作小組於 2015 年 11 月出版《RDA 中文手冊初稿》（國家圖書館編目園地，2015b）；於同年 12 月完成「書目紀錄建置 RDA 編目元素轉換程式」並開放下載使用（國家圖書館編目園地，2015a）。此外，國家圖書館參考 OCLC 因應 RDA 的政策，宣布於 2013 年該館的西文資料採用 RDA 規則，亦邀請國內的圖書館也一同試作 RDA 書目。在國家圖書館對西文資料採用 RDA 之建議中，表示新舊書目是可以存在同一個資料庫內，且為了處理那些已存在 30 至 40 年的書目資料庫，要盡力維護資料的一致性，額外加入符合 RDA 精神的資料元素，藉此達到混合型書目紀錄（國家圖書館編目園地，2013）。新的西文資料原始編目可參考 LC-PCC（Program for Cooperative Cataloging，簡稱 LC-PCC）及 OCLC 的模式及規範進行編目；抄編則依循下列原則（國家圖書館編目園地，2013）：
1. 以 RDA 為依據，依抄錄內容，保留所有 RDA 相關欄位。
2. 若抄錄的書目無 RDA 相關欄位，則仿照 LC-PCC 模式，待批次修訂程序確定後，以程式增加符合 RDA 原則的元素。

根據 LC-PCC 建議，舊的書目資料可以先透過機器轉換（machine conversion）增加 RDA 元素（RDA cataloging elements），之後仍需要進行人工檢視及修改（國家圖書館編目園地，2013）。此外，由於國內的中文資料仍未全面採用 RDA，因此在這之前仍須以《中國編目規則》（CCR）為這段時間的編

目規範，所以中華民國圖書館學會分類編目委員會將針對現行版本進行微調，以便配合相關教學需要。

（二）RDA 的推廣活動

針對國內的相關培訓計畫，可以分為國家圖書館、中華民國圖書館學會及各大學校院圖書館主辦這三類。其中國家圖書館、中華民國圖書館學會除每年固定於暑假期間都會為圖書館在職人員舉辦相關的資訊組織基礎班及進階班外，也曾在 2012 及 2013 年各分別舉行過為期三天的研習。此外，中華民國圖書館學會分類編目委員會也協同自動化委員會於 2012 年舉辦「RDA 與 MARC 21 論壇」，希望可以強化國內圖書館對於 CMARC 轉換為 MARC 21 及導入 RDA 時應該有的認知。

除了研討會外，國家圖書館也將前述相關研習班講義、文獻資源、訓練教材等放置於國家圖書館編目園地網頁上；在「RDA 之工作推動」的網頁內不僅有中文教材，同時也放置有美國國會圖書館（LC）及美國圖書館學會（ALA）所提供之相關訓練資源（國家圖書館編目園地，2016c）。

（三）RDA 於國內的發展建議

從 2014 年國家圖書館的一項調查發現，國內有高達 75% 的圖書館表示知道 RDA，其餘（24%）多不清楚 RDA 為何，只有 1% 的圖書館表示不知道 RDA。在中西文編目規則的使用上，九成的圖書館中文編目採用《中國編目規則》，西文編目則多用 AACR2。目前中西文編目都改採 RDA 的為淡江大學覺生紀念圖書館。此外，國立臺灣大學圖書館則是只有西文採用 RDA 進行編目。在未來的規劃上，只有一成五的圖書館會在 1 到 4 年內採用 RDA；已經開始使用 RDA 者有一成，其他超過七成的圖書館皆暫不考慮導入 RDA（國家圖書館編目園地，2014）。

若依循國際的書目著錄標準，則全面使用 RDA 應是必然的結果，然而採用 RDA 將會影響許多現行的各項編目工作，例如資料著錄格式（CMARC）的調整、自動化系統的修改等。倘若未來配合 Link Data 的發展，勢必會加速開放圖書館的書目資料庫。因此，如何讓書目格式更符合數位時代的需求，導入 RDA 似乎是項刻不容緩的工作，茲針對未來 RDA 在國內的發展提出以下幾點建議：

1. RDA 應用於中文資料的選擇方向：(1) RDA 中文手冊的草稿已於 2015 年推出，但是中文資料採用 RDA 編目的可行性，仍需要更進一步地驗證。(2)《中國編目規則》是否要完全捨棄，或是加以編修以符合 RDA 的精神？仍需要再加討論，取得共識。(3) RDA 中文手冊應進一步地修正定稿。
2. 人員訓練的模式：目前國內編目專業人員的訓練，可以分為圖書資訊學校教育及繼續教育兩部分。在學校教育方面，應先讓各資訊組織授課教師對於 RDA 的講授能有共識，確保各校學生的認知無太大差異。再者各級圖書館的負責人，也應重視 RDA 導入的重要性，鼓勵並支持同仁積極參與相關進修與討論活動，同時規劃導入 RDA 的時程。

關鍵詞彙

資源描述與檢索 Resource Description and Access, RDA	書目紀錄功能需求 Functional Requirements for Bibliographic Records, FRBR
權威資料功能需求 Functional Requirements for Authority Data, FRAD	主題權威資料功能需求 Functional Requirements for Subject Authority Data, FRSAD
實體—關係模型 Entity-Relationship Model	作品 Work
表現形式／內容版本 Expression	具體呈現／載體版本 Manifestation
項目 Item	核心元素 Core Elements
條件式核心元素 Core If Elements	圖書館參考模型 Library Reference Model, LRM

自我評量

- RDA 以何種模型為其發展基礎？
- RDA 結構主要分為哪 10 個部分？

- RDA 可以對應到 FRBR 的哪兩個特性？
- RDA 與 AACR2 的差別為何？
- RDA 條文中的 core elements 與 core if elements 的差別為何？

參考文獻

iGroup 智泉國際事業（2016）。*RDA toolkit*。檢索自 http://www.igroup.com.tw/%E5%B7%A5%E5%85%B7/rda-toolkit/

RDA 工作小組（編譯）（2015）。*RDA 中文手冊（稿）*。檢索自 https://www.google.com.tw/url?sa=t&rct=j&q=&esrc=s&source=web&cd=1&cad=rja&uact=8&ved=0ahUKEwjPuLKnzrjQAhXEQpQKHRXAB_oQFggbMAA&url=http%3A%2F%2Fcatweb.ncl.edu.tw%2Fuserfiles%2Fcat07%2Ffiles%2FRDA%25E4%25B8%25AD%25E6%2596%2587%25E6%2589%258B%25E5%2586%258A%25E7%25A8%25BF20150731.pdf&usg=AFQjCNEqPKDgzAouj3b4t3LI3CVL62kbXg&sig2=9vP59FXA-cprfuYcnqBd4g

徐蕙芬、戴怡正（2011）。RDA 資源描述與檢索。在國家圖書館編目組（編），*100年資訊組織進階班研習手冊*。臺北市：中華民國圖書館學會。

高紅、胡小菁（2012）。歐洲 RDA 興趣小組的工作及其啟示，圖書情報工作，56(23)，119-122。

國家圖書館編目園地（2013）。*國內圖書館西文資料編目採用 RDA 之建議*。檢索自 http://catweb.ncl.edu.tw/flysheet_admin/new_file_download.php?Pact=FileDownLoad&Pval=1397

國家圖書館編目園地（2014）。*國內圖書館採行 RDA 現況調查結果*。檢索自 http://catweb.ncl.edu.tw/flysheet_admin/new_file_download.php?Pact=FileDownLoad&Pval=1802

國家圖書館編目園地（2015a）。「書目紀錄建置 RDA 編目元素轉換程式」開放下載使用。檢索自 http://catweb.ncl.edu.tw/portal_d2_page.php?button_num=d2&cnt_id=300

國家圖書館編目園地（2015b）。《RDA 中文手冊初稿》正式出版。檢索自 http://catweb.ncl.edu.tw/portal_d2_page.php?button_num=d2&cnt_id=299

國家圖書館編目園地（2016a）。*RDA Board 發布有關 RDA 發展之聲明*。檢索自 http://catweb.ncl.edu.tw/portal_b2_page.php?button_num=b2&cnt_id=478

國家圖書館編目園地（2016b）。*RDA Toolkit 發布重建及再設計計畫*。檢索自

http://catweb.ncl.edu.tw/portal_d2_page.php?button_num=d2&cnt_id=325&search_field=&search_word=&search_field2=&search_word2=&search_field3=&search_word3=&bool1=&bool2=&search_type=1&up_page=1

國家圖書館編目園地（2016c）。*RDA 之工作推動＞訓練教材*。檢索自 http://catweb.ncl.edu.tw/portal_d7_cnt.php?button_num=d7&folder_id=15

國家圖書館編目園地（2016d）。*RDA 督導委員會會議訂於 2016 年 11 月 7-11 日召開*。檢索自 http://catweb.ncl.edu.tw/portal_b2_page.php?button_num=b2&cnt_id=522&order_field=&order_type=&search_field=&search_word=&search_field2=&search_word2=&search_field3=&search_word3=&bool1=&bool2=&search_type=1&up_page=1

國家圖書館編目園地（2017）。*RSC 發布 RDA 實施 LRM*。檢索自 http://catweb.ncl.edu.tw/portal_b2_page.php?button_num=b2&cnt_id=538

張慧銖（2011）。*圖書館電子資源組織——從書架到網路*。新北市：Airiti Press。

張慧銖（2014）。RDA 之緣起與發展。在國家圖書館（編），*103 年中華民國圖書館年鑑*（頁 3-18）。臺北市：國家圖書館。

陳和琴（2006）。新內容標準 RDA 初探。*圖書與資訊學刊*，*57*，19-34。

編目精靈 III（2012）。*RDA 使用現狀調查*。檢索自 http://catwizard.net/posts/20121104173434.html

鄭玉玲、許令華、林淑芬、牛惠曼（2012）。資源描述與檢索：RDA 與 AACR2、MARC 21 相關議題初探。*國家圖書館館刊*，*2*，31-64。

盧秀菊（2000）。英美編目規則之探討。*圖書與資訊學刊*，*32*，16-44。

Atılgan, D., Özel, N., & Çakmak, T. (2015). RDA in Turkey: Perceptions and expectations on implementation. *JLIS.it*, *6*(2), 163-179. doi: 10.4403/jlis.it-10953

Bloss, M. E. (2011). Testing RDA at Dominican University's graduate school of library and information science: The students' perspectives. *Cataloging & Classification Quarterly*, *49*(7-8), 582-599. doi: 10.1080/01639374.2011.616264

Cronin, C. (2011). From testing to implementation: Managing full-scale RDA adoption at the University of Chicago. *Cataloging & Classification Quarterly*, *49*(7-8), 626-646. doi: 10.1080/01639374.2011.616263

Cross, E., Andrews, S., Grover, T., Oliver, C., & Riva, P. (2014). In the company of my peers: Implementation of RDA in Canada. *Cataloging & Classification Quarterly*, *52*(6-7), 747-774. doi: 10.1080/01639374.2014.899535

Frost, G., & Battenberg, H. (2014). Teaching RDA in Belize: A case study. *Journal of Library Metadata*, *14*(3-4), 190-204. doi: 10.1080/19386389.2014.993247

Goldberga, A., Kreislere, M., Sauka, J., Sturmane, A., & Virbule, I. (2014). RDA: From strategy to experiments and implementation in Latvia (including an overview of the situation in the Baltic states). *Journal of Library Metadata*, *14*(3-4), 205-221. doi: 10.1080/19386389.2014.992710

Goldsmith, M., & Adler, E. (2014). RDA in Israel. *Cataloging & Classification Quarterly*, *52*(6-7), 677-687. doi: 10.1080/01639374.2014.925023

Gryspeerdt, K. (2012). *URIG survey on adoption of RDA -- 2012*. Retrieved from http://www.slainte.org.uk/eurig/docs/EURIG_Survey_2012_v1_Final.pdf

Gu, B. (2012). Recent ativities in the Chinese library cataloging community. *SCATNews: Newsletter of the Standing Committee of the IFLA Cataloguing Section*, *37*(5). Retrieved from http://www.ifla.org/files/assets/cataloguing/scatn/scat-news-37.pdf

Haugen, F. B. (2014). RDA in Norway. *Scandinavian Library Quarterly*, *47*(3), 5.

IFLA Working Group on Functional Requirements and Numbering of Authority Records. (2009). *Functional requirements for authority data: A conceptual model*. Retrieved from http://www.ifla.org/publications/functional-requirements-for-authority-data

International Federation of Library Associations and Institutions. (1998). *Functional requirements for bibliographic records: Final report*. Retrieved from http://www.ifla.org/files/assets/cataloguing/frbr/frbr_2008.pdf

International Federation of Library Associations and Institutions. (2017). *RDA developments of note*. Retrieved from http://alcts.ala.org/ccdablog/wp-content/uploads/2017/01/IFLA-LRM-MW17.pdf

Joint Steering Committee for Development of RDA. (2015). *RDA: Resource description and access background*. Retrieved from http://www.rda-jsc.org/archivedsite/rda.html

Kuhagen, J. A. (2010). *RDA essentials*. Retrieved from http://www.rda-rsc.org/docs/ConnLA_Tech_6nov2010.ppt

Library of Congress. (2015). *LC RDA CORE ELEMENTS (combination of RDA "Core" and RDA "Core if" elements plus additional elements)*. Retrieved from http://www.loc.gov/aba/rda/pdf/core_elements.pdf

RDA Steering Committee. (2008). *Identifying manifestations and items*. Retrieved from http://www.rdatoolkit.org/sites/all/files/constituencyreviewfiles/Phase1Chp2_11_6_08.pdf

RDA Steering Committee. (2017). *Implementation of the LRM in RDA*. Retrieved from http://www.rda-rsc.org/ImplementationLRMinRDA

RDA Toolkit. (2014). *About RDA*. Retrieved from http://access.rdatoolkit.org/

RDA Toolkit. (2016a). *RDA in translation*. Retrieved from http://www.rdatoolkit.org/translation

RDA Toolkit. (2016b). *RDA in translation -- Chinese*. Retrieved from http://www.rdatoolkit.org/translation/Chinese

RDA Toolkit. (2016c). *RDA Toolkit release -- April 12, 2016*. Retrieved from http://www.rdatoolkit.org/development/April2016release

Riva, P. (2016). FRBR consolidation. *IFLA Metadata Newsletter, 2*(2), 11-12.

Santos, O. M. S. d. (2016). *Resource description and access (RDA): Análise do posicionamento institucional e profissional em portugal*. Retrieved from http://hdl.handle.net/10362/18918

Tillett, B. (2002). *AACR2's strategic plan and IFLA work towards an international cataloguing code*. Retrieved from http://www.iccu.sbn.it/upload/documenti/Tillett.ppt

Tosaka, Y., & Park, J.-R. (2013). RDA: Resource description & access -- A survey of the current state of the art. *Journal of the Association for Information Science and Technology, 64*(4), 651-662.

Zeng, M. L., Žumer, M., & Salaba, A. (2011). *Functional requirements for subject authority data (FRSAD): A conceptual model*. Retrieved from http://www.ifla.org/files/assets/classification-and-indexing/functional-requirements-for-subject-authority-data/frsad-final-report.pdf

第五章
機讀編目格式

學習目標

研讀本章內容之後,學習者應能夠:

- 瞭解機讀編目格式之發展、結構與欄位性質
- 瞭解中國機讀編目格式之沿革與結構
- 瞭解中國機讀編目格式之各段資料與常用欄位
- 瞭解 MARC 21 之沿革與結構
- 瞭解 MARC 21 之各段資料與常用欄位
- 瞭解書目架構計畫之發展過程
- 瞭解書目架構之模式

作者簡介

邱子恆
(tzchiu@tmu.edu.tw)
臺北醫學大學
通識教育中心教授

本章綱要

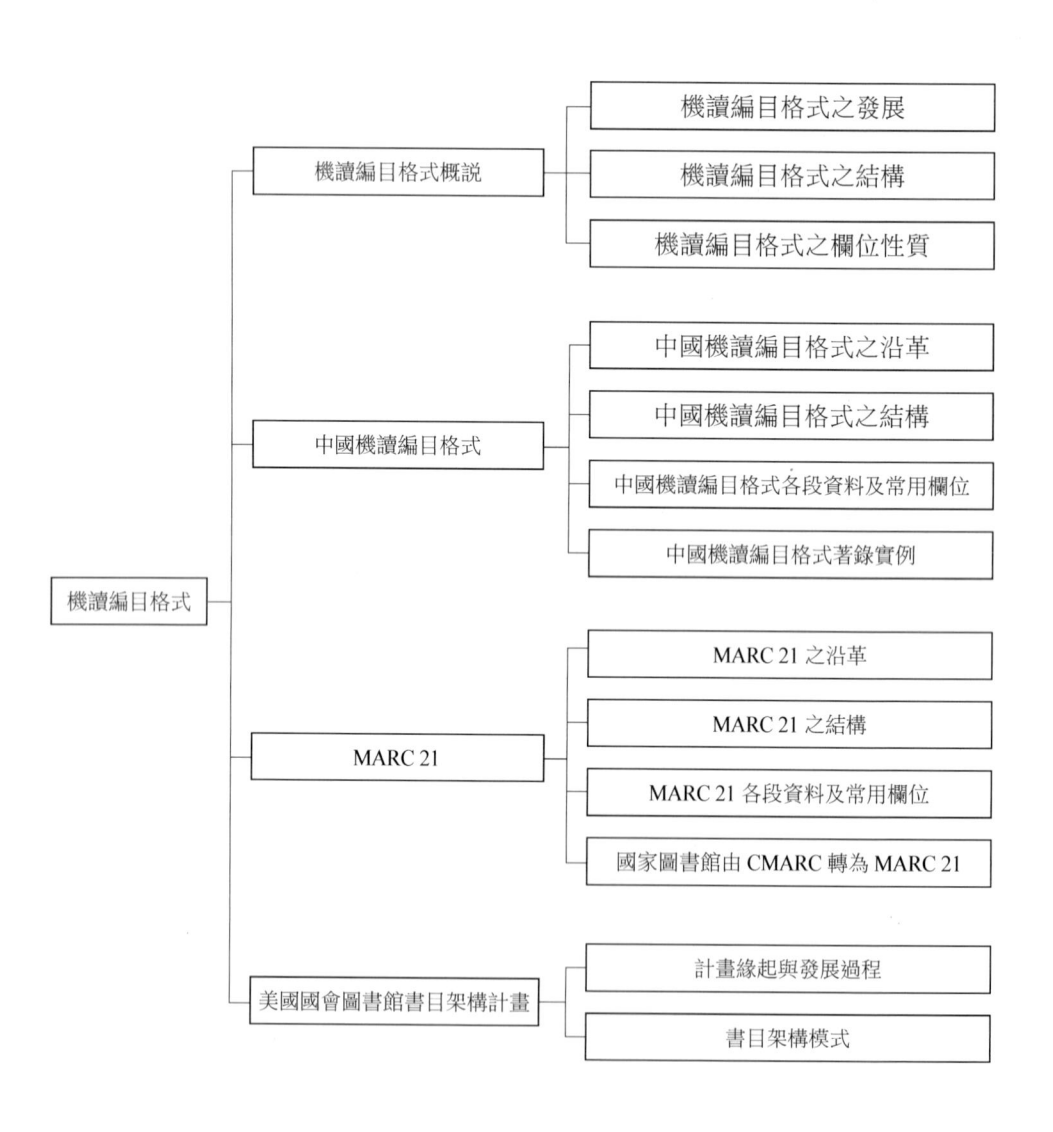

- 機讀編目格式
  - 機讀編目格式概說
    - 機讀編目格式之發展
    - 機讀編目格式之結構
    - 機讀編目格式之欄位性質
  - 中國機讀編目格式
    - 中國機讀編目格式之沿革
    - 中國機讀編目格式之結構
    - 中國機讀編目格式各段資料及常用欄位
    - 中國機讀編目格式著錄實例
  - MARC 21
    - MARC 21 之沿革
    - MARC 21 之結構
    - MARC 21 各段資料及常用欄位
    - 國家圖書館由 CMARC 轉為 MARC 21
  - 美國國會圖書館書目架構計畫
    - 計畫緣起與發展過程
    - 書目架構模式

第五章
機讀編目格式

第一節 機讀編目格式概說

以下分就機讀編目格式之發展、結構與欄位性質加以說明。

一、機讀編目格式之發展

1960年代初期，美國、加拿大的一些學術圖書館對將書目資料轉成機讀格式（Machine Readable Cataloging Format，簡稱MARC）這個議題很有興趣，其中 University of Illinois Chicago Library、Florida Atlantic University、Ontario New Universities Library等的研究對1965年開始由美國國會圖書館（Library of Congress，簡稱LC）主導的「機讀編目格式先導計畫」（MARC Pilot Project）有深遠的影響。MARC I為該計畫的成果，但從來沒有真正地被使用，而1968年公布的MACR II也稱為LCMARC或USMARC，其在1970年通過美國國家標準學會（American National Standards Institute，簡稱ANSI）的認可成為國家標準。同一時期，英國國家書目中心（British National Bibliography，簡稱BNB）參與MARC I與MARC II的制定之餘，英國也開始了UKMARC的先導計畫（Spicher, 1996）。

一個1993到1994年間進行的問卷，調查世界各國國家圖書館所採用的MARC格式，由70多份回覆中發現UNIMARC和USMARC的使用率最高，McKercher與Chang（1995）認為以USMARC格式編目的書目資料普遍可及和「歐洲國家圖書館計畫」以UNIMARC格式將歐洲的書目資料燒在光碟上傳布，是促進這兩種MARC受各國國家圖書館普遍採用的原因之一。Kokabi（1995a,

1995b、1995c、1995d）的研究與上述的調查相當吻合，他分析 17 種 MARC 格式之歷史、根源、修訂原因及技術特性，以期瞭解 MARC 國際化的情況。Kokabi 將世界各地的 MARC 分為以 USMARC（如：加拿大的 CANMARC、法國的 INTERMARC、西班牙的 IBERMARC、印尼的 INDOMARC 等）、UKMARC（如：澳洲的 AUSMARC、泰國的 THAIMARC、義大利的 ANNAMARC、新加坡的 SINGMARC 等）、以及 UNIMARC（如：南非的 SAMARC、臺灣的 CMARC、日本的 JAPAN/MARC、克羅埃西亞的 YU-MARC 等）為基礎的三大類，另外也介紹德國及前蘇聯的另一體系之機讀編目格式，分別是 MAB（Maschinelles Austauschformat für Bibliotheken）和 MEKOF（Mezdunarodnyj Kommunikadvnyj Format）。之後原本是以 UKMARC 為基礎的新加坡、泰國及澳洲的 MARC 因為該國國家書目中心改用美國廠商的圖書館系統，因此分別在 1986、1992 及 1998 年將其 MARC 修改成 USMARC-based；而原是 UKMARC-based 的 ANNAMARC 和原是 USMARC-based 的 INTERMARC 為了方便其書目資料的國際交換，也相繼改成 UNIMARC-based。

之所以會有這麼多種 MARC 格式，主要是因為各國的語言文字、文化習慣、使用的編目規則及編目實務不同所造成。然而隨著國際間書目交換活動越來越頻繁，使用不同 MARC 格式的圖書館需要投注大量的經費和人力去開發及維護多個轉換程式，便興起遵循同一國際標準來交換書目資料的念頭，因而產生了 UNIMARC。UNIMARC 具有由多國代表一起討論、以國際標準書目著錄（International Standard Bibliographic Description，簡稱 ISBD）為依據、獨立於特定的編目規則、可處理多種語言、通用於各種資料類型、穩定性高且變動不大、可與索引摘要的交換格式連結、可做為圖書館內部使用的書目格式等優點，因此成為國際間普遍接受用來作為書目資料交換的 MARC 格式（Hopkinson, 1999; Kokabi, 1995d）。國際圖書館協會聯盟（International Federation of Library Associations and Institutions，簡稱 IFLA）的國際書目控制與機讀編目格式小組（Universal Bibliographic Control and International MARC，簡稱 UBCIM）在 1998 年做了調查，發現世界上有 51 個國家圖書館或具國家圖書館地位的大型學術圖書館以及 17 個書目中心有使用 UNIMARC，另外有 10 個國家圖書館雖然目前尚未使用 UNIMARC，但宣稱計畫在三年之內採用（Plassard & Raththei, 1999）。值得注意的是，雖然 MARC 在各國的國家圖書館及學術圖書館中已被

普遍使用，但即使是在 MARC 發展最早的美國，仍有許多學校圖書館到 1990 年代才開始自動化，才以 MARC 格式編目。關於這點，從 Durand（1997）特別為學校圖書館員／媒體專家所寫的 MARC 概說及如何使用性質的文章即可得知。

　　一般對 MARC 的批評是，雖然它是促進圖書館自動化的功臣，也是國際間圖書館交換書目資料的格式，但卻是建立在卡片目錄電腦化的基礎之上，其結構老舊、欄位重複，無法和現今的資料庫技術做很好的結合，且不能完善地表現出書目紀錄之間的關係（Fattahi, 1995; Kokabi, 1996），因此有人認為 MARC 與今日線上環境有衝突和不相容的地方，已不再適用。Gorman 甚至主張放棄現有的 MARC 和編目規則，而將資料的著錄及編碼整合成一個全新的標準（Fattahi, 1995）。但 Kokabi（1996）和 Hopkinson（1999）卻認為 MARC 離功成身退的日子仍有一段長路要走。Kokabi 認為 MARC 有廣大的使用群、有專責的維護機構、有專門的電子論壇、在專業期刊中有專欄、在專業文獻中大量出現，在在都顯示其仍舊蓬勃發展。Hopkinson 更提出早在 1985 年就有人認為 MARC 太老舊，即將被取代，但之後使用 MARC 的圖書館反而越來越多，這是因為 MARC 是被需要的，所以它被普遍使用。此外，Hopkinson 認為 MARC 雖然不適於在網際網路 WWW 上傳輸，但它的角色和處理對象與都柏林核心集（Dublin Core）不同，因此 MARC 和標準通用標記語言（Standard Generalized Markup Language，簡稱 SGML）、Dublin Core 等新興的詮釋資料（metadata）之間應該不會相互衝突，反而是互補的，可以共同為組織整理書目世界的資源而服務。

二、機讀編目格式之結構

　　所有機讀編目格式的結構都是以 ISO 2709 為基礎，只是欄位所表示的意義不同。根據 ISO 2709 的規定，每一筆紀錄在交換時，都應包括以下四個部分（陳和琴、張慧銖、江綉瑛、陳昭珍，2003，頁 259）：

（一）紀錄標示：為每筆紀錄最前面的 24 個位元，包括電腦系統所需的資訊，例如紀錄長度、資料類型、紀錄建立日期等。紀錄長度及資料基位係由程式計算，指標長度、分欄識別長度、指引格局是中國機讀編目格式的特定值，實際作業時紀錄性質可以由程式判定，執行代碼紀錄補釋則有內定值。

(二) 指引：ISO 2709 並沒有對指引的長度加以定義，而中國機讀編目格式（Chinese MARC，簡稱 CMARC）是直接定義其長度為 12 位元，每個款目對應到一個特定的書目資料欄，把所有的款目加起來，就成為一個指引。

(三) 書目資料登錄欄：每個書目資料欄都有一個相對應的指引，是記錄書目資料的地方，它所代表的意義會依據不同機讀編目格式另外規定。每種機讀編目格式也都有其特定的欄位定義方式。

(四) 紀錄分隔：亦即紀錄終止符號，為一筆書目紀錄之結束符號。

三、機讀編目格式之欄位性質

在機讀編目格式中著錄各項書目資料的欄位，各種機讀格式皆對這些欄位規定其性質，各欄位性質說明如下（陳和琴等，2003，頁 259-261）：

(一) 定長欄：指欄位的長度固定，每一欄可以包含一個或數個分欄，每一分欄可包括一個或數個資料單元，欄內之資料單元或分欄不論如何變化，欄位內的長度不變，簡單的說就是欄內的字元數相同。

(二) 變長欄：指欄位內容長度不固定，其欄位長度會隨著所著錄的資料內容長度而改變，如題名、著者等。由於變長欄在一開始時沒有限定欄位長度，且可隨著每筆紀錄在該欄位所需著錄的資料內容長短來給定適當的長度，對整個書目資料庫來說，可以節省空間，避免儲存空間的浪費。在機讀編目格式中，變長欄是由指標、分欄識別、資料單元及欄間符號所組成。

(三) 必備欄：在機讀編目格式中，有些欄位是一定要有資料內容的，稱為必備欄，系統設計時會自動檢查這些欄位是否有填入資料，若沒有則會提示編目者，並拒絕存檔。

(四) 非必備欄：編目者在編目時，會依編目規則及編目資料的屬性決定某些欄位是否需要著錄，這些就是所謂的非必備項。在機讀編目格式中，大部分的欄位都時非必備項。

(五) 指標（indicator）：是一個欄位的第一個資料單元，用以指示該欄之內容、與他欄間之相互關係、或是該欄資料的操作方式。通常為兩字元的代碼（阿拉伯數字或英文字母），為定長欄，各種機讀編目格式會定義這些代碼的意義。

（六）欄（filed）：欄是指一連串特定之字元，以欄號（tag number）加以識別之資料。在機讀編目格式中，欄號是以三個整數的數字表示，每欄可包括一個或數個分欄。

（七）分欄（sub-field）：分欄是指資料欄之次單元，有分欄的欄位實際的資料是填入各分欄中。在機讀編目格式中，分欄識別以二個字元表示，第一個符號為「$」，第一個符號為數字或英文字母，其呈現的方式如 $a、$b。

（八）欄間符號（field separator）：由於機讀編目格式主要是採變長欄方式設計，無法事先計算每筆紀錄的固定長度，因此在一欄結束之後，必須加上欄間符號以區分之。

第二節　中國機讀編目格式

一、中國機讀編目格式之沿革

　　1980 年起，我國圖書館界開始規劃全國性之圖書館自動化作業，制定中文圖書資料自動化作業必備的標準規格。為了發展中文的機讀編目格式，作為國內目錄作業之規範，圖書館界於同年成立「圖書館自動化作業規劃委員會」，以研訂中文機讀編目格式為首要工作項目。同年 5 月成立「中文機讀編目格式工作小組」，進行研訂符合國際標準的中國機讀編目格式，以便於國際間交流及分享資料。1981 年 1 月出版《中文圖書機讀編目格式》第一版，同年 7 月再出版修訂第二版，且編印使用手冊。至 1982 年 8 月中出版《中國機讀編目格式》（CMARC），同時將工作小組更名為「中國機讀編目格式工作小組」。1984 年再修訂出版第二版，依照國際間趨勢調整內容，且增加對善本書和拓片的適用欄位。1988 年，各種新資訊媒體迅速發展及普遍使用，於是參考 IFLA 於 1987 年出版的 UNIMARC 手冊及美國國會圖書館書目服務部發表之 USMARC 修訂建議書，再配合國立中央圖書館（現今的國家圖書館）歷年來的實作經驗，於 1989 年出版《中國機讀編目格式》第三版。然而自 CMARC 第三版出版後，圖書館內外環境有了極大變化，電子資源大量問世，使得圖書館的館藏類型不再以印刷式資料為主，光碟片、多媒體光碟等電子資源成為圖書館不可或缺的館藏，因此機讀格式中必須增加對此類資源的描述，遂於 1997 年出版 CMARC 第四版，最主

要的改變是增加 856 欄位，以記錄電子資源的位置。此外，也刪除了 4XX 連接款目段，以簡化相關資訊（relationship）的描述（陳和琴等，2003，頁 257）。

　　配合教育部依據「圖書館法」責成國家圖書館研擬編目相關技術規範，國家圖書館編目組於 2001 年 5 月著手進行「中國機讀編目格式修訂計畫」，並於同年 10 月完成「中國機讀編目格式 90 年修訂版（草案）」，2002 年 1 月經教育部圖書館委員會第 26 次委員會議討論通過，教育部便於 2002 年 12 月 27 日公布並自即日起生效，且於 2003 年 4 月以活頁精裝及平裝兩種形式印製出版。此次之修訂方向主要參酌 ISBD-（ER）、《中國編目規則》（修訂二版）、UNIMARC、MARC 21 之最新修訂與發展，同時廣納各類型圖書館自動化系統使用 CMARC 第三版及 CMARC 第四版經驗，同時更正 CMARC 第四版錯誤，修訂範圍包括 Leader、0 段、1 段、8 段全部欄位；2 段、6 段、7 段部分欄位等（中國機讀編目格式修訂小組，2002）。

二、中國機讀編目格式之結構

　　CMARC 的結構主要也是 ISO 2709，因此若以 CMARC 交換書目資料時，每筆書目紀錄也必須包括：紀錄標示、指引、書目資料登錄欄和紀錄分隔（見表 5-1），茲簡述如下（陳和琴等，2003，頁 261-262）：

表 5-1　中國機讀編目格式之紀錄結構

紀錄標示	指引	書目資料登錄欄	紀錄分隔
0-23	24-35-n	000-900 段所類資料	%

資料來源：陳和琴等（2003，頁 261，表 7-1）。

（一）紀錄標示：紀錄標示指書目記錄開始之資料欄，有 24 位元，包括紀錄長度、紀錄性質、執行代碼、指標長度、分欄識別長度等，為處理該紀錄的依據。由於電腦的計算方式是從 0 開始，所以 24 位元的位址是從 0 到 23。紀錄長度及資料基位係由程式計算出來的，指標長度、分欄識別長度、指引格局是中國機讀編目格式的特定值，實際作業時紀錄性質可以由程式判定，執行代碼紀錄補釋則有內定值。

（二）指引：指引說明各欄的長度及位址，其款目由不定數目之指引款目組成，

每個款目對應一個書目資料登錄欄，記載其欄號、資料欄長度、首字位址，並依照欄號數由小到大排列，最後再給欄間符號。
(三) 書目資料登錄欄：即 000 到 900 段所著錄的資料，有定長欄及變長欄，且各欄之後要加欄間符號以示區隔。書目資料登錄欄分為以下三種類型：
1. 紀錄識別欄（欄號 001）：記載建立紀錄機構所編訂之識別編號，各編號不得重複。
2. 保留欄位（欄號 002-4；006-8）：為未來書目資料處理預留的欄位。
3. 書目欄（欄號 010-999）：每一書目資料欄包括指標、分欄識別、資料單元及欄間符號，分欄識別與資料單元可連續出現，指標及分欄識別之長度各位 2 個位址。
(四) 紀錄分隔：為一筆書目紀錄之結束符號，CMARC 中以「％」表示。

三、中國機讀編目格式各段資料及常用欄位

中國機讀編目格式各段資料的意義如下（中國機讀編目格式修訂小組，2002；陳和琴等，2003，頁 262）：

0 ＿＿＿ 識別段：記載識別紀錄及作品號碼，如系統識別號、ISBN、ISSN。
1 ＿＿＿ 代碼資料段：固定長度的資料單元代碼，如作品語言代碼、出版國家代碼。
2 ＿＿＿ 著錄段：記載待編目圖書資訊之書目資料，如題名、著者、版本、出版、稽核及集叢資訊等。
3 ＿＿＿ 附註段：記載題名、著者、版本、出版、稽核及集叢等項未能詳細著錄的附註事項。
5 ＿＿＿ 相關題名段：記載正題名以外的其他題名，如劃一題名、封面題名、並列題名。
6 ＿＿＿ 主題分析段：記載與作品主題相關的標題、分類號、地區代碼、年代代碼等。
7 ＿＿＿ 著者及輔助檢索段：記載該圖書資訊之著者名稱與輔助檢索資料。
8 ＿＿＿ 各館使用段：保留給各館及國際使用，說明書目紀錄的來源，館藏紀錄，以及電子資源位址及取得方式。

圖書館在書目著錄時，常用的中國機讀編目格式欄位及其指標、分欄之定義如表 5-2。

表 5-2　《中國機讀編目格式民 90 年修訂版》常用欄位一覽表

欄位	指標 1	指標 2	分欄
010 國際標準書號 （ISBN）	0 以中文著錄 1 以中文以外之語文著錄	空格	a 號碼 b 裝訂及其他區別字樣 d 發行性質／價格
011 國際標準叢刊號（ISSN）	0 以中文著錄 1 以中文以外之語文著錄	空格	a 號碼 b 裝訂及其他區別字樣 d 發行性質／價格
200 題名及著者敘述項	0 不做檢索款目 1 做檢索款目	空格	a 正題名 b 資料類型標示 d 並列題名 e 副題名及其他題名資料 f 第一著者敘述 g 第二及依次之著者敘述
205 版本項	空格	空格	a 版本敘述
210 出版項	空格	空格	a 出版地，經銷地等 c 出版者，經銷者等名稱 d 出版，經銷等日期
215 稽核項	0 以中文著錄 1 以中文以外之語文著錄	空格	a 數量（面數，冊數或其他） c 插圖及其他稽核細節 d 高廣、尺寸 e 附件
225 集叢項	0 不做檢索款目 1 做檢索款目	空格：未建立集叢權威標目 1 與編目單位所訂之集叢名不同 2 與編目單位所訂之集叢名相同	a 集叢名 h 編次 i 編次名稱 v 集叢號
300 一般註	空白		a 附註

表 5-2　《中國機讀編目格式民 90 年修訂版》常用欄位一覽表（續）

欄位	指標 1	指標 2	分欄
327 內容註	0 不完整之內容註 1 完整之內容註	空格	a 內容註之各題（篇）名 v （冊）次號
328 學位論文註	空格	空格	a 附註
330 摘要註	空格	空格	a 附註
801 出處欄	空格	0 原始編目單位 1 輸入電子計算機單位 2 修改紀錄單位	b 單位簡稱／代碼 c 處理日期 g 編目規則代碼
805 館藏紀錄	空格	空格	a 單位簡稱／代碼 c 登錄號 d 分類號 e 書號 f 編目者、審核者等 k 複本號 l 各單冊之部冊、年代、版本號 p 特藏符號／代碼 t 分類系統代碼 v 分類系統之版本 y 日期、冊次號、年代號
856 電子資源位址及取得方法		空格：未註明 0 資源本身 1 資源之電子版本 2 相關資源 8 不產生固定前導用語	k 密碼 u 資源定位器 z 公開顯示之附註

資料來源：整理自中國機讀編目格式修訂小組（2002，附錄一）。

四、中國機讀編目格式著錄實例

圖 5-1 為 CMARC 手冊各欄號書目資料登錄說明文字之形式，茲以「0 ＿＿ 識別段：010 國際標準書號」為例說明之。

・可重複

・自由使用

010 國際標準書號（ISBN）

　　本欄記載國際標準書號及其區別字樣，係根據編目規則之標準號碼及其他必要記載項（CCR 1.8; AACR2 1.8）著錄，如無國際標準書號，則記載其裝訂、價格等事項。

指　　標

　　指標 1：說明是否以中文著錄。

　　　　　0：以中文著錄

　　　　　1：以中文以外之語文著錄

　　指標 2：未定，以空格表示。

分　　欄

分欄識別	分欄內容	備　註
$a	號碼	不可重複
$b	裝訂及其他區別字樣	不可重複
$d	發行性質／價格	不可重複
$z	發行性質／價格	可重複

說　　明

1. 本欄為便於圖書出版和圖書館資料處理所設計之一種國際標準編號。每一編號均不相同，共十位數，分為四部份：一、國家、區域、或語文代碼，二、出版著號碼，三、圖書號碼，及四、檢查號碼。此編號記載於分欄 a，其中間之短橫"-"必須填入。
2. 分欄 z 用於記載出版品中所載取消／錯誤之國際標準書號，取消／錯誤書號與正確書號同時可做檢索之用，如僅知其取消／錯誤書號而不知正確書號，則將取消／錯誤書號記於分欄 z 而非分欄 a，其中間之短橫"-"必須填入。
3. 分欄間使用之標點符號及 ISBN 四個字母不必填入。
4. 分欄 d 發行性質包括獲得方式，如非賣品、贈閱等。
5. 若一書另有縮影資料形式出版時，其 ISBN 亦填於本欄。
6. 某些系統使用 ISBN 為其記錄識別號，本欄亦須同時填寫。

圖 5-1　中國機讀編目格式手冊欄號 010 之內容

右上角的說明，規範此欄位是否可重複，以及是否為必備欄；欄號之後說明本欄之名稱，以及資料內容在《中國編目規則》（*Chinese Cataloging Rules*，簡稱 CCR）與《英美編目規則第二版》（*Anglo-American Cataloguing Rules, 2nd edition*，簡稱 AACR2）中相對應的條文編號。指標部分則分別規範指標 1 和指標 2 要填寫什麼代碼，未定義的指標則以空格表示。分欄的部分則說明每一分欄的識別與要登錄的內容，同時規範該分欄是否可重覆。最後是細節說明與參考範例。

（一）國際標準書號（010）著錄例子

某圖書的書目資料若依編目規則中第 8 大項「標準號碼及其他必要記載項」著錄為「ISBN 957-9528-00-4(平裝)：NT$120」，其 CMARC 的登錄則如下：

| 010 | 0 | ♭ | $a957-9528-00-4$b 平裝 dNT120 |
| 010 | 1 | ♭ | $a957-9528-00-4$bpbk.dNT120 |

在前述 CMARC 中，010 為「國際標準書號」的欄號；指標 1 為「0」，是指以中文著錄，為「1」，是指以中文以外之語言著錄；指標 2 用「♭」表示空格，代表在本項中沒有規定。此外，分欄 a 填入待編圖書之「國際標準書號」，系統會自動帶出 ISBN 四字；分欄 b 填入「平裝」，系統會自動帶出其指定標點符號「圓括弧」；分欄 d 填入待編圖書之「價格」，系統會帶出其指定標點符號「冒號」。

（二）電子資源位址及取得方法（856）著錄例子

若作者張系國寫的《趣味電腦》，其電子書可由以下網址在網路上取得（網址：http://Saturn.ksi.edu/people/advisors/changsk/changbook/contents.html），其 CMARC 的登錄如下：

| 200 | 1 | ♭ | $a 趣味電腦 $b 電子資源 $dThe joy of computing $f 張系國著 |
| 856 | 4 | 0 | $u http://Saturn.ksi.edu/people/advisors/changsk/changbook/contents.html |

在前述 CMARC 中，200 為「題名及著者敘述項」的欄號；指標 1 為「1」，是指本題名要做為檢索款目；此外，分欄 a 填入待編作品的正題名「趣味電腦」；分欄 b 填入待編作品的資料類型「電子資源」，系統會自動帶出其指定標點符號

「方括弧」；分欄 d 填入待編作品的並列題名 "The joy of computing"，系統會自動帶出其指定標點符號「等號」；其分欄 f 填入待編作品的第一著者敘述「張系國著」，系統會自動帶出其指定標點符號「斜撇」。而 856 為定義「電子資源位址及取得方法」的欄號；指標 1 為「4」，是指超本文傳輸協定（HTTP）；指標 2 為「0」是指資源本身；分欄 u 則填入該電子資源的資源定位器「http://Saturn.ksi.edu/people/advisors/changsk/changbook/contents.html」。

（三）國際標準書目著錄八大項皆著錄例子

依據中國編目規則相關規範，將泰勒（Jill Bolte Taylor）著的《奇蹟》一書的八大項與指定標點符號著錄如下：

奇蹟 △/△ 泰勒 (Jill Bolte Taylor) 著 △;△ 楊玉齡譯 .△--△ 第一版 .△--△ 台北市 △:△ 天下遠見 ,△2009
293 面 △:△ 圖 △;△21 公分 .△--△(心理勵志 △;△S01)
譯自 : My stroke of insight: a brain scientist's personal journal
ISBN △978-986-216-284-2 (平裝)△:△NT$300

註：△ 代表空格

若依《中國機讀編目格式民 90 年修訂版》的規範，其 CMARC 如下，各欄號及其指標、分欄之定義，參見表 5-2。

010	0	b	$a 978-986-216-284-2 $b 平裝 $d NT$300
200	1	b	$a 奇蹟 $f 泰勒 (Jill Bolte Taylor) 著 $g 楊玉齡譯
205	b	b	$a 第一版
210	b	b	$a 台北市 $c 天下遠見 $d 2009
215	0	b	$a 293 面 $c 圖 $d 21 公分
225	0	b	$a 心理勵志 $v S01
300	b	b	$a 譯自 : My stroke of insight: a brain scientist's personal journal

第三節　MARC 21

一、MARC 21 之沿革

因深刻感受到不同 MARC 在資料交換轉檔上的麻煩，美國、加拿大及英國這三個英語資料主要出版國從 1994 年 12 月開始，就積極推動 MARC 調合計畫（MARC Harmonization），希望處理英文資料的 MARC 能夠相容，最終並能夠相同。美國國會圖書館（Library of Congress）、加拿大國家圖書館（National library of Canada）與大英圖書館（British Library）推動美國機讀編目格式（USMARC）、加拿大機讀編目格式（CANMARC）、英國機讀編目格式（UKMARC）三者間的調合，希望能整合處理英文世界的機讀編目格式，使之能擴展為全球統一使用的、一致性的機讀格式。USMARC 和 CANMARC 率先整合，於 1999 年出版 MARC 21，代表這是進入 21 世紀，因應網路時代各種媒體所產生的新資料格式。MARC 21 形成不久之後，大英圖書館在獲得英國圖書館界的支持後，於 2001 年 8 月宣布全面採用 MARC 21。在整個發展過程中，主要目的在於對於三個原有的機讀格式間的完善協調，而非 MARC 的再造，經過多次協調會議後終於實現這個理想（陳和琴等，2003，頁 257-258；Ede, 1997; Hopkinson, 1999）。

二、MARC 21 之結構

MARC 21 的主要結構仍和 USMARC 一樣，其內容也承襲原 USMARC 已發展出來的資料類型，共分為五大類機讀格式（陳和琴等，2003，頁 258）：

（一）書目格式（bibliographic format）：包括描述、檢索和控制各種書目格式，是一個定義不同書目格式的整合格式，MARC 21 定義了圖書、連續性出版品、電子資源、地圖、音樂資源、視覺資源和混合型資源。這樣的一種整合型分離式書目格式，其一致性的定義和使用，可以充分描述各種不同資源格式的原貌。

（二）權威格式（authority format）：主要用來記錄人名、團體名稱、題名、主題語詞等之權威款目及參照款目。

（三）分類格式（classification format）：包括相關分類號及標題，用來發展及維護分類綱目。

（四）館藏格式（holding format）：包括所有資源適當的館藏地和所在地。

（五）區域共用資訊格式（community information format）：包括有關事件、程式、服務等相關資訊，使資訊可以在公用檢索目錄上整合其他紀錄型態。

MARC 21 的紀錄結構如前文所述，也是由紀錄標示、指引、書目資料欄組成。其分欄識別符號以「$」表示，欄間符號則以「#」表示。圖 5-2 為 MARC 21 機讀格式，LDR 起首的那行即為紀錄標示；020、100、245、250、260 等為欄號；欄號 245 之後的「1」是指標 1、「0」是指標 2；之後的 $a、$b、$c（圖中系統以符號「|」表示）為分欄識別。

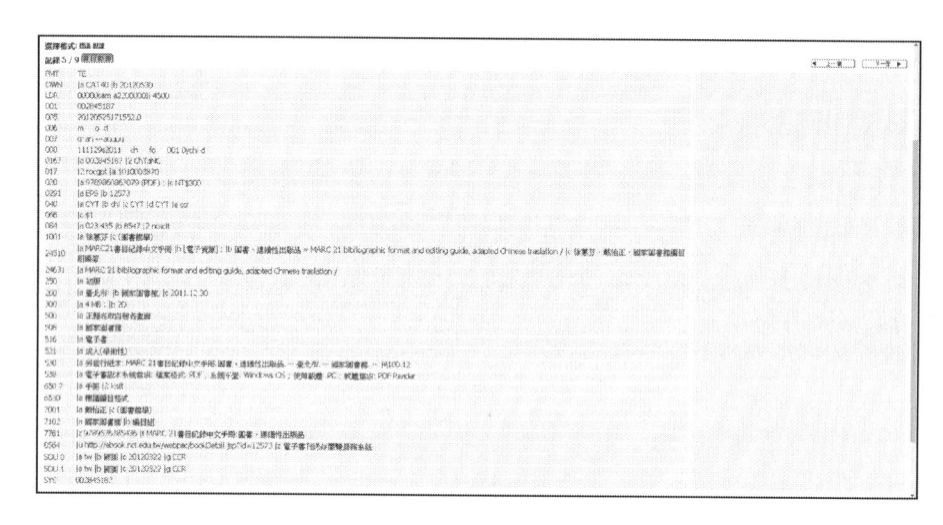

圖 5-2　MARC 21 機讀書目格式示意圖

三、MARC 21 各段資料及常用欄位

　　MARC 21 的書目格式各段資料的意義如下：

- 0xx 控制資訊、號碼及代碼段（control information, numbers, codes）
- 1xx 主要款目段（main entry）

- 2xx 題名、版本、出版段（titles, edition, imprint）
- 3xx 稽核等資料段（physical description, etc.）
- 4xx 集叢段（series statements）
- 5xx 附註段（notes）
- 6xx 主題檢索段（subject access fields）
- 7xx 附加款目、連接款目段（name, etc. added entries or series; linking）
- 8xx 集叢附加款目段（series added entries; holdings and locations）
- 9xx 本地使用段（reserved for local implementation）

圖書館在書目著錄時，常用的 MARC 21 欄位及其指標、分欄之定義如表5-3。

表 5-3　MARC 21 常用欄位一覽表

欄位	指標 1	指標 2	分欄
020 國際標準書號	空格	空格	a 國際標準書號 c 價格與相關資訊 q 限定資訊【說明：2013年起以此分欄著錄裝訂方式】
022 國際標準叢刊號	空格：連續性出版品出版內容目的不明 0 連續性出版品出版內容具國際範疇 1 連續性出版品出版內容不具國際範疇	空格	a 國際標準叢刊號 l 連結性 ISSN【說明：用來連結不同媒體版本的同一連續性出版品】
245 題名及著者敘述項	0 不做附加款目 1 做附加款目	0 無不排序字元 1-9 不排序字元數	a 正題名 b 其他題名【說明：如並列題名、副題名】 c 著者敘述 h 資料類型標示

表 5-3　MARC 21 常用欄位一覽表（續）

欄位	指標 1	指標 2	分欄
250 版本項	空格	空格	a 版本敘述
260 出版項	空格：不適用／未提供資訊／最早期的出版者 2 中期的出版者 3 現行／最近期的出版者 【說明：用於連續性出版品或多冊出版品在發行期間出版地或出版者之改變】	空格	a 出版地、經銷地 b 出版者、經銷者 c 出版年、經銷年
300 稽核項	空格	空格	a 數量 b 插圖及其他稽核細節 c 高廣尺寸 e 附件
362 連續性出版品-卷期項	0 固定格式 1 不固定格式	空格	a 出版日期或卷期號
490 集叢項	0 集叢不被檢索 1 集叢被檢索	空格	a 集叢題名 v 集叢號
500 一般附註	空格	空格	a 一般附註
502 學位論文註	空格	空格	a 學位論文註【說明：用分欄 a 著錄所有的學位論文資料】 b 學位類型 c 授予機構名稱 d 授予年度【說明：在 RDA 編目規範下，應用分欄 b、c、d 著錄學位論文相關的細節資訊】

表 5-3　MARC 21 常用欄位一覽表（續）

欄位	指標 1	指標 2	分欄
505 內容註	0 前導用語：內容註 1 前導用語：不完整內容註 2 前導用語：部分內容註 8 不產生前導用語	空格：基本式 0 詳細式	a 內容註 【說明：用基本格式著錄時，用分欄 a 著錄相關資料】 g 其他資料 r 著者敘述 t 題名 【說明：以詳細格式著錄時，用分欄 g 著錄編次，分欄 t、r 分別著錄題名與著者】
520 摘要、提要註	空格：前導用語：概要 0 前導用語：主題 1 前導用語：評論 2 前導用語：範圍及內容 3 前導用語：摘要 4 前導用語：內容建議／忠告 8 不產生前導用語	空格	a 摘要
856 電子資源位址及取得方法	空格：未提供資訊 0 電子郵件（Email） 1 檔案傳輸（FTP） 2 遠程登入（remote login, Telnet） 3 撥接（dail-up） 4 超文本傳輸協定（HTTP） 7 取得方式著錄於分欄 2	空格：未提供資訊 0 資料本身 1 資源之電子版本 2 相關資源 8 不產生前導用語	u 統一資源識別符（URI） y 連結文字 z 公開顯示之附註 2 取得方式 3 資料說明

資料來源：整理自徐蕙芬、戴怡正、國家圖書館藏發展及書目管理組（2013）。

註：空格用「#」表示。

前文提及泰勒（Jill Bolte Taylor）的《奇蹟》一書，若依 MARC 21 的規範，其書目資料各欄號及指標、分欄著錄如下：

020	# #	$a 978-986-216-284-2$q 平裝 $c NT$300
245	1 0	$a 奇蹟 △/△ $c 泰勒 (Jill Bolte Taylor) 著 △;△ 楊玉齡譯
250	# #	$a 第一版
260	# #	$a 台北市 △:△ $b 天下遠見 ,△ $c 2009
300	# #	$a 293 面 △:△ $b 圖 △;△ $c 21 公分
490	1 #	$a 心理勵志 △;△ $v S01
500	# #	$a 譯自 :My stroke of insight: a brain scientist's personal journal

註：△ 代表空格

MARC 21 與 CMARC 的結構都是以 ISO 2709 為基礎，只是欄位所表示的意義不同，表 5-4 為兩者之間常用欄位的欄號對照表。

表 5-4　CMARC 與 MARC 21 常用欄位對照表

欄位名稱	CMARC	MARC 21
題名及著者敘述項	200	245
資料類型標示	204	245
版本項	205	250
出版項	210	260
稽核項	213	300
集叢項	235, 410	490; 830
附註項	3XX	5XX
國際標準號碼	101; 011	020; 022
標題	600; 601; 605; 606; 607	600; 610; 630; 650; 651
中文圖書分類法	681	084
著者檢索	7XX	1XX; 7XX
題名檢索	5XX; 4XX; 7XX	246; 240(130)

資料來源：鄭惠珍（2015）。

此外，在著錄變長欄時兩者最大的差異在於，MARC 21 需要編目員著錄時自行填入指定標點符號，即這些 ISBD 規範的標點為資料的一部分，而 CMARC 的指定標點符號則是由圖書館自動化系統判別分欄符號後自動引出。

四、國家圖書館由 CMARC 轉為 MARC 21

我國國家圖書館於 2010 年間，經過三次館內會議討論，決議將原以 CMARC 第三版著錄的館藏書目與權威資料轉換成 MARC 21 格式，並責成該館編目組（組改後為館藏發展及書目管理組）規劃轉換時程及配套措施（國家圖書館，2010）。茲將採用 MARC 21 之優缺點及配套措施分述如下：

（一）採用 MARC 21 之優點

國家圖書館認為 MARC 21 發展至今，已是全球使用率最高的 MARC 格式，採用 MARC 21 之目的在於國際性、全球化與資源共享的便利性。國家圖書館的書目及權威紀錄之資料著錄格式若改用 MARC 21，將有以下優點：

1. 提升中文書目國際能見度，強化我國書目處理之質量

MARC 21 已改進傳統 MARC 的不足，加入了網路時代的元素，使其更便於圖書系統轉換及國際間圖書館間的書目交換，能利用 Open URL 連結電子資源，縮短我國與國際間的資訊落差。全球讀者可透過國家圖書館的圖書館自動化系統 Web 界面，並且利用網路搜尋引擎強大的搜尋能力，直接查詢到該館的書目及權威資料，方便世界各國圖書館對中文資料進行抄錄編目，我國的文化創新與學術成果就能順利被利用；同時也方便該館進行抄錄英語系國家的圖書編目資料，不必經由轉換程式，可減少圖書處理流程。

2. 朝向全球化整合性資源通道發展，跟隨世界腳步邁進

MARC 21 有 Machine-Readable Bibliographic Information Committee（MARBI）及 MARC Advisory Committee 兩個團體負責檢討及修正相關條文，並於每年美國圖書館學會（American Library Association，簡稱 ALA）年會中討論 MARC 的新發展，以因應網路時代各種媒體需求，修訂書目格式。

MARC 21 已有對應至各種詮釋資料的對照表，包括 MARC XML、MODS（Metadata Object Description Schema）、MADS（Metadata Authority Description Schema）、Dublin Core、Digital Geospatial Metadata、GILS（Government Information Locator Service）及 UNIMARC 等，積極為 MARC 21 成為圖書館界朝向全球化的整合性通用資料格式而努力。

3. 有助我國積極參與國際書目與權威組織

因為 MARC 21 是國際間圖書館使用最多的格式，採用 MARC 21 易於成為全球共同體，積極參與國際書目與權威組織，提高我國在國際間學術專業與資源共享的成果，增進我國圖書館界與國際圖書館專業的交流。

（二）採用 MARC 21 之預期效益

考量前述三大優點，國家圖書館進一步分析出改用 MARC 21 的效益如下：

1. 符合世界潮流：MARC 21 不僅為美國、加拿大及英國國家圖書館所採用，且國外知名大型圖書館多數採用 MARC 21。加以 MARC 21 隨時因應國際性資訊組織相關標準規範，如：FRBR（Functional Requirements for Bibliographic Records）、FRAD（Functional Requirements for Authority Data）、ICP（Cataloging in Publication Program）、FRSAD（Functional Requirements for Subject Authority Data）、RDA（Resource Description and Access）進行維護與更新，因此使用 MARC 21 較能符合世界潮流。

2. 含括完整格式：CMARC 發展至今，囿於人力、經費及時間，難以進行大規模修改維護，因此僅有書目及權威格式。書目之 CMARC 格式雖有第一、二、三、四及 90 年版等版本，但是權威之 CMARC 格式則僅有 1994 年的初版。而 MARC 21 則含括圖書館所需的完整格式，包括書目、館藏、權威、分類、區域共享資訊格式，應用面完整而廣泛，且隨時不斷地進行更新。

3. 便利資源共享：國家圖書館若維持採用 CMARC，而國外圖書館多數採用 MARC 21 的情況下，欲與國際進行資料交換時，無論記錄下載或上傳國外資料庫皆需再使用 MARC 轉換程式。但是若改採用 MARC 21 就無需再轉換 MARC，中文書目僅須進行拼音處理，方便於國際書目資源的交換與共享。

4. 節省維護成本：除了可節省採用 MARC 21 後與國際進行資源共享時 MARC

轉換的人力及時間成本外，也不需再自行維護 CMARC 規範，並且無需針對 CMARC 與國際上各種詮釋資料進行轉換對照，即可應用全球各種不同詮釋資料之書目與權威資源，節省人力、時間及經費成本。

5. 系統選擇性高：國家圖書館及我國多數大型圖書館多採用國外圖書館自動化系統，國外原廠對於系統多數提供 MARC 21 環境，若採用 CMARC 格式，則屬客製化需求，系統版本更新時會增加版本升級的工作與經費負擔；若改用 MARC 21，未來需要汰換圖書館自動化系統時，新系統不需額外進行調整與客製，選擇性將會更多。

6. 善用國際編目資源：可擴大我國圖書館界進行資訊組織的範疇及視野，以有限編目人力深化我國圖書館的知識服務。此外，透過積極參與國際書目組織，延伸我國圖書館資訊服務的觸角，在合作化、分工化及全球化的趨勢下，開啟我國圖書館的國際能見度。

（三）CMARC 轉換 MARC 21 之時程與配套服務

　　國家圖書館為了考量書目國際化趨勢、積極參與國際書目與權威組織、提高我國在國際間學術專業與資源共享的成果，於 2011 年 12 月起實施 MARC 21 書目紀錄著錄，館藏目錄全面由 CMARC 第三版轉為 MARC 21。國家圖書館針對轉換作業，擬訂了「CMARC 轉換 MARC 21 之作法及時程規劃」文件，在採用 MARC 21 的同時，亦考慮國內仍使用 CMARC 的圖書館，持續為國內圖書館服務。這個規劃對 MARC 轉換之作法、時程及 CMARC 退場機制等有一套完整流程及作業模式，除國家圖書館館藏書目系統及書目資料轉換工作外，對外亦規劃提供其他相關之服務措施（見表 5-5）。

表5-5　國家圖書館 CMARC 轉換 MARC 21 之相關規劃進程

國家圖書館書目轉換工作規劃	2011 年		2012 年起
	6 月底	12 月底	
	完成書目轉換 80%	完成書目轉換 20%	正式在 MARC 21 環境產生書目資料
對外書目服務模式	1. 提供 CMARC 館藏書目 2. 由 NBInet 提供書目服務		1. 提供 MARC 21 館藏書目 2. 完成 CMARC 轉 MARC 21 對照表 3. 提供 MARC 21 轉 CMARC 之書目服務 4. 持續提供 CMARC 諮詢服務

資料來源：國家圖書館（2010）。

在相關服務措施方面，國家圖書館的館藏發展及書目管理組自 2006 年（時為編目組）起即開始逐步研擬 CMARC 3 轉 MARC 21 之對照表，同時進行轉換程式的開發，經反覆測試及增補功能，於 2009 年開發完成「CMARC 3 轉 MARC 21 轉換系統」，其間並陸續完成近 30 萬筆中文書目的轉換，上傳至 OCLC WorldCat 供國外圖書館使用，初步完成該館書目國際化第一階段的目標。為了協助國內各圖書館轉換書目格式，並提升轉換的效率，2013 年起國家圖書館也免費授權此轉換系統給國內各圖書館使用（國家圖書館，2012a）。為促進中文書目國際化，國家圖書館也開發了「MARC 21 拼音轉換應用系統」，該系統於 2012 年 1 月開放使用申請，開放對象以各級圖書館為主（國家圖書館，2012b）。

此外，為因應書目格式轉換的工程，國家圖書館編訂出版《MARC 21 書目紀錄中文手冊──圖書、連續性出版品》一書；2013 年 3 月 31 日起，國家圖書館西文編目與國外同步轉換成 RDA 後，又著手修訂該手冊，修訂版於 2013 年 12 月出版，對 MARC 21 因應 RDA 所做的欄位、指標、分欄、代碼等進行更新（徐蕙芬等，2013，頁 II）；之後在 2015 年 6 月出版《MARC 21 權威紀錄中文手冊》。

第四節　美國國會圖書館書目架構計畫

一、計畫緣起與發展過程

書目架構計畫（Bibliographic Framework Initiative，簡稱 BIBFRAME）是一個發展書目描述標準以關聯資料的計畫模式，目的在使書目資料於圖書館社群及其他社群更加有用。這個計畫是 2011 年 5 月由當時美國國會圖書館副館長 Deanna Marcum 領導發起，主要鑒於 RDA 實施在即，現有的 MARC 和圖書館系統仍無法實現 RDA 願景，才有了此計畫構想。計畫的主要任務是分析現今和未來的資訊環境，確認支持使用者資源發現的關鍵要素，做為發展新書目資料架構的基礎，同時發展新系統以取代 MARC。簡言之，書目架構計畫是未來書目描述系統的基礎，希望能發展出一個新系統，使書目資料不但能融入資料網路世界（web of data），同時也能符合書目控制之需要（徐蕙芬，2014）。初期發展過程的重要事件如表 5-6。

表 5-6　書目架構計畫發展過程一覽表

時間	重要事件
2011 年 5 月	書目架構計畫宣布開始
2011 年 10 月	美國國會圖書館公布整體計畫（general plan）
2012 年 5 月	與 Zepheira 公司簽約協助評估計畫細節和建立可行的資料模式
2012 年 11 月	美國國會圖書館發表高層次資料模式文件
2013 年 1 月	美國國會圖書館建立書目架構網站及書目架構詞彙初稿
2013 年 8 月	建立實例範例及資源發現系統設計（use cases and requirements）
2014 年	陸續發表： 書目架構權威（BIBFRAME Authorities） 書目架構關係（BIBFRAME Relationships） 書目框架構料說明（BIBFRAME Profiles） 視聽資源模式研究（AV Modeling Study）

資料來源：整理自徐蕙芬（2014）。

BIBFRAME 具有：是一種資料模式（data model）、用來承載書目資料（carry bibliographic data）、運用關聯資料的原則（linked data principle）等特性。其最終目的在取代 MARC，使書目資料超越圖書館為廣大網路社群所使用。之所以要發展 BIBFRAME，主要緣起於以下三點（徐蕙芬，2014）：

（一）機讀編目格式的問題

MARC 發展於 1960 年代，時至今日受到不少批判，包括：使用過時的科技和設計觀念；與現今資料管理觀念與技術脫節；複雜、難學、難懂；過度依賴標點符號來代表語意；延展性低（low extensibility）；層次性與精密性低（low granularity）等。由於 MARC 資料僅限圖書館社群使用，並無法與圖書館以外其他社羣分享，且難以與其他系統互用（non-interoperable），因此不為圖書館以外的其他系統使用，導致圖書館的資源無法被大眾在網路上發現與利用。

（二）關聯資料的發展

關聯資料（linked data）是網路「資源描述架構」（resource description framework，簡稱 RDF）的應用實例，用來描述網路資源。其具有的特性包括：採用統一資源識別符號（uniform resource identifier，簡稱 URI）做資料辨別；是一種可被搜索引擎搜尋到的網路資料；資料架構遵循 W3C RDF 資料標準；關聯其他相關網路資料等。目前網路資源逐漸從「文件性」（web of documents）演進成「資料性」（web of data），需以關聯資料達成「資料網路」的目標。使用關聯資料可使網路資源更易被發現，資料更易重新再利用與連結，而強化了網路的使用性。因此圖書館的書目資料必需轉換成關聯資料，使書目資料成為網路系統也可瞭解的資料；只有當書目資料成為網路系統可瞭解的資料模式，並有 URI 使其與其他相關網路資源關聯，圖書館的書目才能成為網路可被發現的資源，從而提高其可用性（Schilling, n.d.）。

（三）大環境的趨勢

使用者預期現今的資料模式應具備以下特性：以 URI 來辨識資料（資料應具低模糊性；資料應具分散性；資料應具延展性；資料應具彈性），即可用來描述各類資源及未來新類型資源；利用最新科技使其發揮最大功能；資料應開放隨時

為網路使用、連結。因此 BIBFRAME 的大環境目標為：需能利用網路科技使書目資料能為各類系統使用，以達到系統互通性；需能為其他社群使用；需接受並推廣「開放性詮釋資料」(open meta)，建立合作性環境，使書目資料更易分享；提高書目資料網路能見度，使書目資料、書目資源更易被發現，提高書目資源的使用率。

二、書目架構模式（BIBFRAME Model）

　　BIBFRAME 是一種資料模式（data model），而非內容模式（content model），其願景及發展目標包括：適用任何內容標準（如：RDA）或其他資源描述規範；因採用資源描述架構（RDF）資料模式，可使圖書館書目資料與其他網路資料交流、互用；能處理各類書目資源（圖書資料、期刊、數位資源等）及未來可能的新資源類型；能整合納入其他資料（包括權威資料、館藏資料、分類資料）；儘量充分利用網路功能及特點等。此外，BIBFRAME 紀錄內的權威控制（個人、團體或作品名稱）項目，均以 URI 連結取代，亦即若名稱改變，所有與之連結的資料會隨之自動改變，從而減輕書目資料的維護工作。（徐蕙芬，2014）

　　美國國會圖書館預計轉換 MARC 21 為關聯資料的 BIBFRAME 計畫，一開始將書目架構模式（BIBFRAME Model）分為以下四種（見圖 5-3）（牛惠曼，2016，頁 111）：

（一）創作作品（creative work）：書目資源創作核心本質。
（二）實例（instance）：作品的實質具體表現。
（三）權威（authority）：與創作作品和實例相關的其他具權威控制性資料（如：個人、地點、主題），用來協助使用者鏈結與辨認書目資源。
（四）標註（annotation）：其他有助於使用者對書目資源認知和瞭解的資料（如：館藏資料、封面影像、書評等）。

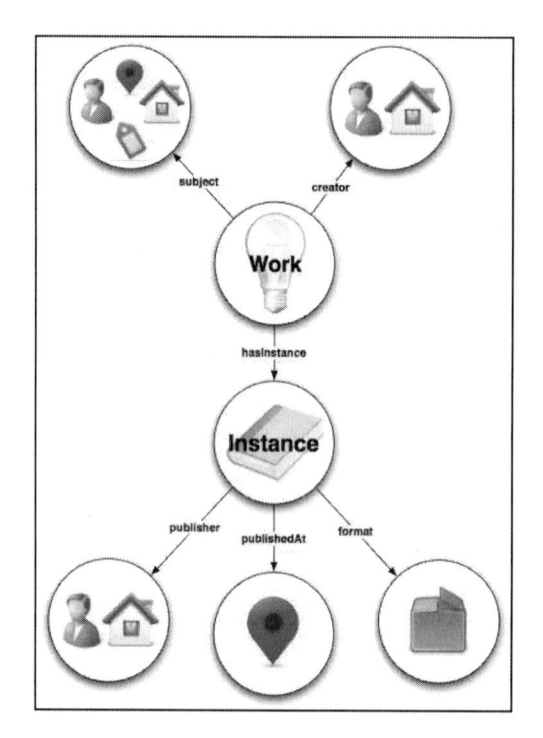

圖 5-3　BIBFRAME 資料模式
資料來源：Library of Congress（2012）。

　　2014 年 1 月開始，美國國會圖書館發布 BIBFRAME 實施測試平臺（Implementation Testbed），邀請各圖書館參與實施測試，目的在鼓勵參與並從而得知 BIBFRAME 的優缺點，以便即時改善，使 BIBFRAME 的發展更臻完善。初期參與測試的機構包括：大英圖書館（British Library）、德國國家圖書館（Deutsche Nationalbibliothek）、美國喬治華盛頓大學（George Washington University）、美國國家醫學圖書館（National Library of Medicine）、OCLC、美國普林斯頓大學（Princeton University）等，美國國會圖書館並提供 BIBFRAME 編輯器（Editor）及 MARC XML 轉 BIBFRAME 之轉換軟體供下載使用。2014 年 5 月公布 BIBFRAME 資料著錄說明文件（profiles）初稿，用來指導資料著錄方式及確定資料形式，並提及相關功能、資料結構和資料形式，目的在使資料著錄和資源描述具一致性（徐蕙芬，2014）。

　　書目架構先導實驗計畫（BIBFRAME Pilot）第一階段於 2015 年 9 月 8

日起至 2016 年 3 月 31 日實施，目的在測試達成美國國會圖書館關聯資料之 BIBFRAME 1.0 的功效。美國國會圖書館參與此一實驗計畫的人員約有 40 位，這些人員在前三個月先接受語意網（Semantic Web）、關聯資料及 BIBFRAME 工具的訓練，2015 年 12 月時將各種語文超過 2 千筆包括圖書、連續性出版品、地圖資料、樂譜、錄音資料、錄影資料、二維藝術品等 7 種類型資料，進行 MARC 21 格式及 BIBFRAME 格式的編目。此階段的主要工作是將美國國會圖書館約 1,350 萬筆書目紀錄轉換為 BIBFRAME 描述、以 URI 表示各控制權威及術語詞彙、發展資料輸入編輯器；第一階段試圖瞭解的問題包括：編目員能否以 BIBFRAME 輸入資料？此舉對編目員的衝擊？作品與實例二分法對於編目員是否明確且有所助益？BIBFRAME Editor 下拉式選單是否易於作業？BIBFRAME Editor 的標記是否清楚明確？BIBFRAME 能否實現適當的檢索？MARC 紀錄可否妥適地轉換？美國國會圖書館於 2016 年 6 月 16 日發布了 "BIBFRAME Pilot (Phase One—Sept. 8, 2015 – March 31, 2016): Report and Assessment" 文件，預計於 2016 年秋季展開第二階段的先導實驗，此階段將採用新發布的 BIBFRAME 2.0 模式及詞彙來建立資料（國家圖書館，2016b）。

美國國會圖書館於 2016 年 4 月 21 日再發布了 BIBFRAME 2.0 Model（見圖 5-4），其中將資訊組織分為抽象的三種核心層面（國家圖書館，2016a）：

（一）作品（work）：為抽象的最高層面，在 BIBFRAME 背景下，作品（work）反映了編目資源的概念精髓，即著者、語言和主題等。

（二）實例（instance）：指一部作品可能有一個或一個以上個別、資料的具體化，如一個特定的出版形式，這些都是作品的實例。實例反映的資訊為：出版者、出版地、出版日期及格式等。

（三）單件（item）：指一個單件是一個實例的實際拷貝（物理或電子）。其所反映的資訊為：位置（實際或虛擬的）、架上標記、條碼等。

BIBFRAME 2.0 版模式進一步定義了有關核心類別的附加關鍵概念（additional key concepts）如下（國家圖書館，2016a）：

（一）代理（agents）：代理是人、組織、司法管轄區等，通過角色（如：著者、編輯、藝術家、攝影師、作曲家、插畫等）與作品或實例相互關聯。

（二）主題（subjects）：一個作品可能是「關於」一個或多個概念，這樣的概念被認為是作品的「主題」。概念可能的主題包括：論題、地點、時間表達、事件、作品、實例、單件、代理等。

（三）事件（events）：作品內容所記載發生的事件。

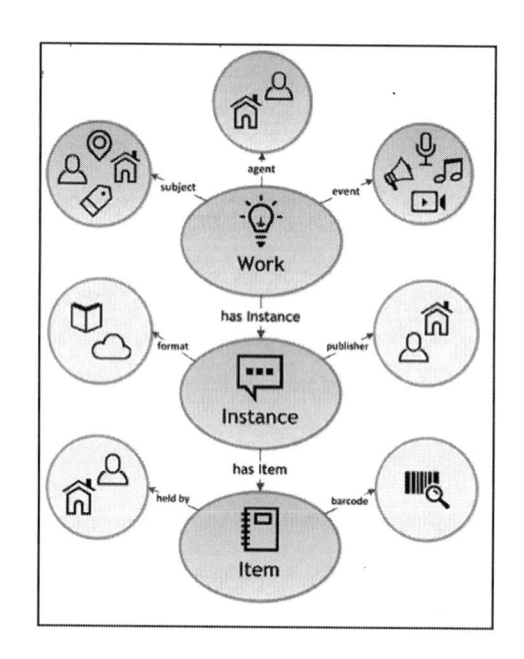

圖 5-4　BIBFRAME 2.0 Model

資料來源：Library of Congress（2016）。

同日美國國會圖書館也更新了 BIBFRAME 2.0 Vocabulary Category View、BIBFRAME 2.0 Vocabulary List View、BIBFRAME 2.0 Vocabulary RDF View、BIBFRAME 2.0 RDF Conventions、BIBFRAME 2.0 Guidelines: Expressing Characteristics of a BIBFRAME Resource 等文件（國家圖書館，2016a）。

三、結語

目前圖書館從業人員對於 BIBFRAME 仍抱持不確定感，常見的質疑如下：
（一）尚未完全採用 FRBR 架構，將「表現形式」層次併入「作品」層次；
（二）尚無法預測其未來的影響；
（三）尚無法預知傳統 MARC 書目資料是否能完全為 BIBFRAME 資料架構接受；

（四）尚無法確定 MARC 各資料元素是否都有對等的 BIBFRAME 元素可轉換；
（五）尚無法掌握 BIBFRAME 與權威控制的關係；
（六）尚無法瞭解 BIBFRAME 如何與 RDA 一起使用。

　　然而網路是多數使用者查詢資訊的第一選擇，我們必須面對 MARC 資料結構的問題，承認當前圖書館書目資料不為大眾所用的事實。我們應思考圖書館資源不出現在網路資源檢索結果內的影響，這樣圖書資源的利用減少了，圖書館也將逐漸被邊緣化進而失去相關性。圖書館的資訊服務以讀者的方便為前提，圖書館編目最終目的是為了資源的發現與使用，因此圖書館應致力於任何可增加圖書資源發現與使用的途徑，如何將書目資料在網路上出版，並且與其他相關資源連結，是當前書目控制最重要的議題。我們應該要思考怎麼做才能積極參與網路資源描述與傳播社群，在滿足使用者需求的同時，還能保持我們在資訊組織與書目控制的傳統價值和原則。

　　在發展新資料模式時，大前題是如何利用科技讓書目資料能達到其最大使用價值。BIBFRAME 的發展屬於革命性的改變，是需要隨時間不斷地演進與改善，也需要圖書館界的參與和支持，只有參與進化過程、貢獻意見、協助發展，才能建立各方皆能接受的書目資料系統並共享成果（徐蕙芬，2014）。

關鍵詞彙

機讀編目格式 Machine Readable Cataloging Format, MARC	欄號 Tag Number
中國機讀編目格式 Chinese MARC, CMARC	指標 Indicator
MARC 21	分欄 Sub-Field
書目框架計畫 BIBFRAME Initiative	ISO 2709
書目框架模式 BIBFRAME Model	關聯資料 Linked Data

自我評量

- 美國、加拿大及英國這三個英語資料主要出版國推動 MARC 調合計畫（MARC Harmonization）之原因與目的為何？
- 中國編目規則和 MARC 21 在書目著錄上有何不同？
- 我國圖書館若採用 MARC 21，會有何優點？
- 美國國會圖書館發起 BIBFRAME 計畫主要目的為何？
- MARC 21 分為哪五大類的機讀格式？

參考文獻

中國機讀編目格式修訂小組（編撰）（2002）。中國機讀編目格式民90年修訂版。臺北市：國家圖書館。

牛惠曼（2016）。資訊組織之國際發展趨勢。臺北市：文華。

徐蕙芬（2014）。從書目框架計畫（BIBFRAME）的發展看書目控制的前景。資訊組織教育訓練專題演講。檢索自 http://catweb.ncl.edu.tw/flysheet_admin/new_file_download.php?Pact=FileDownLoad&Pval=1942

徐蕙芬、戴怡正、國家圖書館館藏發展及書目管理組（編）（2013）。MARC 21 書目紀錄中文手冊：圖書、連續性出版品（修訂版）。臺北市：國家圖書館。

徐蕙芬、戴怡正、國家圖書館館藏發展及書目管理組（編）（2015）。MARC 21 權威紀錄中文手冊。臺北市：國家圖書館。

國家圖書館（2010）。國家圖書館書目格式採用 MARC 21 之說明。國家圖書館電子報。檢索自 http://enews.ncl.edu.tw/P00029/Data/%E6%8E%A1%E7%94%A8MARC21%E4%B9%8B%E8%AA%AA%E6%98%8E1.pdf

國家圖書館（2012a）。CMARC3 轉 MARC 21 轉換系統。檢索自 http://catweb.ncl.edu.tw/portal_d8_page.php?button_num=d8&cnt_id=1

國家圖書館（2012b）。MARC 21 拼音轉換應用系統。檢索自 http://catweb.ncl.edu.tw/portal_d8_page.php?button_num=d8&cnt_id=2

國家圖書館（2016a）。LC 發布 BIBFRAME 2.0 Model。檢索自 http://catweb.ncl.edu.tw/portal_d2_page.php?button_num=d2&cnt_id=312

國家圖書館（2016b）。BIBFRAME 先導實驗第一階段。檢索自 http://catweb.ncl.edu.

tw/portal_d2_page.php?button_num=d2&cnt_id=322

陳和琴、張慧銖、江綉瑛、陳昭珍（2003）。資訊組織。臺北縣：國立空中大學。

鄭惠珍（2015）。編目規則與 MARC 21。在國家圖書館館藏發展及書目管理組（編），*104 年資訊組織基礎班研習手冊*（頁 131-222）。臺北市：中華民國圖書館學會。

Durand, J. J. (1997). Making your MARC. *Journal of Youth Services in Libraries, 10*(3), 276-282.

Ede, S. (1997). LANDMARC decision. *Select Newsletter, 20*, 3.

Fattahi, R. (1995). Anglo-American cataloguing rules in the online environment: A literature review. *Cataloging & Classification Quarterly, 20*(2), 25-50.

Hopkinson, A. (1999). Traditional communication formats: MARC is far from dead. *International Cataloguing and Bibliographic Control, 28*(1), 17-21.

Kokabi, M. (1995a). The internationalization of MARC, Part I: The emergence and divergence of MARC. *Library Review, 44*(4), 21-35.

Kokabi, M. (1995b). The internationalization of MARC, Part II: Some MARC formats based on USMARC. *Library Review, 44*(6), 38-45.

Kokabi, M. (1995c). The internationalization of MARC, Part III: Some MARC formats based on UKMARC. *Library Review, 44*(6), 46-51.

Kokabi, M. (1995d). The internationalization of MARC, Part IV: UNIMARC, some formats based on it and some other MARC formats. *Library Review, 44*(7), 8-33.

Kokabi, M. (1996). Is the future of MARC assured? *Library Review, 45*(2), 68-72.

Library of Congress. (2012). *Bibliographic framework as a web of data: Linked data model and supporting services*. Retrieved from https://www.loc.gov/bibframe/pdf/marcld-report-11-21-2012.pdf

Library of Congress. (2016). *Overview of the BIBFRAME 2.0 Model*. Retrieved from http://www.loc.gov/bibframe/docs/bibframe2-model.html

McKercher, B., & Chang, P. X. (1995). A survey of the use of MARC formats in national libraries. *International Cataloguing and Bibliographic Control, 24*(4), 57-58.

Plassard, M.-F., & Raththei, S. (1999). The international list of UNIMARC users and experts. *International Cataloguing and Bibliographic Control, 28*(2), 41-43.

Schilling, V. (n.d.). *Introduction and review of linked data for the library community, 2003 ~ 2011*. Retrieved from http://www.ala.org/alcts/resources/org/cat/research/linked-data

Spicher, K. M. (1996). The development of the MARC format. *Cataloging & Classification Quarterly, 21*(3-4), 75-90.

第六章
電子及網路資源描述與詮釋資料概論

作者簡介

邱子恒
(tzchiu@tmu.edu.tw)
臺北醫學大學
通識教育中心教授

學習目標

研讀本章內容之後,學習者應能夠:

- 瞭解電子資源之定義與類型
- 瞭解組織電子資源之方式
- 瞭解電子書之描述與編目方法
- 瞭解電子期刊之描述與編目方法
- 瞭解網路資源之描述與編目方法
- 瞭解詮釋資料之類型與功能
- 瞭解各種重要詮釋資料之概況

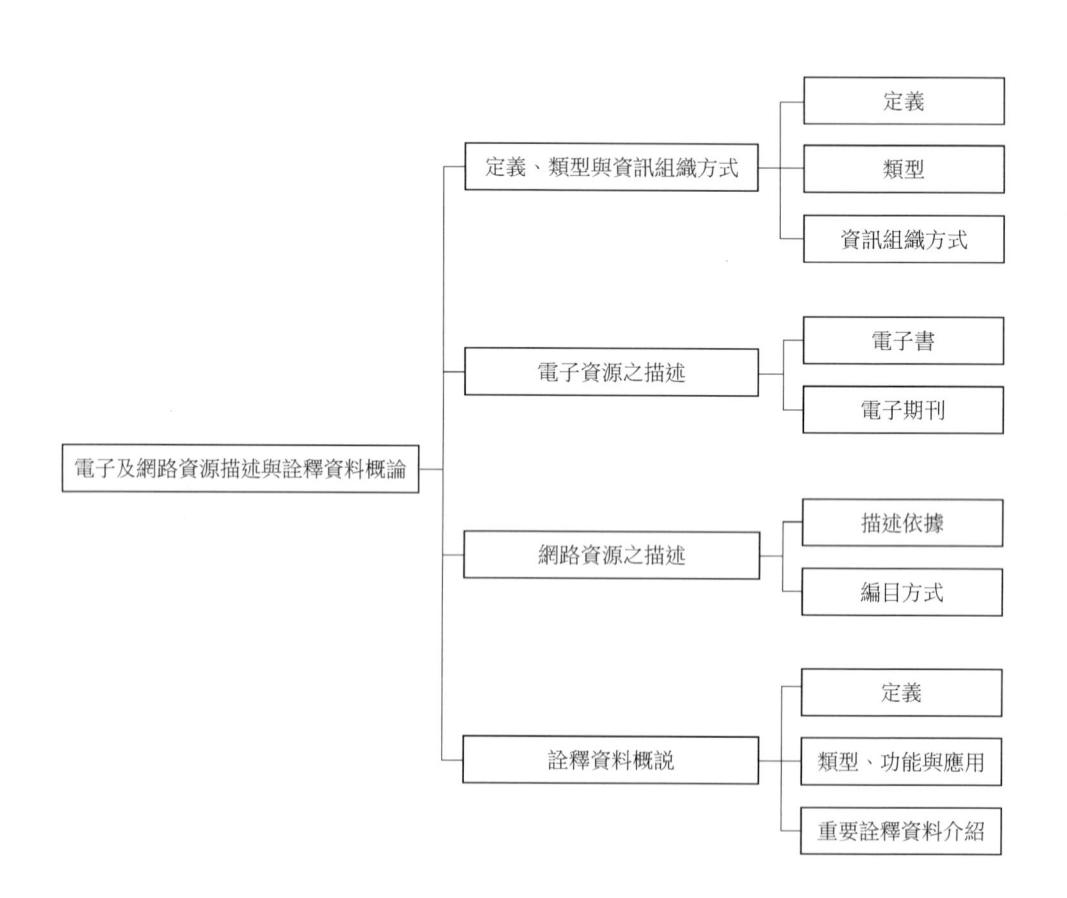

本章綱要

電子及網路資源描述與詮釋資料概論
- 定義、類型與資訊組織方式
  - 定義
  - 類型
  - 資訊組織方式
- 電子資源之描述
  - 電子書
  - 電子期刊
- 網路資源之描述
  - 描述依據
  - 編目方式
- 詮釋資料概說
  - 定義
  - 類型、功能與應用
  - 重要詮釋資料介紹

第六章
電子及網路資源描述與詮釋資料概論

第一節　定義、類型與資訊組織方式

　　1990年代中期之後，資訊通訊技術發達，電子資源與網路資源也隨之興起，時至今日已成為圖書館館藏資源不可或缺的元素。以下介紹其定義、類型，以及組織整理的方式。

一、定義

　　根據《美國國會圖書館電子資源編目指引》（*LC Draft Interim Guidelines for Cataloging Electronic Resource*）的定義，電子資源是指藉由電腦操作而呈現的作品，其利用方式包括直接取用或遠端利用，有些電子資源還需要利用和電腦相連的周邊設備，如CD-ROM光碟機。電子資源可以每天24小時隨時提供使用者服務，可突破距離的限制，並且提供即時和同步更新與跨系統的整合檢索（Library of Congress, 1998）。根據《英美編目規則第二版（2002年修訂版）》（*Anglo-American Cataloguing Rules, 2nd edition, 2002 Revision*，簡稱AACR2R）的定義，電子資源是指需以電腦操作的資料檔及程式檔。此一資源可以是直接存取、有實際載體可據以描述，但使用時必須要插入電腦設備或隨附之周邊設備；也可以是遠端存取、沒有實際載體可以描述，使用時需要連上網際網路。簡言之，必須是要有使用電腦的資訊資源才包括在定義範圍內，因此CD唱片、雷射影碟（LD）、影音光碟（VCD）、數位影音光碟（DVD）、黑膠唱片等皆不屬之（陳和琴、陳君屏，2007，頁1）。

而網路資源就是可以「網路化」的電子資源,亦即可從網際網路中取得的所有資源,Zhang(1998, p. 242)認為網路資源包括:電子郵件、郵寄名單、電子論壇中的資訊、透過 Gopher、WWW、FTP 等取得的出版品,而商業化的網路資源則包括線上資料庫。張慧銖(2011,頁 12)認為:可從網際網路中取得的所有資源都算是網路資源,故其範圍大於電子資源;但有些電子資源不需用到網路傳輸,就不能算是網路資源。因此,圖書館中的電子資源館藏,主要是指電腦可處理的任務形式資訊,它存在於各種不同的儲存媒體,如:磁碟、磁帶、光碟、個人電腦或主機的硬碟等。一般常見的電子資源館藏有光碟資料庫、網路資源、線上資料庫、電子期刊、電子報、電子書……等。若以來源區分,圖書館的電子館藏則可以分為以下三類:(一)將圖書館現有館藏數位化;(二)出版市場現有的電子資源;以及(三)免費整理的網路資源。

二、類型

根據「國際標準書目著錄──電子資源」(ISBD-ER)的分類,電子資源可分為以下三大類型(International Federation of Library Associations and Institutions, 2008):

(一)電腦資料(computer data):包括 1. 數據資料:如人口普查資料、調查資料;2. 文件資料:如書目資料庫、電子期刊、電子通訊、電子文件(電子信函、電子論文);3. 圖像資料;4. 表述資料;5. 音訊資料;6. 視訊資料。

(二)電腦程式(computer programs):包括 1. 公用程式;2. 應用程式:如電腦輔助設計程式、試算表程式、文書處理程式、排版出版程式、電腦遊戲;3. 系統程式:如作業系統程式、程式語言、檢索程式。

(三)電腦資料與程式(computer data and program):包括 1. 互動式多媒體;2. 電腦線上服務:如電子布告欄、電子論壇、全球資訊網站。

若依資源的出版型態分類,則電子資源可分為以下四種:

(一)資料庫:是歷史最久、影響最廣的一種電子資源,能提供使用者檢索與取用所需資料。若依其內容區分,可分為:書目資料庫、全文資料庫、多媒體資料庫、數據資料庫等四種;若依連線方式區分,則可分為:單機版資料庫、校園網路網資料庫、網際網路資料庫等三類(張慧銖,2011,頁 14-15)。

（二）電子期刊：1990 年代興起，是學術界非常重要且深受使用者喜愛的電子資源；由於其承襲紙本期刊的一貫特性，能傳播最新研究成果，是科學、科技、醫學領域使用者獲取最新學術研究成果時的首選（張慧銖，2011，頁 15-16）。若從出版單位來分，可分為：商業電子期刊、學會電子期刊、開放近用（open access）電子期刊等三類。

（三）電子書：可分成三類：包括 1. 原生數位電子書（born digital）──指出版前非以印刷或其他形式存在者；2. 新版本電子書（new edition）──指以紙本內容為基礎，內容經過新增、修改或刪除後，再以電子形式出版者，為紙本出版品的新版本；3. 重製的電子書（reproduction）──指將紙本出版品利用機械化過程將內容重製並轉換成另一種形式的新版本，但仍保留原始的畫面，如重製成 PDF 檔或掃瞄成圖檔（陳和琴，2015，頁 228）。

（四）其他資料：除前述主要常見的三類電子資源之外，網站、電子報、電子論壇、部落格、各類軟體、文件等皆屬之（張慧銖，2011，頁 17）。

若依存取方式分類，則可分為離線電子資源和線上電子資料兩類（陳和琴，2015，頁 227）：

（一）離線電子資源：亦稱為套裝電子資源，此類資源有獨立的實體，如磁碟片、光碟等，通常也會附有開啟該資料所需的軟體及手冊；使用時要直接插入電腦設備或所附隨之週邊設備。

（二）線上電子資源：指儲存在遠端的虛擬電子資源，包括：1. 靜態線上電子資源，如電子書、電子期刊等，每一資料本身具有完整的單元；2. 動態電子資源，指內容隨時在更新的網頁網站及資料庫等。

電子資源亦可依是否具連續性分類如下（陳和琴，2015，頁 227）：

（一）連續性電子資源：包括連續性出版品和整合性資源。

（二）非連續性電子資源：如電子書。

三、資訊組織方式

圖書館在組織特定電子資源時，首先要決定是要採用傳統的方式或非傳統的

方式。前者指的是與圖書館其他類型資源依同樣的規範處理，也就是將電子資源編目於館藏目錄中，以 MARC 856 欄位處理；而後者指的是另行編製清單，納入電子資源整合查詢系統內，並且在圖書館網頁提供該系統。也就是說，圖書館應訂定電子資源的編目政策，規範哪些資源要編目？要編到多詳細？之後考量是否要將電子資源納入圖書館線上公用目錄？一般認為，讀者若能透過線上公用目錄直接查得電子資源，其使用率會大幅成長，因此編目時要注意必須讓讀者能從書目紀錄中區辨同一作品的不同內容版本及載體版本，而且要確保在 856 欄位所著錄的超連結網址的穩定性。之後要決定編目的方法，是要一本一本編目？還是採取整批書目匯入的方式？若要採用後者，則應訂定相關的工作流程。

一個資訊資源會有內容（content）與載體（container）兩部分，在圖書館的館藏中，有時同一知識內容的作品可能有多種格式或載體，例如同一期刊可能有紙本、微縮、光碟、線上電子等版本，這種現象對編目人員來說是一個挑戰。遇到同一作品有多種不同載體的狀況，編目時首先要決定是要以單一紀錄（all manifestations on one record）或分立紀錄（one record for each manifestation）來處理，也就是某一相同內容的資源，圖書館館藏同時擁有其紙本及電子版，編目人員必須要決定其書目紀錄要合併為一筆，或分立為兩筆。兩種作法各有其優缺點，圖書館宜事先考量評估。一般來說，單一紀錄的優點是編目省時，讀者可從一處掌握各類型資料的狀況；缺點則是書目紀錄充斥太多資訊，容易造成閱讀與辨識之困擾，且書目內容資料量可能變得很大不易整批更新，也無法做載體的檢索篩選。而分立紀錄的優點則是可針對每一種媒體的資料做詳細編目，不犧牲不同媒體的不同著錄要項，可做到載體的檢索篩選，可整批下載書目紀錄，可即時檢索到不同類型的館藏，容易更新，不用費時做複本查核；而缺點則是編目費時，書目紀錄數量增加，以及相同題名出現時易造成讀者混淆等（陳和琴，2015，頁 229-230）。

《英美編目規則第二版》（Anglo-American Cataloguing Rules, 2nd edition，簡稱 AACR2）與《中國編目規則》（Chinese Cataloging Rules，簡稱 CCR）是圖書館描述紙本資源的依據，兩者皆因應時代變化持續進行修訂與更新，因此仍被視為可行的描述電子資源書目資訊標準（張慧銖，2011，頁 34）。編目規則中對於電子資源的名稱也隨著時代而一再改變，從原來的「資料檔」（data files）改成「電腦檔」（computer files），後來又改成「電子資源」（electronic resources），這些名稱的變化反應了圖書館界對於電子資源內涵和範圍看法的改變（陳和琴、張慧銖、江綉瑛、陳昭珍，2003，頁301）。圖書館界使用MARC已有幾十年的歷史，期間MARC也不斷修訂以容納並處理各種資料類型。1970年代，由於電子資源漸漸成為重要的媒體，編目規則中便加入「電腦檔」這種資料類型，而MARC也加入了相關的欄位以處理非電子媒體所附帶的電子資源。1980年代，由於唯讀光碟及個人電腦的成長，MARC中又增加這些媒體及設備的硬體屬性及媒體需求之描述。到了1990年代，由於線上電子資源的增加，透過圖書館目錄連結線上資源有立即的需要，所以因應此一需求在1993年MARC便增加了「856電子資源位址及取得方法」這個欄位（陳和琴等，2003，頁301）。

第二節 電子資源之描述

目前在圖書館電子資源的館藏之中，以電子書和電子期刊的數量最為龐大，由於許多電子書和電子期刊被包裝成資料庫的型式販售，造成館藏中同時可能有單一的紙本圖書、同一部書的電子版，或包含在不同資料庫的電子版本。同樣地，也有單一的紙本期刊、相對應的電子版期刊，以及包含在不同電子期刊資料庫中的版本。針對這些不同版本、不同型式的書刊，圖書館應該完善組織整理，才能讓使用者不混淆並方便利用（張慧銖，2011，頁275-276）。以下分別說明電子書與電子期刊的定義、組織時之考量及其編目方式。

一、電子書

（一）定義

張慧銖（2011，頁279-280）綜合國內外相關文獻，總結電子書的定義為：將數位的內容，以系統化或結構化的方式加以組織整理，試圖以完整或有限的方式呈現內容，同時組合多種媒體，如影片、動畫、音樂等，呈現多種風格的加值內容，且需透過網路或科技產品進行傳播，需要相關的電腦設備方能閱讀使用。

（二）組織電子書之考量

　　目前圖書館組織整理電子書供讀者利用的方式主要有二，一種是把電子書編目到線上公用目錄提供檢索，另一種是提供網頁式的瀏覽清單。前者多是將電子書資料庫廠商提供的 MARC 紀錄轉入圖書館線上公用目錄；而後者則多是以書名字順或書的主題排序供人瀏覽。

　　若決定採用第一種方式，則可以參考以下做法（陳和琴，2015）：

1. 電子書已有紙本館藏時：直接把電子書的資料加到紙本的書目紀錄中。如果圖書館未採購紙本，則轉入電子版的書目紀錄，或修改紙本書目紀錄為電子版，或建立紙本書的電子版紀錄。
2. 電子書類型為原生電子書時：新建紀錄並建立 MARC 856 欄位；如果為紙本圖書的重製品，則直接在紙本紀錄的 856 段加入 URL。
3. 不論是併入紙本紀錄或新建紀錄，編目員都要著錄 MARC 856 欄位，並且將取用資源的限制在分欄 z 中說明，例子如下：

| 200 | 1 | b | Proceedings of the Seminar on Cataloging Digital Documents $b 電子資源 $f University of Virginia Library, Charlottesville and the Library of Congress |
| 856 | 4 | 0 | $u http://www.loc.gov/catdir/semdigdocs/seminar.html $z Access full text online |

4. 若對電子書進行分類與訂定主題標目，其優點是有助於館藏評鑑且可由分類號瀏覽提供取用；但卻有增加時間及人力於不需排架的資料物件、可能誤導使用者依索書號到書架上尋書的缺點。

　　在前述 CMARC 紀錄中，200 為「題名及著者敘述項」的欄號；指標 1 為 "1"，是指本題名要做為檢索款目；分欄 a 填入作品正題名 "Proceedings of the Seminar on Cataloging Digital Documents"；分欄 b 填入作品資料類型「電子資源」，系統會自動帶出其指定標點符號「方括弧」；分欄 f 填入作品的第一著者敘述 "University of Virginia Library, Charlottesville and the Library of Congress"，系統會自動帶出其指定標點符號「斜撇」。而 856 為定義「電子資源位址及取得方法」的欄位；指標 1 為 "4"，是指超本文傳輸協定（HTTP）；指標 2 為 "0"，是指資源本身；分欄 u 則填入該電子書的資源定位器「http://www.loc.gov/catdir/semdigdocs/seminar.html」；分欄 z 則說明將連結到線上全文。

（三）編目方式

一般而言，電子書若面頁數與其原件相同，則以複製品處理；若與原件面頁數不同，通常以單行本（monograph）電子資源處理（陳和琴、陳君屏，2007，頁94-104），以下簡述兩者的編目方式。

1. 視為複製品

編目人員記述編目時以編目規則為依據，長久以來編目規則以圖書資料的載體為基礎，但有的電子書是虛擬沒有載體的，一種因應方式是將其視為印刷資料的複製品，遵循微縮資料及複製作品的相關規則來處理。以下簡述相關作法：除在正題名後以方括號標示資料類型〔電子資源〕、於附註項說明其出版狀況、並在標準號碼項以電子書的 ISBN 著錄之外，其他著錄項目皆以原件的相關資訊著錄。

2. 視為單行本電子資源

若電子書與原件的面頁數不同，則以單行本電子資源處理，大部分的 MARC 欄位為必備欄，沒有複製註的欄位。定長欄則著錄為電子資源而沒有任何對等的紙本書。

二、電子期刊

（一）定義

2002年 AACR2 發表的修訂版，將第十二章改名為「連續性資源」（continuing resources），包括連續性出版品（serials）和整合性資源（integrating resources）兩大類。所謂連續性出版品，是指以個別的部分連續刊行，通常帶有編次，且沒有事先決定結束出版的刊期與年代者，期刊、雜誌、電子期刊、經常更名的名錄、年度報告、報紙與圖書集叢均屬之。張慧銖（2011，頁284-285）綜合國內外相關文獻，總結電子期刊的定義為：凡是跳脫傳統的紙本期刊，改以利用各種電子媒體儲存、呈現、傳輸、發行的連續性出版品，皆可列入廣義電子期刊範疇。一般而言，電子期刊的類型可略分為二，一是傳統紙本印刷式期刊的電子版，與紙本印刷期刊同時發生，二是指在網路上所發行的電子期刊，亦可稱之為純電子期刊。

（二）組織電子期刊之考量

　　圖書館在組織電子期刊時，會因電子期刊的出版商、匯集商（aggregator）及資料庫廠商的不同，對同一種電子期刊做不同的處理。而電子期刊也常出現延遲收錄（embargo）、收錄刊名異動、刊別重複收錄、全文漏缺等情況，對圖書館在組織整理上是一大挑戰（張慧銖，2011，頁296-297）。在編目電子期刊時要考量之相關議題，包括：1.判斷刊名為主要改變或次要改變；2.要建立單一紀錄或分立紀錄；3.網路資源線上取用位置是否改變；4.由紙本改為電子版時格式的改變等。（陳和琴、陳君屏，2007，頁78-91）

　　與圖書相同，當圖書館館藏期刊同時擁有紙本刊與電子刊兩種不同版本時，必須決定其書目紀錄要合併為一筆，還是分立為兩筆。線上連續性出版品合作編目計畫（Cooperative Online Serials Cataloging Program，簡稱CONSER）的建議是由各館自行決定，同時要在其編目手冊中載明。若是紙本期刊的書目紀錄就能提供電子版的檢索點，則傾向採用單一書目紀錄；而當電子版本的內容與紙本刊不同時，便考慮分立書目紀錄。單一紀錄係基於編目聚集的原則，圖書館不對電子版另行編目，使用者從紙本期刊的書目紀錄，即可由MARC 856段直接連結到電子版本的內容，此模式是多數圖書館採行的方式；而分立紀錄則是為電子期刊建立新的書目紀錄，即紙本刊和電子刊題名雖相同，但在題名索引之下會有兩個款目，以強調載體的不同（張慧銖，2011，頁299）。

（三）編目方式

　　若圖書館決定採用分立紀錄，將電子期刊另建新的書目紀錄，則可參考以下編目方式：

1. 中國編目規則與中國機讀編目格式

　　以中國編目規則來著錄電子期刊時，所要應用到的規則包括第三章「連續性資源」涉及期刊的相關條文，以及第十三章「電子資源」涉及電子方面的相關條文。在使用中國機讀編目格式時，幾個必須特別注意的欄位及其說明見表6-1（陳和琴、陳君屏，2007，頁71-74）。

表 6-1　電子期刊 CMARC 90 年版欄位著錄說明

欄位	說明
010 國際標準叢刊號 (ISSN)	分欄 a 登錄正確的電子期刊 ISSN。 注意在分立的電子期刊書目紀錄中，必須登錄電子版的 ISSN，而非紙本刊的 ISSN
100 一般資料	注意出版情況中出版年的記載
110 資料代碼欄： 連續性出版品	分欄 a 登錄連續性出版品的資料代碼
135 資料代碼欄： 電子資源	分欄 a 登錄電子資源資料代碼
200 題名及著者敘述項	分欄 a 登錄正題名 分欄 b 登錄一般資料類型標示〔GMD〕
207 資料特殊細節項： 連續性出版品－ 卷期編次	指標 2 以「0」代表採固定格式，有卷期編次。 分欄 a 登錄卷期、年份編次，指的是線上可得的最早刊期
210 出版項	分欄 a 登錄出版地 分欄 b 登錄出版者 分欄 d 登錄出版年，此分欄的日期若加問號並加方括號，表示不確定；若短橫線後面為開放，表示此期刊尚在出版當中
300 附註項	著錄依據、正題名來源、刊期註、電腦檔案資料型式註、系統需求註等，在 CMARC 民 90 年版全部簡化改登錄於 300 一般註

資料來源：陳和琴與陳君屏（2007，頁 72，表 17）。

依前述原則著錄中文電子期刊《產業論壇》，其 CMARC 民 90 年版的著錄方式如下，書目著錄相關欄號、指標、分欄的意義請參見第五章表 5-2。

欄號	指標	分欄
011	0 ♭	$a 1607-7474
100		$a 20040601a20009999 y0chiy09 e
101	0 ♭	$a chi
102	♭ ♭	$a tw
110	♭ ♭	$a ajaz 0yy0
135	♭ ♭	$a v
200	1 ♭	$a y 產業論壇 $d Industry forum
207	♭ 0	$a 第 1 卷第 1 期 (民 89 年 1 月)-
210	♭ ♭	$a 新竹縣竹東鎮 $c 工業技術研究院 $d 民 89-
300	♭ ♭	$a 存取模式 : World Wide Web
300	♭ ♭	$a 季刊
300	♭ ♭	$a 系統需求 : Internet; World Wide Web 瀏覽器
510	1 ♭	$a Industry forum
606	♭ ♭	$2 csh $a 管理 $x 期刊
712	0 2	$a 工業技術研究院

2. 英美編目規則第二版與 MARC 21

　　以 AACR2 著錄電子期刊時，所要應用到的規則包括第九章「電子資源」涉及電子的相關條文，以及第十二章「連續性資源」涉及期刊方面的相關條文。事實上，電子期刊若有紙本，最簡單的著錄方式就是以紙本期刊的書目紀錄為基礎稍加修改。MARC 21 配合電子期刊電子的特質，著錄時必須特別注意的欄位及其說明見表 6-2（陳和琴、陳君屏，2007，頁 77-78）。

表 6-2　電子期刊 MARC 21 欄位著錄說明

欄位	說明
006 出版品次要特性	可重覆，總共有 18 個位址，當 008 欄內的資料無法完全形容此電子資源的相關特性，可用此欄位來補充。006 欄解決了 008 欄不可重覆而造成不能反映一種文獻多種資源類型特徵的問題。
007 媒體描述定長欄位	可重覆，記錄此電子期刊的聲音、影像等特徵。其中第一碼資料種類，可做限制檢索之用。
506 檢索限制註	如：subscription and registration required for access
516 電腦檔或資料類型註	如：Text (Electronic Journal)
530 其他不同媒體版本註	如：紙本期刊的線上版
538 系統細節註	如：電腦軟硬體條件和遠距存取方式
856 電子資源位置與檢索	如：檢索方式以 http，後面再著錄其所連給資源的 URL

資料來源：參考陳和琴與陳君屏（2007，頁 77）內容自行製表。

若以 MARC 21 著錄中文電子期刊《教育資料與圖書館學》，其著錄方式如下，書目著錄相關欄號、指標、分欄的意義請參見第五章表 5-3。

欄號	指標	分欄
008		040310m20039999ch qr chi d
090	# #	$a 020.5
245	0 0	$a 教育資料與圖書館學 $h [電子資源] = $b Journal of educational media and library sciences
260	# #	$a 臺北縣淡水鎮 : $b 淡江大學資訊與圖書館學系 , $c 民 92-
310	# #	$a 季刊
500	# #	$a 刊名：教育資料科學月刊 (1970 年 3 月 -1980 年 9 月)；教育資料科學 (1980 年 9 月 -1982 年 9 月)；教育資料與圖書館學 (1982 年 9 月 -)；2003 年 3 月起也發行電子版。

第三節　網路資源之描述

　　網際網路上有大量具價值的資訊，圖書館選擇優質網路資源，組織整理供讀者利用是責無旁貸的任務。圖書館可以使用電子資源清單的方式來整理網路資

源,但是若選擇將其編目整合於館藏公用目錄中,使用者便可一次檢索到所需資源。本節說明網路資源之描述依據與編目方式。

一、描述依據

　　網路資源一般而言會經常性地更新、增加或改變其內容,而且內容整合為一,並無個別分離的部分,依編目規則的定義其屬於「整合性資源」,是一種「連續性資源」。個人或機構的首頁和網站即是屬於整合性資源,雖然它們通常是連續性資源,但也有些網站是有限性的整合性資源,如特定會議的網站,在會議結束之前會一直更新內容,若整合性資源停止更新了,仍以整合性資源著錄。因此在編目網路資源時,可參考中國編目規則第三章「連續性資源」及第十三章「電子資源」的相關條文;AACR2則是第九章「電子資源」及第十二章「連續性資源」。

二、編目方式

(一)主要著錄來源

　　依編目規則描述網路資源時,其主要著錄來源是「資源本身」,優先選擇題名畫面、主要清單、網頁首頁、網頁標題、編碼的詮釋資料。如多個地方呈現的題名完整性不一,則選擇最完整的題名為正題名。若資源本身找不到著錄來源,則依文件資料或其他附件、其他出版的資源描述資料、其他之順序選擇(陳和琴、陳君屏,2007,頁51-52)。

(二)著錄項目

　　以下以國際標準書目著錄原則(International Standard Bibliographic Description,簡稱ISBD)八大項,依序說明著錄網路資源時的注意事項(陳和琴、陳君屏,2007,頁52-65):

1. 題名及著者敘述項

(1) 正題名：網路資源的正題名變動較為頻繁，中國編目規則 3.1.1.4.2 規定「整合資源正題名若有更易，則以最新資料之正題名著錄。若舊題名具重要性，記於附註項」。

(2) 資料類型標示：網路資源的資料類型標示，以〔電子資源〕著錄於正題名之後。

(3) 著者敘述：著者敘述非必備項目，中國編目規則 3.1.5.3 規定「整合性資源之個人編者若有其重要性，著錄於題名及著者敘述項」，亦即如果編目人員判定該編輯者不重要時，可以決定不著錄。此外，規則 3.1.5.5.2 亦規定「整合性資源若最新資料之著者有增刪或改變，以最新資料之著者著錄之。若舊著者敘述具重要性，記於附註項」。

2. 版本項

網路資源較少有版本項的記載，若有重要的版次資料，可照錄之。此外，不需要把網站上常出現的 "Version" 視為正式的版本敘述，這類型資料常常改變，若有必要可在附註項說明。有些網路資源同時以不同的版本發行，在此情況，則分別為不同版本的網路資源建立各別的書目紀錄，同時在編目時著錄版本敘述。

3. 卷期編次項

本項不適用於網路資源的著錄。

4. 出版項

中國編目規則 3.4.2.1.2 規定「整合性資源出版地、經銷地若有改變，以最新資料之出版地、經銷地著錄。若舊出版地、經銷地具重要性，記於附註項」，條文 3.4.3.1.2 對出版者和經銷者的改變，也是一樣的規範。此外，網站通常由數位智慧內容組成，所以會有不同的版權年資訊，當著錄來源中出現一版權年代範圍或好幾個版權年代時，編目人員不太能確定最前面的年代是該網站的年代、還是內容的版權年代，而且也不能把版權年代範圍的最後年代視為該資源的結束日期，因為該年代只是指出版權持續擁有中，每年都可能再更新版權。

5. 稽核項

網路資源的稽核項，依編目規則的規定可以不著錄。

6. 集叢項

著錄集叢正題名的相關規定，與前述著錄網路資源正題名時相同。集叢若有變動，以最新的集叢資訊著錄之，並且為集叢建立權威紀錄。

7. 附註項

著錄前述各著錄項目中未包括的資料，用以建立檢索點。此外，凡網路資源的變動及其他有關內容及載體的資訊，以及與其他資源的關係等資訊，皆可在附註項中記載。雖然大部分附註項的規則是選擇性的，但基於網路資源變動的特性，有些內容是必備的，如正題名的來源、著錄依據、擷取模式及網址等。

8. 標準號碼及其他必要記載項

本項不適用於網路資源的著錄。

第四節　詮釋資料概說

自1990年代中期起，資訊科學家及電腦專家開始重視詮釋資料（metadata）的概念，因為網路的興起突顯出發現與查詢資源的需求，為了滿足檢索的需要，電子資源必須被組織，因此許多詮釋資料應運而生。筆者在CEPS中文電子期刊資料庫以"metadata"檢索「關鍵字」欄位，出版年限制在2010～2016年，共查得臺灣出版的期刊論文16篇。這些文章主要分布於圖書資訊學領域（10篇）。此外，防災科學、博物館學、農業、地籍測量、文化創意產業、航測及遙測、工程、設計學、資訊管理、醫務管理等十個學科的相關期刊也各有一篇；而論文的主題範圍包括詮釋資料在防救災、服務設計、表演藝術數位典藏資料平臺、多媒體數位典藏系統、國土利用、地理資料變遷偵測、博物館藏品資料庫、圖書館書目紀錄、開放取用期刊管理系統、數位典藏、傳統偶戲數位典藏、病歷數位典藏、政府開放資料、中文成語練習系統、中文網頁自動辨別技術、農業生態系長期研究場址等方面之應用，足見詮釋資料之應用範疇相當廣。以下簡述詮釋資料之定義、類型、功能與應用，並介紹幾種重要的詮釋資料標準。

一、定義

　　Metadata 的中譯名有詮釋資料、後設資料、資料描述格式、元資料、超資料、元數據等，本文使用「詮釋資料」一詞。Chilvers 與 Feather（1998）指出詮釋資料是有關資料背景與關聯性、資料內涵，以及資料控制等相關資訊，其定義依使用社群或使用情境而有不同，常見定義如下（張慧銖，2011，頁 86-87）：

(一) 美國國際圖書館電腦中心（Online Computer Library Center，簡稱 OCLC）與美國太空總署（National Aeronautics and Space Administration，簡稱 NASA）共同舉辦的研討會訂定了都柏林核心集（Dublin Core，簡稱 DC），會中將 metadata 定義為：關於資料的資料（data about data）。

(二) 美國圖書館學會（American Library Association，簡稱 ALA）將 metadata 定義為：有關數位典藏品的資料，通常由典藏品創作者或提供者建立，並將數位典藏品串聯或埋置於詮釋資料中。因此其可做為資訊儲存與檢索系統有用的基礎。

(三) 國際圖書館協會聯盟（International Federation of Library Associations and Institutions，簡稱 IFLA）將 metadata 定義為：任何協助辨識、描述、放置網路化電子資源的資料；目前存在許多不同的詮釋資料格式，有些在描述上很簡單，有些則相當豐富且複雜。

(四) 我國的數位典藏國家型科技計畫，則將 metadata 定義為：記載資料元素或名稱、大小、資料類型等屬性的資料、有關紀錄或資料結構，如：長度、欄位、行列等的資料，以及有關資料的資料，如：位置、關聯、擁有者等。

二、類型、功能與應用

(一) 類型

　　詮釋資料若依功能需求，可以分成管理型、描述性、保存型、技術性與使用型等五類，茲分述如下（Gilliland-Swetland & Anne, 2000，轉引自張慧銖，2011，頁 87-88）：

1. 管理型：做為資訊資源管理與行政管理之用的詮釋資料，例子包括徵集資訊、

追蹤智慧財產權與複製、記錄合法使用需求、記錄所在位置資訊、相似資訊物件間版本控制與區別、文書保存系統之稽查等。
2. 描述型：做為資訊資源描述或識別之用的詮釋資料，例子包括編目紀錄、查詢工具、特殊索引、資源間超連結關係、使用者註解等。
3. 保存型：有關資訊資源保存管理的詮釋資料，例子包括資源實體情況之紀錄、保存實體與數位形式資源的活動紀錄，如資料、儲存媒體的更新與轉置等。
4. 技術型：有關系統功能如何運作與詮釋資料運作的詮釋資料，例子包括電腦軟硬體方面的記錄、數位化相關資訊，如格式、壓縮率與資料排程等、追蹤系統反應時間、資料認證與安全性，如加密、密碼等。
5. 使用型：有關資訊資源的使用層次及類型的詮釋資料，例子包括展覽紀錄、使用與使用者追蹤、內容再利用與多重版本資訊等。

依據不同的情境，不同的相關文獻也將詮釋資料區分為不同類型。歐俐伶與楊東謀（2016，頁66）統整歸納為以下七類：
1. 描述性：此類型屬於資源內容的描述，主要用來幫助辨識資源。
2. 管理性：涵蓋資源的創建、更新、取用等管理相關事項。
3. 使用性：定義資源使用的權限規範與層次。
4. 評價性：是關於使用者評估資源品質或權威之評等架構，屬於協助資訊探索時的重要依據。
5. 保存性：確保即使保存環境與保存過程中產生異動，仍能清楚記錄不受影響，具有呈現資料正確性、權威性、可靠性的功用。
6. 結構性：描述機器索引方式，提供電腦理解的邏輯性元素，包括讓資訊物件邏輯與結構定義清楚的重要意義與技術，用以釐清物件內部結構關係，以實體結構關聯為主，並且與保存性詮釋資料相輔成、相互搭配，用以提供數位物件的關係性架構。
7. 連結性：用以串接不同物件之間的複雜多重關係，在各種不同領域上可能會有不同的應用，以內容相關性做為連結依據，表明物件與其他物件或資源之間的關係，而能將相似的資源互相串接。

（二）功能與應用

Dempsey 等（1997）指出數位典藏品的使用者可藉由詮釋資料進行的工作包括：

位址標示指引、探索資訊、記錄資訊、評估資訊、篩選資訊和其他。Hodge（2005）則認為詮釋資料有以下三種主要的功能（轉引自張慧銖，2011，頁90）：
1. 描述電子資源原件，幫助特定團體的使用者找尋相關資訊。
2. 聚集相似的資源與辨識不相似的資源，如藉由管理個人數位物件與其連結的詮釋資料來支援入口網站的發展；被數位圖書館或資料中心利用，管理數位物件及其詮釋資料；用來描述重製數位物件軟硬體的欄位等。
3. 從詮釋資料的組成欄位中可分離出不同的功能，如指出物件的所有權人，與不同團體使用或重覆使用該物件的權利；確認資料已被正確傳播，且適當付費給所有權人；用於記錄物件起源與長期使用的狀況等。

歐俐伶與楊東謀（2016，頁65）從相關文獻歸納統整詮釋資料的幾個特性如下：
1. 描述資源：用以協助資訊之適當描述，以達到辨識的功能。
2. 探索資源：幫助使用者尋找、辨識、排序、聚集與導航資訊。可加強檢索效能，增加資訊可取得性，幫助資源探索，發現更多相關性的資源。
3. 管理資源：在數位環境中擔任資源管理的重要角色，利用符合成本效益並且具有一致性的管理方式，呈現保存、研究、展示，或是宣傳等各種不同的目的。
4. 資源互通：不同資源所需的專業領域背景與知識與使用情境不盡相同，詮釋資料提供彈性的互通空間，幫助資源與特定的軟硬體環境相互搭配使用，也提供系統之間轉換的標準，成為資源的溝通管道，減少技術差異而造成的資源損失。
5. 保存資源：在數位環境中，詮釋資料可協助達到長久保存之功能，減少因操作修正或系統轉換更新而斷絕資訊可取得性之問題。同時也可維護資源的情境與正確性，達到情境保留的狀態，讓詮釋資料在建檔與維護的過程中可以指出資訊物件的完整度、可信度，幫助使用者從去情境化的資料裡完整瞭解資料的原貌。
6. 資源權限確認：在數位時代，詮釋資料有協助判斷資源真實性的能力，也可用來確保相關的智慧財產權與資源來源，保護資料價值，幫助使用者在合法合理的範圍內存取與使用資訊。

而詮釋資料的應用範圍很廣，主要可以分為以下幾類（陳淑君，2006，轉引自張慧銖，2011，頁90-92）：
1. 編目：詮釋資料是組織整理圖書館實體與數位資源的知識組織工具，規範要著錄這些資源的哪些項目，並且可以和其他管理的資源互通。

2. 資源探索：可使搜尋引擎更瞭解資源的內容，達到更精確的查尋結果，和更自動的查尋效果。
3. 電子商務：電子商務每一階段所需的資料，皆可藉由詮釋資料機制加以管理並達成任務，同時可管理快速變化且複雜的工商規則。
4. 內容分級：內容選舉的分級技術須由內容生產者或第三者，針對網頁內容標註詮釋資料，在使用者端則透過內容篩選過濾軟體，在解讀這些詮釋資料後，再判斷是否進行攔阻。
5. 智財權管理：描述文件使用與傳布權的合約期限。
6. 隱私政策：可描述使用者公開個人資訊的意願，以及描述網站管理者收集訪站者資訊的意願等。

三、重要詮釋資料介紹

（一）都柏林核心集（Dublin Core）

都柏林核心集（Dublin Core，簡稱 DC）的發展可追溯至 1995 年，由 OCLC 和 NASA 共同舉辦的第一次研討會。鑑於網路資源快速發展與資源整理的需求，該次會議主要希望可以瞭解不同團體對網路資源整理與檢索的需求，同時在紀錄建立的成本考量之下，擬定一套可描述網路資源的紀錄欄位核心集，DC 就是該次會議的成果。其主要目的有以下四項（張慧銖，2011，頁 75-81）：
1. 發展一個簡單有彈性，可輕易瞭解和使用的資料描述格式。
2. 試圖提供簡易的資料描述格式，滿足大多數非圖書館專業人員的需求。
3. 希望建立一套描述網路上電子文件特色的方法，以協助資訊檢索。
4. 希望能符合由資源生產者自行著錄詮釋資料的趨勢。

DC 主要包含十五個欄位，包括：題名（title）、創作者（creator）、主題（subject）、簡述（description）、出版者（publisher）、貢獻者（contributor）、日期（date）、資源類型（type）、資料格式（format）、識別碼（identifier）、來源（source）、語文（language）、關連（relation）、時空涵蓋範圍（coverage）、權限管理（rights）等。之後為了補足描述上的不足，除原本的 15 個核心元素之外，陸續增加了 40 個 DC terms，也訂定了 12 種不同的資料類型（DCMI Usage Board，2012）。

DC元素在使用上具有幾個特點，如每個元素皆為可選擇性，皆可重覆著錄；每個元素可以任何排序方式呈現；建議某些元素使用控制值，但並非必備；每個元素的內容著錄規則，由建置單位自行訂定；鼓勵採用所屬特定領域的應用檔案，並且遵守這些應用檔案的資料內容與資料值之規範或標準等。

　　由於DC是因應處理電子資源而產生的詮釋資料，因此在組織網路資源方面有其優勢：

1. 可直接處理網路資源，既是詮釋資料的交換格式，更是詮釋資料內部處理格式，在數位資源組織上具極大便利性；
2. 適用於許多領域，可解決資料變長，允許欄位重覆；
3. 可應用於世界上通用的軟體，便於系統與時俱進，可推展網路資源編目自動化；
4. 著錄格式簡單，可減輕編目人員的工作負擔，同時支持數位典藏品的資源探索。

　　而其缺點則包括：各元素定義模糊，容易造成理解及操作上的不一致，加上缺乏得以提供參照結構的方法，沒有規範控制，導致檢索率降低；DC沒有現成的系統可供使用；資料元素較為薄弱，無法描述複雜的物件；延伸欄位多為在地化描述，無法讓其他單位瞭解與共用等。

（二）美術館藏與藝術作品描述標準（CDWA）

　　美術館藏與藝術作品描述標準（Categories for the Description of Works of Art，簡稱CDWA）是一種描述物件與影像的詮釋資料，由Getty研究機構的藝術資訊專案小組（Art Information Task Force，簡稱AITF）負責維護。整個標準包括31個主類目和532個主／次類目，應用單位可視需要加以調整。此31個主類目包括：物件／作品（object/work）、分類（classification）、題名（titles or names）、創作（creation）、風格／時期／團體／運動（styles/periods/groups/movements）、測量（measurements）、材質／技術（materials/techniques）、題刻／標記（inscriptions/marks）、階段（state）、版本（edition）、製作手法（facture）、方位／配置（orientation/arrangement）、形式描述（physical description）、現況／鑑定史（condition/examination history）、保存／處理史（conservation/treatment history）、主題（subject matter）、時空背景（context）、描述註（descriptive notes）、批評性回應（critical responses）、相關作品（related works）、現藏地

點（current location）、版權／限制（copyright/restrictions）、所有權／收藏歷史（ownership/collecting history）、展覽／借出史（exhibition/loan history）、編目史（cataloging history）、相關視覺紀錄（related visual documentation）、相關參考文獻（related textual references）、個人／團體權威（personal/corporate body authority）、地點／位置權威（place/location authority）、一般概念權威（general concept authority）、主題權威（subject authority）等。

　　CDWA 原以學術研究需求與觀點發展，漸而延伸提供藝術、建築、文化作品展覽與保存的需求，其提供藝術資料庫欄位架構的詳細指引，內容包括保護藝術作品最基本所需的資訊，使用機構包括博物館、鑑賞家、海關、執法機構、保險公司等。（張慧銖，2011，頁 95-96）此標準之詳盡介紹與每一類目的定義，詳見 Getty 研究機構在相關網頁上對 CDWA 的說明（網址：http://www.getty.edu/research/publications/electronic_publications/cdwa/）。

（三）視覺化物件及影像紀錄描述標準（VRA）

　　視覺化物件及影像紀錄描述標準（Visual Resources Association，簡稱 VRA）是西元 2000 年起由視覺資源協會的資料標準委員會（Visual Resources Association Data Standards Committee）負責研發，是一種描述藝術品、建築物、器物及大眾或民族文物等視覺資源的詮釋資料，2008 年公布了 VRA Core 4.0。整個標準有 19 個類目，包括：作品、藏品或影像（work, collection or image）、類型（work type）、題名（title）、測量（measurements）、質材（material）、技術（technique）、代理人（agent）、日期（date）、地名（location）、參考資料（textref）、風格時期（style period）、文化脈絡（culture context）、主題（subject）、題辭（inscription）、階段版本（state edition）、關係（relation）、描述（description）、來源（source）、智財權（rights）等。

　　為了方便視覺資源社群間的資訊交流與分享，其元素設計簡單、彈性、可重覆應用，同時提供元素的資料值之建議標準，以利資料的一致性與正確性（張慧銖，2011，頁 96-98）。此標準之詳盡介紹與每一類目的定義，詳見美國國會圖書館在其介紹資訊組織相關標準的網頁上對 VRA Core Schemas 的說明（網址：http://www.loc.gov/standards/vracore/schemas.html）。

（四）檔案描述編碼格式（EAD）

檔案描述編碼格式（Encoding Archival Description，簡稱 EAD）是一種採用 SGML 及 XML 於檢案檢索工具編碼的國際性標準，其以支援檔案與手稿的蒐集與保存為目的，提供一個標準使檔案描述可以機讀的方式展現，並且可在線上被找尋及呈現。其起源於 1993 年美國加州柏克萊大學圖書館的「柏克萊檢索工具計畫」（Berkeley Finding Aid Project，簡稱 BFAP），後於 1998 年經美國檔案學家學會（Society of American Archivist，簡稱 SAA）EAD 工作小組通過成為標準，稱為 EAD version 1.0，目前由美國國會圖書館網路發展與機讀標準辦公室負責維護，發展了 EAD version 2002（張慧銖，2011，頁 98-99）。

然而自 2002 年以來科技進步快速，各種檔案管理系統如 Archivists' Toolkit、Archon、AtoM、ArchivesSpace 等紛紛上市、Linked Data 概念的興起、Encoded Archival Context -- Corporate Bodies, Persons, and Families（EAC-CPF）標準的出現、加上檔案學家多年來對 EAD 2002 版累積的使用經驗，美國檔案學家學會標準委員會（SAA Standards Committee）在 2010 年成立了 EAD 技術子委員會（Technical Subcommittee for Encoded Archival Description，簡稱 TS-EAD），希望他們在五年內回應以上變化並完成對 EAD 的修訂，於是在 2015 年完成了 EAD 3（第三版），此為目前最新的版本（Society of American Archivist, n.d.）。關於此格式之詳盡介紹，可參見美國國會圖書館在其介紹資訊組織相關標準的網頁上對 EAD 的說明（網址：http://www.loc.gov/ead/）。

（五）政府資源索引服務（GILS）

政府資源索引服務（Government Information Locator Service，簡稱 GILS）起源於 1994 年美國國會通過《書面文件精簡法案》（Paper-work Reduction Act），以及當時美國預算管理局（Office of Management and Budget，簡稱 OMB）要求所有的聯邦機構都要對其所屬資訊資源進行詮釋資料著錄並開放給大眾查檢利用（Taylor, 2004, p. 182）。

GILS 是美國聯邦政府為整合所有聯邦機構之資源、服務和公開文件的傳播，利用電腦及網路之便推動的服務，故規定所有聯邦機構都必須採用 GILS 指引其文件的出處。它是一種定義描述政府資訊並協助民眾檢索的詮釋資料，透過其定

義與描述，使用者可由網站進行高品質的檢索並找到資料，所以 GILS 代表系統、詮釋資料、服務等概念。GILS Profile 第二版在 1997 年發表，說明了其應用範圍、目標、採用標準、名詞定義、屬性、紀錄語法、常用檢索等，GILS Core 共有 28 個描述項目，包括以下四大類（張慧銖，2011，頁 99-101）：

1. 資訊的擁有者及建置者（5 項）：創作者（originator）、作者（author）、取用限制（access constraints）、使用限制（use constraints）、聯絡點（point of contact）等。
2. 資源的內容（13 項）：題名（title）、資源語文（language of resource）、摘要（abstract）、控制詞彙（controlled subject index）、未控制主題詞彙（subject terms uncontrolled）、地理資訊（spatial domain）、資料來源（source of data）、方法論（methodology）、補充資訊（supplemental information）、目的（purpose）、機關計畫（agency program）、相互參照（cross reference）、紀錄之語文（language of record）等。
3. 資訊的表示方式（4 項）：出版日期（date of publication）、出版地（place of publication）、時間（time period）、可獲性（availability）等。
4. 管理資訊（6 項）：目錄號（schedule number）、控制號（control identifier）、原始控制號（original control identifier）、紀錄來源（record source）、最後修正日期（date of last modification）、紀錄審核日（record review date）等。

由於 GILS 沒有規範在一筆紀錄中要著錄些什麼，因此其描述對象可能是一份文件，亦可能是整個資料庫，或介於兩者之間的任何物件；且被描述的物件不一定要是印刷式資源或資料庫，只要任何被聯邦機構視為資訊資源（information resource）者，無論是人、事件、會議、人工製品（artifacts），皆是 GILS 可收錄的對象（Taylor, 2004, p. 184）。

（六）文件編碼交換格式（TEI）

文件編碼交換格式（Text Encoding Initiative，簡稱 TEI）是一個跨學科的全文標誌標準，主要應用在文學與語言學領域。1987 年開始發展，是國際性且跨學科的編碼標準，主要由電腦與人文協會（Association for Computers and the Humanities）、計算語言協會（Association for Computational Linguistics）、文

學與語言計算協會（Association for Literary and Linguistic Computing）三個學術團體組成，其目的在協助圖書館、博物館、出版社和個人表述各種文學和語言學文件，以供線上研究與教學，同時方便其機讀文件內容之保存與交換。在 *TEI Guidelines* 中規定每一份 TEI 文件之前都要使用 TEI 標頭（header）來描述該文件，類似圖書的書名頁，主要功能在於讓編目館員與文件編碼者採用標準交換格式來詳細記錄電子文件，並且支援學術研究者檢索 TEI 文件。TEI 主要的工作就是進行內容標記，將文件內容的重點表示清楚，讓電腦可以辨識文義。一般的詮釋資料只用來描述作品的外在特徵及基本屬性，但 TEI 可以表達其知識內涵與處理作品內容。所有符合 TEI 標準的文件，都包括 TEI 標頭再加上文本（張慧銖，2011，頁 101-102）。

依照 2016 年 3 月公布的第三版（Version 3.0.0）的規範，TEI 標頭包括五個主要部分（Taylor, 2004, p. 181; Text Encoding Initiative, 2016）：

1. 檔案描述（file description）：標誌為 fileDesc，是該電子文件完整的書目敘述（bibliographic description），包括題名、著者、出版資訊；以及來源描述（source description），即該電子文件源自於哪個原始文件。
2. 編碼描述（encoding description）：標誌為 encodingDesc，記錄該電子文件和其一個或多個文件來源之間的關係，並說明該文件轉檔（transcription）時的相關規則與作法。
3. 文件背景描述（text profile）：標誌為 profileDesc，是該電子文件非書目性的細節描述，包括背景脈絡相關資訊（contextual information），如該文件被產生的狀況、哪些人參與了該電子文件的產生；也包括語文資訊、以及主題詞彙、分類標記之類的分類資訊（classificatory information）。
4. 載體描述（container element）：標誌為 xenoData，為 TEI 第三版新增的項目，用來記載非 TEI 規範的其他詮釋資料。
5. 版本描述（revision history）：標誌為 revisionDesc，用來概述該電子文件的修訂歷史，包括每一次的修改，以及是誰做的修改，是對於版本控制很重要的描述。

關鍵詞彙

網路資源 Internet Resources	美術館藏與藝術作品描述標準 Categories for the Description of Works of Art, CDWA
整合性資源 Integrating Resources	視覺化物件及影像紀錄描述標準 Visual Resources Association, VRA
電子書 E-Books	檔案描述編碼格式 Encoding Archival Description, EAD
電子期刊 E-Journals	政府資源索引服務 Government Information Locator Service, GILS
詮釋資料 Metadata	文件編碼交換格式 Text Encoding Initiative, TEI

自我評量

- 電子資源與網路資源的定義為何？
- 圖書館組織電子資源時，採用單一紀錄與分立紀錄的優缺點為何？
- 使用編目規則著錄電子期刊時，要依據的章節為何？
- 詮釋資料的定義與功能為何？
- 都柏林核心集（DC）主要的15個欄位為何？

參考文獻

張慧銖（2011）。圖書館電子資源組織──從書架到網路。新北市：Airiti Press。

陳和琴（2015）。電子資源編目及實作。在國家圖書館館藏發展及書目管理組（編），104年資訊組織基礎班研習手冊（頁225-270）。臺北市：中華民國圖書館學會。

陳和琴、張慧銖、江綉瑛、陳昭珍（2003）。資訊組織。臺北縣：國立空中大學。

陳和琴、陳君屏（2007）。中文電子資源編目。臺北市：國家圖書館。

陳淑君（2006）。後設資料標準探析暨規劃與分析。在數位典藏國家型科技計畫內容發展分項計畫（編），後設資料建置實務工作坊會議手冊。臺北市：數位典藏國

家型科技計畫內容發展分項計畫。

歐俐伶、楊東謀（2016）。台灣政府開放資料之詮釋資料建置探討。*教育資料與圖書館學*，*53*(1)，頁 63-102。

Chilvers, A., & Feather, J. (1998). The management of digital data: A metadata approach. *The Electronic Library*, *16*(6), 365-371.

DCMI Usage Board. (2012). *DCMI metadata terms*. Retrieved from http://www.dublincore.org/documents/dcmi-terms/

Dempsey, L., Heery, R., Hamilton, M., Hiom, D., Knight, J., Koch, T., ... Powell, A. (1997). *Specification for resource description methods. Part 1. A review of metadata: A survey of current resource description formats*. Retrieved from http://www.ukoln.ac.uk/metadata/desire/overview/overview.pdf

Hodge, G. (2005). Metadata for electronic information resources: From variety to interoperability. *Information Services & Use*, *25*(1), 35-45.

International Federation of Library Associations and Institutions. (2008). *ISBD(ER): International Standard Bibliographic Description for electronic resources*. Retrieved from http://archive.ifla.org/VII/s13/pubs/isbd.htm

Library of Congress. (1998). *Draft interim guidelines for cataloging electronic resources*. Retrieved from http://lcweb.loc.gov/catdir/cpso/dcmb19_4.html

Society of American Archivist. (n.d.). *Frequently asked questions about EAD and EAD3*. Retrieved from http://www2.archivists.org/groups/encoded-archival-description-ead-roundtable/frequently-asked-questions-about-ead-and-ead3#.V31DfP4UVaR

Taylor, A. G. (2004). *The organization of information* (2nd ed.). Westport, CT: Libraries Unlimited.

Text Encoding Initiative. (2016), *P5: Guidelines for electronic text encoding and interchange: 2 the TEI header*. Retrieved from http://www.tei-c.org/release/doc/tei-p5-doc/en/html/HD.html

Zhang, Y. (1998). The impact of internet-based electronic resources on formal scholarly communication in the area of library and information science: A citation analysis. *Journal of Information Science*, *24*(4), 241-254.

第七章
合作編目與資源共享

作者簡介

陳淑燕

(sychen@ntnu.edu.tw)

天主教輔仁大學進修部
圖書資訊學系兼任講師

學習目標

研讀本章內容之後，學習者應能夠：

- 瞭解合作編目的意義與類型
- 瞭解書目中心與書目網路
- 瞭解書目紀錄品質控制的重要性
- 瞭解各國合作編目計畫內容及其發展
- 瞭解合作編目計畫之管理

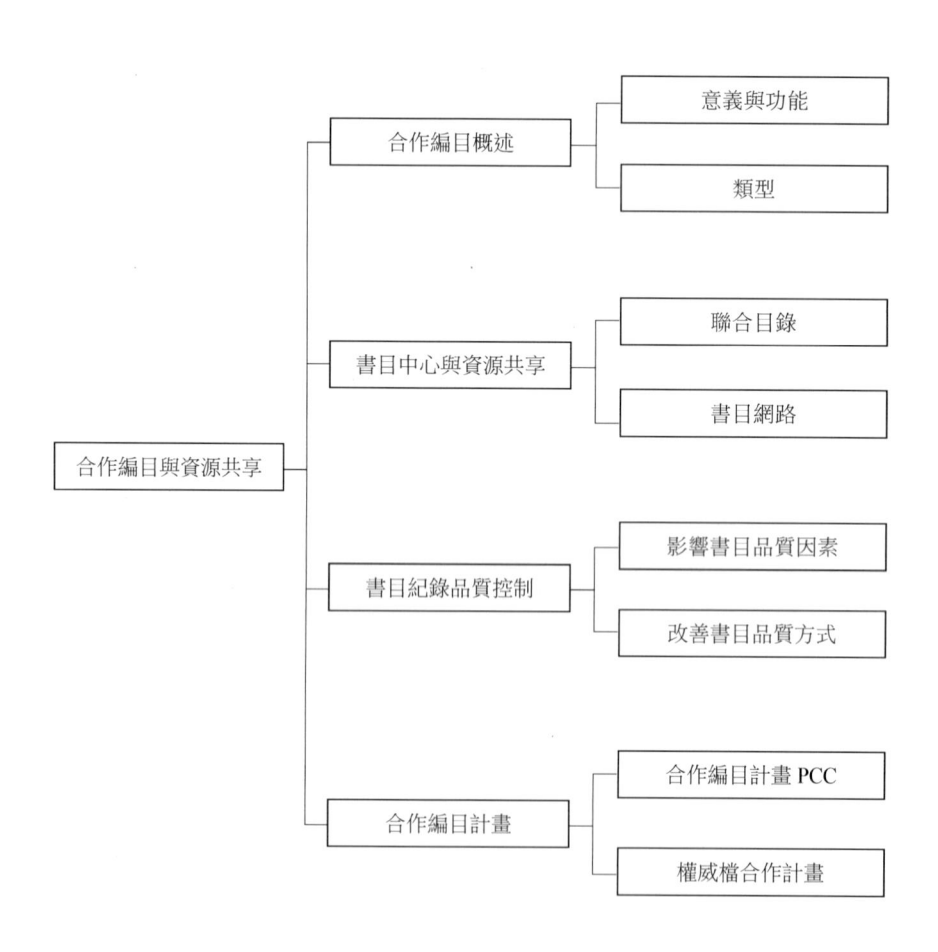

本章綱要

```
                              ┌─ 合作編目概述 ──┬─ 意義與功能
                              │                └─ 類型
                              │
                              ├─ 書目中心與資源共享 ─┬─ 聯合目錄
                              │                      └─ 書目網路
合作編目與資源共享 ───────────┤
                              ├─ 書目紀錄品質控制 ──┬─ 影響書目品質因素
                              │                      └─ 改善書目品質方式
                              │
                              └─ 合作編目計畫 ──────┬─ 合作編目計畫 PCC
                                                     └─ 權威檔合作計畫
```

第七章
合作編目與資源共享

第一節　合作編目概述

一、意義與功能

　　資源共享（resource sharing）對圖書館工作而言是必然的趨勢，一群圖書館透過網路合作關係，於館際間互通有無，以便為圖書館及使用者創造最高效益，最終目的即在減少人力與資源的重複浪費，能夠以較低的成本滿足多數圖書館的需求。館際間要達成資源共享，必須具備三種條件：（一）每一圖書館必須擁有可共享的資源；（二）每一圖書館必須具備資源共享的意願；（三）館際間必須制定實行資源共享的計畫（Reitz, 2016）。

　　在圖書館技術服務的工作項目中，分類編目是極耗費人力與時間的一項，為避免各館重複編目，以節省人力和時間，又為求編目品質之精確，達成書目資源的分享，乃有合作編目（cooperative cataloging）之倡議。合作編目就是結合一群圖書館的力量，進行書目資料的原始編目工作，使得書目紀錄可以供群組內所有圖書館檢索使用，有時甚至也開放給未參與合作計畫的圖書館利用，故合作編目又稱為分享編目（shared cataloging），因為編目責任與編目產品為各圖書館所分攤與共享（Levine-Clark & Carter, 2013）。

　　合作編目除可分享編目紀錄，降低編目成本，避免工作重複外，若經由圖書館自動化系統之連線，採用標準的著錄格式，進行書目資料的建立、檢索與互享，即可達成「分擔編目責任，共享書目資源」之目的。此種編目方式國內外早已實行多年，設有推動相關業務的中心，並且幾乎都有良好的管理制度。各個合作編目單位也都基於平等互惠原則，擁有共同的作業標準規範，訂定合作辦法，編製

使用手冊，以確保書目紀錄之品質（江綉瑛，2003）。

綜上所述，合作編目是指一圖書館社群，為避免編目工作重複所採取的編目資源共享方式，依據共同制定的編目規範與處理細則，建立及維持一致性的書目資料庫，以期達到提高編目質量，降低編目成本的目標。

圖書館基於資源共享的理念所採用的合作編目，具有下列功能（李明錦，1997）：（一）避免重複性的編目工作；（二）降低編目成本；（三）減少專業館員人力在編目上的投資；（四）加速待編資料的處理；（五）維持編目紀錄的一致性；（六）促使編目規範的修訂更臻完善；（七）提供讀者完整性的書目檢索；（八）分享編目專業知識與技能。

二、類型

合作編目的類型，可以依編目作業方式與工作分擔方式區分之，說明如下：

（一）依編目作業方式

1. 離線合作編目

係由一館統籌集中編目，並且將書目資料定期提供合作館利用，各合作館如有查獲者即可進行抄編作業，不必自行編目；若未查獲，則將書目資料提供該負責館建檔，俾使各合作館利用，以節省不必要的重複工作，迅速將新到圖書上架，供眾閱覽。例如，國家圖書館早期編製《中華民國圖書聯合目錄》，此種聯合目錄的編製是集中某些圖書館的編目資料，列出相關的館藏地點，也可算是一種離線合作編目（江綉瑛，2003）。

2. 線上合作編目

係由一群圖書館，遵循各合作圖書館共同制定的編目規範與原則，包括編目規則、機讀編目格式、分類表、標題表及書目資料交換格式等規範工具，以期在共同的標準下，順利進行線上合作編目。例如，國家圖書館為整合臺灣地區各圖書館的館藏目錄，於1991年10月啟用「全國圖書書目資訊網」（National Bibliographic Information Network，簡稱NBINet），為有效推動線上合作編目，

除擬訂合作編目資料處理細節，也定期舉辦線上編目作業教育訓練，以維護各合作館書目紀錄一致性，奠定線上聯合目錄的基礎。

（二）依編目分擔方式

1. 集中式合作編目（Centralized Cataloging）

美國圖書館學會（American Library Association，簡稱 ALA）定義集中編目（centralized cataloging）有兩種意義，其一，指由一個中心圖書館負責原始編目，眾多合作館共享其成果的作業方式，如國會圖書館或大英圖書館，編目自己的館藏，也透過目錄卡片或機讀格式目錄的發行，將編目成果與他館分享，屬於「一館編目，多館分享」的模式。

其二，係指結合一群圖書館的力量，對圖書館的資料進行編目與建檔的工作，使得編目紀錄能為其他圖書館所使用，是圖書館聯盟或書目網路中心為避免重複人力，降低編目成本，達成資源共享理念的一種合作方式。此屬於集中形式的合作編目，強調獨立圖書館之間的合作，共同負擔書目資料的原始編目，以及彼此間編目成果的分享，為共建共享的合作模式。集中式的目的在於合作館能依循共通的編目及資料交換規範，易於掌握書目品質，提高目錄質量，實現書目資源共享（Levine-Clark & Carter, 2013）。

2. 分享式合作編目（Shared Cataloging）

指一群圖書館提供原始編目的成果，讓其他成員圖書館分享使用，通常由一所圖書館負責組織和溝通協調，其他圖書館或按地區或按專業分工獨立進行編目，分擔編目作業，如此既可加快編目速度，互通有無，又利於發展館際合作，此合作方式屬於「分擔編目，各館分享」，成員館地位基本上是平等的，彼此分擔編目工作也分享書目紀錄，有時甚至也開放給未參與合作計畫的圖書館利用，共享編目成果，故也稱為分享式合作編目。

第二節　書目中心與資源共享

隨著科技進步，電腦與網際網路相繼出現，書目資源共享的發展於近數十年間產生顯著的變化，1960 年代之前圖書館是以紙張印刷品為主要藏品；1960～

1970 年代是圖書館自動化起步的年代，以電腦取代人工，節省時間與人力，提升採訪、編目、流通等工作效率；到了 1970～1980 年代，區域網路及資料庫管理系統出現，使得圖書館的資源得以整合。以下就國內、外各時期的合作編目與資源共享的發展狀況加以說明。

一、聯合目錄

在圖書館大量應用電腦技術之前，最早的合作編目始於大型圖書館發行館藏卡片目錄，提供其他圖書館使用，屬於一館編目，多館分享的集中編目。美國國會圖書館（Library of Congress，簡稱 LC）、大英圖書館（British Library，簡稱 BL）和我國國家圖書館皆先後於 20 世紀發行卡片目錄，並且編製聯合目錄，分享國家書目資源，茲分別說明如下：

（一）北美國家聯合目錄（National Union Catalog, NUC）

美國的國家聯合目錄起源於 1901 年，當時的國會圖書館館長浦特南（Herbert Putnam, 1861～1955）倡議以美國國會圖書館印製的卡片與美國其他圖書館編印的卡片相互交換，編製全國的聯合目錄，以便學術研究人員利用。1932 年美國國會圖書館成立聯合目錄部（Union Catalog Division），初期只維持一套卡片式聯合目錄，想利用的圖書館須打電話或寫信向美國國會圖書館查詢，1942 年美國國會圖書館開始出版書本式聯合目錄。1954 年 ALA 向美國國會圖書館建議，將其書本式聯合目錄擴充為國家聯合目錄。最早的國家聯合目錄彙編是在 1958 年出版，美國國會圖書館彙整 1953～1957 年的卡片書目，包括美國其他圖書館 1956～1957 年的書目資料，其全名為 *The National Union Catalog: A Cumulative Author List Representing Library of Congress Printed Cards (1953-1957), and Titles Reported by Other American Libraries (1956-1957) Imprints*（彭慰，1995）。

1956 年起，美國和加拿大有 1,500 所圖書館參加了由美國國會圖書館編輯出版的書本式國家聯合目錄，採每年 9 期月刊、3 期季彙編本和 1 期年度彙編本的方式連續出版。此聯合目錄是美國與加拿大合作編目的成果，也是北美地區的國家聯合目錄，或稱《國家聯合目錄》（*National Union Catalog*，簡稱 NUC）。

初期為書本式印刷，NUC 款目主要按著者字順編排，著錄項目包括：著者、書名、出版地、出版者、出版日期、頁數、插圖、高廣、叢書、價格、國際標準書號、杜威十進分類號（Dewey Decimal Classification，簡稱 DDC）、美國國會圖書館分類號（Library of Congress Classification，簡稱 LCC）和美國國會圖書館標題（Library of Congress Subject Headings，簡稱 LCSH）等。1983 年起停止出版書本式目錄，改以電腦輸出微縮片（COM Fiche）發行，仍由美國國會圖書館負責編製，包括各種形式的資料，參加的圖書館計有 1,000 餘所，分為兩大部分，一為完整紀錄的目錄（register of full records），每月出版一次不再彙編，依流水編號排列；另一部分為索引，共有 4 種，分別為人名、題名、標題、叢書。NUC 收錄廣泛，書目著錄詳細，檢索方便，對於文獻蒐集、編目工作及館際互借、參考諮詢等均有參考價值。1960 年代以來，因應圖書館自動化的需要，美、加兩國圖書館在館藏目錄的編製和使用上，開始採用《機讀編目格式》（Machine Readable Cataloging Format，簡稱 MARC Format），經由電腦連線進行線上合作編目，逐漸形成線上書目系統，如美國國會圖書館線上公用目錄，或虛擬聯合目錄系統，取代了傳統美國國會圖書館的集中式紙本聯合目錄。

（二）英國國家書目（British National Bibliography, BNB）

大英圖書館出版的《英國國家書目》（British National Bibliography，簡稱 BNB）創刊於 1950 年元月，亦為世界著名的國家書目之一。英國和愛爾蘭的出版商有義務將所有新出版物（包括連續性出版品）的副本送到大英圖書館的法定寄存處，再由經驗豐富的編目人員根據國際標準編目規則著錄成書目紀錄。這項工作是與其他五個英國和愛爾蘭圖書館合作進行的，依據「法律寄存圖書館共享編目計畫」（Legal Deposit Libraries Shared Cataloguing Programme，簡稱 LDLSCP）授予的合作案，BNB 也收錄出版品預行編目資料（British Library, 2016a）。

BNB 款目的編排按《杜威十進分類法》（Dewey Decimal Classification，簡稱 DDC）排序，各類再按著者姓名排列，著錄格式採用《英美編目規則第二版》（Anglo-American Cataloguing Rules, 2nd edition，簡稱 AACR2）的格式，著錄項目包括：著者、書名、出版地、出版者、出版日期、頁數、插圖、高廣、叢書、書價、國際標準書號和 DDC 等。每期附有著者和書名索引，每月的最後一期有

全月的著者、書名和主題索引，每年有 1～4 月，5～8 月和全年度的彙編本，彙編本均包括分類排列的正文、著者與書名索引、主題索引等 3 個部分。1958 年起陸續出版了 3 年度和 5 年度的彙編本，自 1989 年起，BNB 除印刷版也陸續發行縮微版、磁帶版和光碟版（British Library, 2016b）。

　　BNB 由於著錄準確，載體形式多樣，索引體系完備，是查詢、利用和瞭解英國出版物的重要檢索工具。隨著「英國圖書資訊網路辦公室」（UK Office for Library and Information Networking，簡稱 UKOLN）啟用 Web 管理系統，提供使用者下載大英圖書館的書目紀錄，另自 2012 年起，使用者可透過申請帳號，就能從大英圖書館的探索系統（Explore the British Library）直接下載機讀編目格式（網址：http://explore.bl.uk/primo_library/libweb/action/search.do?vid=BLVU1）。因此，便利的書目網路已取代傳統英國國家書目的發行（British Library, 2016c）。

（三）中華民國圖書聯合目錄

　　1971 年 5 月，國立中央圖書館成立卡片聯合目錄中心，彙集 16 所（後增至 20 所）圖書館按月寄送到館的中文新書目錄卡片，陳列於該館共用目錄區中，後為便於各圖書館使用，自 1974 年起，將臺灣地區各公私立大學圖書館、公共圖書館、國立中央圖書館及其分館之館藏資料，輯印成《中華民國圖書聯合目錄》。此聯合目錄依照卡片形式排列，各書著錄項目依序為：書名、著者、出版年、出版地、出版者、面（冊）數、高廣、集叢項、館藏名稱及其分類號。編排則按書名之筆畫多寡為序，筆畫相同再依起筆之筆順排列。該目錄分別印行 4 輯，包括 1974 至 1976 年；1977 至 1979 年；1980 至 1982 年及 1983 至 1987 年共 4 輯。聯合目錄之編製耗時費事，至 1992 年 10 月國立中央圖書館的「全國圖書資訊網路系統」啟用後，《中華民國圖書聯合目錄》之功能已逐漸被取代，圖書館正式邁入線上合作編目（陳和琴、吳瑠璃、江綉瑛，1996）。

　　在卡片目錄時期的合作編目屬於集中編目，集中的目的在於能依循標準的編目規範及資料交換規則，易於掌握書目紀錄的品質。通常由國家級圖書館負責原始編目，合作館共享其編目成果，如美國國會圖書館，大英國家圖書館、國立中央圖書館，皆由其負責編製聯合目錄，參與的合作館可依循聯合目錄中卡片著錄格式進行編目，使得書目著錄標準化；或執行抄錄編目，節省人力，惟這種編目資源共享的維護方式、成本及人力所費不貲，終究在技術環境變遷下被淘汰。

二、書目網路

　　1968年美國國會圖書館成功研發機讀編目格式（MARC），由於MARC兼具修改方便、複製容易的雙重特點，對於圖書館的編目作業產生巨大的變革，也為圖書館間進行合作編目奠定良好基礎，不僅作為圖書館分享書目資料的溝通工具，同時也是進行合作編目的標準之一。拜網路科技之賜，使得合作編目模式由集中、協調的方式，趨向合作、參與的方式（Mandel, 1992）。當美國國會圖書館以MARC來提供其編目紀錄時，同時也開啟現代化的合作編目模式，有些單位利用圖書館自動化系統及網路，建置自己的線上公用查詢目錄（online public access catalogue，簡稱OPAC），同時分享其編目資源。另一端有些機構卻因為編目業務量的增加，如聯合目錄的維護與擴展而形成書目供應中心（Bibliographic Utility，簡稱BU），或稱「書目中心」。

　　書目中心與書目網路的發展，不但改變了圖書館在各項業務上的運作，同時對於合作編目更有著深遠的影響。書目網路提供的線上編目系統，由一群圖書館共同建立書目資料庫，相互支援，使書目日益完備，具聯合目錄的功能。書目中心負責維護及管理龐大書目資料庫，供應書目紀錄，帶領編目相關研究及發展，並且提供各種編目服務與書目產品，以線上或離線編目作業方式，供參與會員圖書館或其他客戶取得書目紀錄（Intner & Weihs, 1990）。

　　書目中心的興起在1960年代末期，1970年代臻於成熟，由於微電腦價格便宜且功能增強，圖書館紛紛進行自動化作業，其後配合通訊技術的發展，北美地區開始有書目中心的出現，主要目的在於支援編目自動化。第一個嘗試發展線上合作編目系統的機構，是美國「俄亥俄學院圖書館中心」（Ohio College Library Center，簡稱OCLC），由於OCLC書目中心的成功案例，帶動其他相似於OCLC的模式，如北美地區的「研究圖書館資訊網」（Research Libraries Information Network，簡稱RLIN）、「西部圖書館網」（Western Library Network，簡稱WLN），以及加拿大Auto Graphics書目中心皆在同時期迅速發展。網路科技的長足進步，使得書目中心的服務範圍逐漸由地區性擴展至全國性甚至國際性，成為今日蓬勃發展的書目網路。茲將國外重要書目中心OCLC、RLIN、WLN、Auto Graphicsc，以及國內NBINet的發展過程，說明如下：

第七章｜合作編目與資源共享

（一）國際圖書館電腦中心（Online Computer Library Center, OCLC）

1967年美國俄亥俄學院所創立的「俄亥俄學院圖書館中心」（Ohio College Library Center，簡稱OCLC），以合作編目為目的，會員為俄亥俄州的54所大學院校圖書館。1977年變更經營管理模式，允許俄州以外的會員圖書館參加，並且成立董事會而易名為OCLC公司。1981年該公司之法定名稱更改為「國際圖書館電腦中心」（Online Computer Library Center，簡稱仍沿用OCLC），是第一個採線上資源共享的合作編目網路，創立時僅以俄州為限，目前已發展成跨國性書目網路。1990年起，OCLC與加州州立大學（California State University）進行一項合作計畫，在OCLC PRISM Service系統（WorldCat的前身）增加圖書目次（table of contents for books）的著錄（Dwyer, 1991），此後透過OCLC書目網路進行抄錄編目，下載書目紀錄就有圖書目次的加值著錄，大大提高圖書館資源的曝光率及流通率。

合作編目在網際網路的普遍及電腦資訊技術的相互結合下，以不同的合作途徑，提供多館共享編目資源，例如，在同一系統平臺建立及分享書目，或在各自系統建檔，再匯入同一資料庫進行分享。OCLC透過會員圖書館以「線上編目」與「批次載入」兩種參與合作編目方式，建置了全球最大的聯合目錄WorldCat資料庫（網址：http://www.worldcat.org），不僅分享書目紀錄，也提升會員之館藏資訊能見度。

申請加入OCLC的會員，必須簽署同意參與合作編目計畫，每年達成以下至少一項的合作事項：1. 提交書目紀錄至WorldCat；2. 分享館藏資訊；3. 分享專業知識，透過OCLC的QuestionPoint管理系統，參與合作虛擬參考諮詢服務，隨時隨地回答問題；4. 將數位館藏新增至WorldCat，供其他會員使用，提升數位館藏的能見度；5. 使用WorldShare館際互借（Interlibrary Loan，簡稱ILL）管理服務，如透過館際互借系統（OCLC ILLiad）的服務，來分享館藏資料（Online Computer Library Center [OCLC], 2016a）。

絕大多數的會員圖書館都使用WorldCat來更新與維護自己的館藏目錄，根據OCLC 2014年7月至2015年6月的統計顯示，OCLC會員從WorldCat進行編目時，書目紀錄有93%查獲率，減少原始編目的需求，降低編目人力與成本。

惟 WorldCat 的書目紀錄來自各種不同的來源，其中 73.89% 來自 OCLC 會員圖書館，3.75% 來自美國國會圖書館，20.92% 來自其他國家圖書館，1.44% 來自供應商與出版商（OCLC, 2016b），來源眾多難免會有書目品質控制的問題。在 2008 年間 WorldCat 曾創下前所未有的成長率，多數來自北美洲以外新轉入的書目紀錄，資料庫成長如此快速，面臨重複紀錄與館藏資訊管理的極大挑戰。OCLC 在 2010 年研發並安裝新的偵測重複與辨識（duplication detection and resolution）軟體在 WorldCat 中，若偵測到重複紀錄會再輔以人工審核確認後予以合併，經統計 2015 年 7 月至 2016 年 6 月計有 668,074 筆紀錄被合併處理，以維持 WorldCat 書目紀錄與館藏資訊的精確性（OCLC, 2016c）。截至 2016 年 9 月，WorldCat 包括全球 170 個國家和地區，約 72,000 所圖書館的館藏，總計 380,812,918 筆書目紀錄，全部是由 OCLC 和會員圖書館共同編目並合作維持 WorldCat 的運作（OCLC, 2016d）。

21 世紀初，整個圖書館界的資訊服務有了重大變革，最大的衝擊源於 Google 及 Yahoo 兩大搜尋引擎的崛起。OCLC 基於重視搜尋引擎的重要性及普及性，擬結合其優勢進而整合圖書館資訊服務。2005 年初開始，OCLC 與 Google 及 Yahoo 簽訂 Open WorldCat 合作計畫。將 WorldCat 中 5,700 萬筆的書目紀錄和 10 億個館藏訊息開放給 Google 和 Yahoo，經由 Open WorldCat 計畫將圖書館的館藏資訊加入搜尋引擎中，不僅讓所有會員館的書目國際化而且也網路化，讀者可以利用 Google 和 Yahoo 的搜尋引擎獲得全世界的書目資源，再由 Open Worldcat 提供的館藏資訊，找到離住家最近的圖書館書目資訊。透過 Open WorldCat 計畫，將圖書館的實體館藏結合到最多使用者的環境下，以吸引更多使用者利用各館的館藏，並且達到圖書館行銷之目的（黃嘉鈴、江思嫻、尤慧敏，2005）。

（二）研究圖書館資訊網（Research Libraries Information Network, RLIN）

1974 年美國的哈佛大學、耶魯大學、哥倫比亞大學及紐約公共圖書館，本著資源共享的宗旨成立「研究圖書館組織」（Research Libraries Group，簡稱 RLG），為落實資源共享乃決定建立自動化書目資訊系統，成立「研究圖書館資訊網」（Research Libraries Information Network，簡稱 RLIN）。1983 年完成開發中、日、韓文系統（CJK System），實現中、日、韓文與希伯萊文、阿拉伯文

的書目資料著錄，引起美國境內及亞洲各國的重視（胡歐蘭，1995）。RLG 的成員遍布美國其他研究型圖書館，1992 年大英圖書館也成為其第一個非北美地區的成員館。RLIN 的入會審核嚴格，必須經過其他會員們的嚴格審核才能確定是否入會，成立時僅 4 所圖書館，至 2000 年代已增至 160 多個會員。相繼 WLN 被合併後，2006 年 6 月 RLG 也被 OCLC 整合，其原始會員獲准併入 OCLC，從此 RLIN 的聯合書目也成為 OCLC WorldCat 的一部分（OCLC, 2006）。

（三）西部圖書館網（Western Library Network, WLN）

1975 年華盛頓大學圖書館與州內其他圖書館共同設立「華盛頓圖書館網」（Washington Library Network，簡稱 WLN），以支持華盛頓州圖書館的資源共享為目的，WLN 合作編目線上系統於 1977 年正式運作，最初成員只有 10 所華盛頓州內圖書館，其特色是實行嚴格的名稱權威控制，以保證書目紀錄的質量。很快地吸引了太平洋西北地區的其他圖書館相繼加入，至 1990 年代末期已超過 700 個會員館。WLN 的會員圖書館雖已超出華盛頓州，但仍限制在美國西北部各州的圖書館，特別是提供太平洋西北地區的書目網路服務，1985 年也就正式改名為「西部圖書館網」（Western Library Network, WLN）（Saffady, 1998）。1999 年 1 月與 OCLC 合併，其在西北太平洋與加拿大約 550 家會員圖書館就成為 OCLC 的會員，另 WLN 的聯合目錄也併入 OCLC 線上聯合目錄。WLN 與 RLIN 及 OCLC 曾經並稱美國三大重要書目網路系統，隨著經營管理與業務擴展的運作，最後皆併入 OCLC（Hane, 1998）。

（四）A-G Group（Auto Graphics）

1965 年加拿大多倫多大學圖書館參與安大略省 5 個新校區的圖書館自動化作業研究計畫（Ontario New Universities Library Project），亦派員積極參與美國國會圖書館的 MARC 計畫，開始為 5 個新校區圖書館編製電腦化書本式目錄。1967 年該館成立系統部門，除多倫多大學外，亦服務多所加拿大公共圖書館，由於成效卓著，1971 年「多倫多大學圖書館自動化系統」（University of Toronto Library Automation System，簡稱 UTLAS）開始提供以電腦為基礎的網路編目服務。1973 年 UTLAS 的核心系統，即編目支援系統（Catalog Support System，簡稱 CATSS）正式啟用，提供線上編目服務。

1988 年，UTLAS 更名為 UTLAS International。1990 年代初，UTLAS International 被收購變成 ISM Informational Systems Management Manitoba Corporation。1997 年 A-G Canada Ltd. 收購 ISM 的 CATSS 系統，A-G Canada Ltd. 是 Auto-Graphics, Inc. 的分公司，併購後繼續提供編目產品及服務。而後 Auto-Graphics, Inc. 的自動化整合系統中 MARCit™ 是一編目支援系統，具強大的檢索界面，提供書目紀錄與權威紀錄編目建檔，簡化工作流程，後於 1998 年 Auto-Graphics, Inc. 的 MARCit™ 正式取代 ISM 的 CATSS 系統（江綉瑛，2003）。

Auto-Graphics, Inc. 是加拿大的主要書目中心，服務超過 5,000 所圖書館，其主要對象為加拿大公共圖書館、大學圖書館及社區圖書館。除了線上合作編目外，亦可透過 Z39.50 協定進行抄錄編目，檢索到美國國會圖書館、加拿大國家圖書館、大英圖書館及澳洲國家圖書館的資源，加入 Auto Graphics 可完成單一圖書館館藏目錄的建置，亦能提供圖書館聯盟共建共享的合作編目平臺（Auto Graphics, Inc., 2016）。

（五）全國圖書書目資訊網（National Bibliographic Information Network, NBINet）

國家圖書館為整合臺灣地區各圖書館的館藏目錄，1990 年成立書目資訊中心，負責書目網路推動之相關業務，其主要業務內容包括：網路系統規劃、網路系統測試改進及使用、合作館之連繫與問題諮詢、合作辦法之訂定與執行、舉辦書目網路研習會、編印「全國圖書資訊網路通訊」、編印操作手冊、定期召開合作館館長會議、解決書目網路營運之各項問題、推廣書目網路之利用。

1991 年 10 月正式啟用「全國圖書資訊網路」（National Bibliographic Information Network，簡稱 NBINet），第一代書目網路系統採用加拿大 UTLAS 的 CATSS 編目系統，採分散式資料庫架構，依資料來源分為原始書目資料檔及各合作館書目資料檔，至 1998 年 1 月，由於系統功能及操作介面等諸多因素停用。重新規劃更換新系統，1998 年 4 月啟用第二代「全國圖書書目資訊網」（National Bibliographic Information Network，簡稱 NBINet），採用 INNOPAC 系統以集中式資料庫架構，提供 Z39.50 主從架構通訊協定，支援兩種機讀格式（Chinese MARC 與 USMARC）、兩種字碼（Big5 與 CCCII）及書目紀錄多種

轉出方式與格式，主要提供國內圖書館合作編目之用，並且可供一般使用者查詢聯合目錄，是臺灣地區最具代表性之聯合目錄資料庫（網址：http://nbinet.ncl.edu.tw）（江綉瑛，2003）。

NBINet 收錄的資料包括國家圖書館館藏、89 所各類型合作單位館藏（截至 2016 年 12 月）、國際標準書號中心新書書目、漢學研究中心藏書目錄、1911～1949 年參考書目和港澳地區參考書目，內容涵蓋圖書聯合目錄、善本古籍聯合目錄、大陸出版品書目、中文名稱權威資料庫，由國家圖書館書目資訊中心負責推動、執行及管理，以期達到合作編目並提供合作館編目的標準與依據，促進書目資訊著錄之標準化，建立國家書目及全國中外文圖書資料聯合目錄資料庫等目標（國家圖書館，2016a）。

2006 年 2 月，國家圖書館與 Google 簽約，進行 NBINet 資料庫介接，有計畫將 NBINet 各圖書館館藏資訊加入搜尋引擎中，透過 Google Scholar 學術搜尋引擎，使用者可搜尋到 NBINet 的書目資訊，也讓所有合作館的書目資訊國際化且網路化。2012 年 5 月，國家圖書館也執行 NBINet 臺灣出版品書目上傳 OCLC WorldCat 的兩年計畫，完成 300 萬筆書目紀錄上傳，透過網際網路及搜尋引擎，讓全世界共享臺灣圖書館合作編目的成果（國家圖書館，2016b）。

隨著網際網路的資源日益增加，搜尋引擎已成為資訊檢索不可或缺的途徑。國家圖書館借鏡搜尋引擎成功之道，整合多年來以合作或自建方式，先後建立的各類書目及權威資源。這些資源以不同的資料格式，在不同平臺分別建置且格式不一，對書目控制之成效相當有限，讀者使用上也多所不便。2013 年國家圖書館建置完成「臺灣書目整合查詢系統」（Synergy of Metadata Resources in Taiwan，簡稱 SMRT）（網址：http://metadata.ncl.edu.tw），包括 NBINet 聯合目錄、博碩士論文、期刊文獻等 50 餘種圖書館資源，提供讀者單一入口查詢網，藉以建立並維護臺灣書目資源，改善其書目和詮釋資料品質，以達到我國書目控制和書目資源知識網建立之目的（許靜芬、陳立原，2013）。

第三節　書目紀錄品質控制

在資源共享的網路環境中，書目紀錄品質是重要的一環，高品質的書目紀錄可提升編目生產力與降低編目成本，編目館員不需花費許多時間對書目紀錄進行

檢視與修正，可以節省圖書館經費及人力資源。而書目紀錄的「正確性」與「一致性」是書目品質的基本要求，不論是單一圖書館的館藏目錄，或是以合作編目為基礎的聯合目錄資料庫，書目紀錄品質的優劣更是直接影響書目資源共享的成敗，以下分就影響書目品質的因素，及如何改善與提升書目品質，加以敘述。

一、影響書目品質因素

基於資源共享理念，不論國內外都有合作編目計畫的推動，而所有的書目紀錄皆由合作館建檔或自合作館的館藏轉入，也因此書目品質無法充分掌握。國外書目中心經由合作編目模式所產生的問題有（李明錦，1997）：（一）編目紀錄品質不一；（二）等待他館編目紀錄；（三）原編紀錄銳減；（四）會員圖書館與書目供應中心的互動關係；（五）各館重複編目。2000年國家圖書館抽樣分析NBINet書目紀錄，發現以下問題：（一）機讀格式欄位著錄的正確性；（二）輸入錯誤及缺字；（三）各合作館特殊著錄方法；（四）重複紀錄比率過高（林淑芬、許靜芬，2000）。

郭蕙貞（2010）針對臺灣六所大學圖書館的書目紀錄品質研究，發現：（一）書目紀錄未能符合基本的品質要求；（二）書目紀錄品質滿足書目紀錄功能需求（Functional Requirements for Bibliographic Records，簡稱FRBR）之使用者工作程度偏低，紀錄品質待提升；（三）訂定國家書目品質政策有助於各合作館提升書目品質；（四）書目紀錄完整性偏低；（五）書目紀錄主題及聚合元素不完整性高於描述元素；（六）書目著錄的欄位未能符合FRBR使用者工作的需求；（七）書目紀錄並未注意書目加值的重要性；（八）部分書目紀錄的內容仍有錯誤。歸納上述，從基本的書目品質要求，說明影響合作編目書目紀錄品質的原因如下：

（一）書目紀錄不一致性問題

書目中心是集合圖書館合作編目力量所形成的一個龐大資料庫，若無適當的品管機制，當然就會集結各種錯誤。以最早成立的書目中心OCLC為例，也曾遭受許多批評。根據國外對OCLC、RLIN等的書目品質調查顯示，轉錄下來的紀錄都有相當比例的錯誤，還需再作修改，其中有極大比例是紀錄本身品質的問

題，例如：書目著錄錯誤、書目著錄太過簡單、缺分類號或標題、標目型式與各館不同等（林淑芬，2001）。上述編目紀錄不一致問題，除了是編目館員誤植造成著錄的錯誤外，更多是源自於編目規則的改變。雖然編目規範是標準化的工具，但仍因其修訂或更新，使得書目著錄因編目時間不同而呈現不一致，而館員對於編目規則的不同詮釋或誤用、不能及時更新權威、標題紀錄等問題亦是原因之一。此外，各館在編目政策上的差異，也會造成書目紀錄的不一致。

（二）簡編書目紀錄問題

圖書館因考量其館藏重點及服務對象等多種因素，會有不同的編目政策，針對部分特殊資料，例如視聽資料、小說、學位論文、研究報告、政府出版品、贈書等，會採簡略編目的權宜措施，以節省編目人力。若有會員圖書館的簡略書目紀錄混雜在合作編目的資料庫中，當然就有品質參差不齊的疑慮，後續也會造成編目員需花費較多的時間判斷或增補書目紀錄，極不經濟。

（三）書目著錄正確性問題

合作館採分擔編目作業方式，主要目的就是降低編目成本，加速資料的處理速度，若館員不熟悉編目規範，或不同的詮釋與誤用，造成書目著錄有錯誤，或不符合使用者的檢索需求。例如：未依據資料類型的主要著錄來源著錄；建檔時誤植錯字；機讀編目格式未依欄位或指標的正確用法著錄等，都會降低書目資料的查獲率，也影響書目紀錄的分享，後續修改紀錄錯誤所花費的人力與時間更多。

（四）書目紀錄完整性問題

國家圖書館為提高NBINet書目紀錄品質，於2007年訂定「書目分級原則」，共分四級：1. 國家級書目：符合完整級書目且經權威控制者；2. 完整級書目：具備各類型核心書目紀錄欄位且含標題、分類號者；3. 核心級書目：具備各類型核心書目紀錄欄位者；4. 簡略級書目：較核心級書目簡略，但符合機讀編目格式附錄簡篇（國家圖書館，2007）。其中，完整級書目，重申主題編目的重要性，必須著錄標題及分類號。由於編目員對於抄錄編目的過度依賴，遇到原編的資料，有時寧願繼續等待，因為這些資料往往是最不容易處理的，若還要進行主題分析，再加上標目的權威控制，將使得原始編目作業愈加費時與費力。因此，館員

有時候就只完成書目的描述性著錄，給予粗分類號，但缺乏主題詞，這樣的書目紀錄完整性偏低，造成使用者無法以分類號或主題詞聚集主題相關的資料，也影響書目紀錄的品質。

（五）書目紀錄重複問題

書目紀錄的重複，增加不少抄錄編目後續修改的人力與時間，重複紀錄有些是因合作館對於著錄標準或編目規則條文的認知與解釋不同所造成。通常書目紀錄重複的情況有：1. 因為編目館員的檢索不當，未能發現已編書目紀錄，為複本查核問題；2. 無法辨識待編資料與既存編目紀錄之間的關聯性，為複本判斷問題；3. 簡編資料的題名與正題名不一致，無法有效辨識，為重複建檔問題；4. 版本、版次、再刷本、重印本的年代不同，未能妥善分辨；5. 書目資料批次轉檔，比對不嚴謹，導致書目紀錄不當的重複。因此，書目資料庫必須定期進行書目品質檢測，可藉助電腦程式的比對清單，作為合併或刪除重複紀錄的依據，再輔以專業館員人工審核，確實別除不必要的重複紀錄。當資料庫中重複紀錄的數量不斷增加時，抄錄編目將會產生負面影響，除了影響編目效率，也必然造成編目人員極大的困擾（林淑芬，2001）。

二、改善書目品質方式

2000 年國家圖書館曾針對 NBINet 資料庫的紀錄進行分析，發現有許多的問題其實來自各個參與圖書館的品管政策，例如，合作館的編目政策、工作流程、著錄層次、著錄一致性及紀錄完整性等問題，都會影響提交到 NBINet 的書目品質，因而提出優良的書目品質應具備：（一）符合各種編目規範標準建立紀錄；（二）提供正確充足的檢索點；（三）名稱標目正確；（四）主題標目正確；（五）索書號正確；（六）拼字或著錄正確；（七）機讀格式欄位正確；（八）書目紀錄不重複（林淑芬、許靜芬，2000）。若要落實書目品質改善應分兩方面進行，在圖書館的編目作業，除遵循各種編目規範標準，尚須將編目政策書面化，編製分編工作手冊，及加強編目館員的專業培訓；在書目中心的管理政策，則要訂定合作館書目資料處理原則，研擬核心書目紀錄的建立標準，同時加強書目紀錄的審核，以下分述之：

（一）圖書館的編目作業

1. 編目政策書面化

　　編目政策用來指示圖書館對資訊組織的重點及發展方向。圖書館在編目作業前，首要確立編目規範，並且將編目政策書面化，一份理想的編目政策，至少應包括下列事項：(1) 圖書館概況；(2) 釐訂編目規範及其版本：包括編目規則、機讀編目格式、分類表、標題表、著者號碼表等，規範所採用版本及其特殊用法說明，讓編目館員有所依循；(3) 資料類型：不同資料類型的編目處理次序及其著錄原則；(4) 原始編目原則；(5) 抄錄編目原則；(6) 委外編目原則；(7) 集叢編目原則；(8) 權威控制；(9) 複本定義；(10) 其他權宜措施。編目政策也要定期修訂，當圖書館面臨多種影響目錄品質的不利因素，例如：編目規範之修訂、機讀編目格式的轉換、分類號或標題的更新等，導致編目政策改變時，無論書目中心或合作圖書館都須有因應措施，才能確保書目紀錄的品質。

2. 編製分編工作手冊

　　圖書館在處理圖書資料編目時，雖有相關標準或規範可資依循，但其中仍有部分因涉及各館內部的環境、經費、人力、服務政策等，就必須訂定著錄原則與編目細節工作手冊。各館的編目政策與作業細節也攸關聯合目錄的品質，合作館除遵循相關著錄標準及建檔規範外，也要遵守共同制訂的「合作編目書目資料處理原則」，並且著錄方式要前後一致，才能要求後續編目的品質，維護書目紀錄的一致性。編製分編工作手冊可依各種不同資料類型或語文別，詳細列出各種資料類型的編目作業過程及其細節，包括：(1) 複本查證流程；(2) 抄錄編目流程；(3) 委外編目流程；(4) 記述編目流程；(5) 主題編目流程；(6) 權威控制流程；(7) 索書號的組成；(8) 附件處理方式及流程；(9) 特殊資料處理流程；(10) 圖書資料加工流程等，作為編目工作標準化作業程序（standard of process，簡稱 SOP）的依循。

3. 加強編目館員的專業培訓

　　編目人員的專業能力是影響書目紀錄品質的關鍵因素，優質編目人員的培育有賴完善的編目訓練與嚴謹的審核制度。由於抄錄編目的方便，圖書館已漸漸將部分編目工作交由非圖書館專業背景人員負責，遇到非書資料或特殊資料的原始

編目，若缺乏專業館員的審核，也會影響書目品質。因應編目規則修訂，或機讀編目格式的轉換，皆要有經驗的專業編目館員才能勝任，此時就需要借助編目專業訓練計畫，如邀請具豐富專業與經驗的編目專家編寫訓練教材，徵召能勝任的合格訓練講師或資深編目員，定期安排訓練講習會，建立訓練後獨立作業前的審核制度等，才能維持書目紀錄完整性的基本要求，穩定書目品質。

（二）書目中心的政策管理

1. 訂定合作編目書目資料處理原則

書目資料庫品質之良窳對於合作館的合作意願影響頗鉅，是以如何提升書目品質成為重要課題。可透過書目品質控制小組的成立，建立合作編目共識，定期一起討論資料庫之維護、建檔標準、著錄一致性等議題，以維護書目紀錄品質。制訂合作編目書目資料處理原則，即是強化合作編目要點，並且針對現有編目規範中未詳細規定，易造成認定或著錄方式差異之重要項目，如標點符號全形或半形的選用、中英文夾雜的著錄、缺字問題的處理等明確規定，俾供合作館共同遵循，確實掌握書目著錄的一致性，提高書目資料品質，減低資料庫中重複書目紀錄的數量。

2. 研擬核心書目紀錄的建立標準

資料庫中重複書目紀錄的整併作業，多屬事後的補救處理，合作館除採用相同的編目規範與建檔標準，若書目中心研擬共同適用的「核心書目紀錄」（core bibliographic records），即書目中心針對每一種資料類型分別列出其書目著錄的必備與次備欄位，大家共同遵循即可強化書目著錄的一致性。核心書目紀錄的概念乃是最基本、不可或缺的書目著錄項目，不需增加合作館的工作負擔即能建立合乎經濟效益又能維持一致性的書目紀錄。核心書目紀錄強調基於共同建立的標準，使書目紀錄易於建立與使用，共享抄錄編目的經濟效益。

3. 加強書目紀錄的審核制度

書目中心集合一群圖書館合作編目的力量，建立書目資料庫，若無適當品管機制，容易集結各種錯誤，書目中心應加強書目紀錄審核制度，建立書目品管機制，常舉辦教育訓練及講習會，經由合作館協助書目紀錄之修正或合併，以減少

資料庫中書目紀錄的不一致及不當重複（林淑芬、許靜芬，2000）。美國著名的合作編目計畫（Program for Cooperative Cataloging，簡稱 PCC），其成功因素，除了優質的訓練課程，主要歸因於良好的書目紀錄審核制度，所有新會員新編的每一筆書目或權威紀錄，均需經過其他資深編目審核員（reviewer）予以審核通過，審核期間至少 6 個月，務必使新成員瞭解並正確依編目規範著錄，以建立符合標準且高品質的書目紀錄（Program for Cooperative Cataloging [PCC], 2016a）。

第四節　合作編目計畫

　　美國圖書館的合作編目計畫，就歷史發展而言，從 1960 年代以美國國會圖書館為主的集中編目，至 1970 年代美國三大書目中心（OCLC、RLIN、WLN）推動的合作編目，1980 年代中期，書目中心各有自己獨立的書目資料庫，各有其會員，會員間雖可以資源共享，但書目中心之間卻無法彼此交換書目紀錄。1988 年美國國會圖書館帶領一個全國性的協調合作編目計畫（National Coordinated Cataloging Program，簡稱 NCCP），此計畫是由美國國會圖書館協同 8 所大型學術研究圖書館（包括哈佛大學、耶魯大學等）共同合作，由美國國會圖書館負責協調與訓練，參與計畫的合作館編目人員就必須到美國國會圖書館接受編目訓練，所建立的書目紀錄要經過審核，必須遵循美國國會圖書館所訂立的編目標準和政策，符合美國國會圖書館的紀錄品質。NCCP 以美國國會圖書館的書目資料庫為核心，再由合作館共同建立高質量的書目紀錄，以建置國家級的書目資料庫為目標，後續也帶動一連串的合作編目計畫（林淑芬，2012）。

一、合作編目計畫（Program for Cooperative Cataloging, PCC）

　　1990 年代初期，美國各圖書館（包括美國國會圖書館）面臨經費刪減、人員流失和新型資源大量出現的編目壓力。國會圖書館高品質的書目紀錄，一直被他館視為優先採用的指標，此時美國國會圖書館以原始編目為主的作業模式，也受到了考驗，必須重新思考如何建立以編製高品質書目紀錄為目標的合作編目計畫。NCCP 的實驗性合作編目計畫，立意良好，實施 4 年後，因理想與實際實施

成果有差距，未能達到預期目標。有了 NCCP 的發展經驗之後，基於整合當時一些不同合作計畫的實際需求，1995 年的「合作編目計畫」（PCC）於焉誕生。PCC 的宗旨透過各項合作編目計畫，達成編製高品質的書目紀錄與權威紀錄。

PCC 的成員來自全世界，許多會員圖書館是代表其國家圖書館，因為所有會員圖書館的努力，合作編目成績斐然，有目共睹。PCC 最關鍵的影響力，就是帶動非 PCC 會員圖書館普遍接受、遵循並實施 PCC 所訂定的編目標準，所以依據 PCC 編目規範的書目紀錄自然增加，形成編目標準一致性的趨勢，提升各圖書館對優質編目的重視、期待及實際執行，也增加優質書目紀錄的產量（徐蕙芬，2012）。

PCC 合作計畫的成功，歸因於有一套優質的訓練課程與教材，以及良好的書目紀錄審核制度。教育訓練從課程講義的編纂、教師的訓練、到接受資深 PCC 培訓員和文件的訓練，均有一套完善持久的訓練計畫。審核制度更是維護 PCC 書目紀錄品質的關鍵，新的 PCC 編目員，均有指定或自選的資深 PCC 編目員作為審核員，目的在審核新會員所編的每一筆書目或權威紀錄，務必使其瞭解並妥善應用 PCC 的編目標準，以符合 PCC 編目品質的要求（PCC, 2016a）。

PCC 與美國國會圖書館的合作編目方案聲明中，可以看出 PCC 的策略，已經不再侷限在傳統合作編目的範圍與形式，未來 PCC 希望藉由過去累積的豐富經驗，無論是標準的形成、編目的指導、詮釋資料之間的通透性、正確性，以及繼續教育與訓練，甚至是資源描述與檢索（Resource Description and Access，簡稱 RDA）的使用上，PCC 都有其因應的措施（PCC, 2016b）。

PCC 的目的，以合作編目編製高品質的書目紀錄與權威紀錄，提供各圖書館利用，目前已是一項國際性合作計畫，其下執行的合作計畫包括：「單行本書目紀錄合作計畫」（Monographic Bibliographic Record Cooperative Program，簡稱 BIBCO）、「線上期刊合作計畫」（Cooperative Online Serials Program，簡稱 CONSER）、「名稱權威合作計畫」（Name Authority Cooperative Program，簡稱 NACO）、「主題權威合作計畫」（Subject Authority Cooperative Program，簡稱 SACO）等（PCC, 2016c），以下分述之：

（一）單行本書目紀錄合作計畫（Monographic Bibliographic Record Cooperative Program, BIBCO）

1995 年 PCC 成立後，延續 1970 年代 NACO 及 CONSER 的合作計畫成功，

一併與BIBCO、SACO納入PCC的合作編目計畫。在加入每個子計畫之前，會員機構必須派員參加PCC的培訓，以確保書目紀錄的一致性和準確性。參與BIBCO的會員完成培訓後，每年必須提交一定數量符合BIBCO標準紀錄（BIBCO Standard Record，簡稱BSR）的書目紀錄。BSR紀錄必須完成描述性編目（採AACR2、MARC 21書目格式）以及主題分析，提供國家級的分類號（如LCC、DDC或NLM），至少一個國家級的主題詞（如LCSH或MeSH），還有完整的權威控制（MARC 21權威格式）等（El-Sherbini, 2010）。

在2014年之前描述性編目標準則是根據AACR2來建立BIBCO和CONSER的書目紀錄，但從2015年1月1日起，所有BIBCO會員提交至PCC新建立的書目紀錄必須遵循RDA與BIBCO標準（Monographic Bibliographic Record Cooperative Program [BIBCO], 2016a）。

為了建立高值量的書目紀錄，BIBCO要求會員提交的書目紀錄必須達到以下門檻（BIBCO, 2014）：
1. 每年至少貢獻100筆書目紀錄。
2. 書目紀錄必須符合BIBCO標準。
3. 經過權威控制的檢索點。
4. 給予至少一個或兩個主題標目。
5. 依據DDC或LCC分類表，建立分類號。

BIBCO會員分成獨立會員及漏斗式（funnel）計畫成員兩種，因為每年要提交一定數量的書目紀錄，小型圖書館可以結合一些圖書館組成BIBCO Funnel後加入，Funnel組成方式可以基於共同興趣、相同主題或語言、地理的鄰近關係或是同一個聯盟的成員而攜手加入，像漏斗式的累計一個BIBCO Funnel所提交PCC的書目紀錄，BIBCO Funnel的每個成員館也必須經過PCC教育訓練，提交新增或修改紀錄前要經過審查人員的指導和品質審查（BIBCO, 2016b）。

（二）線上期刊合作計畫（Cooperative Online Serials Program, CONSER）

1970年代為了共享編目成果，美國圖書館界協力分擔編目工作，其中最大的一個組織是1973年成立的「期刊轉換計畫」（Conversion of Serials，簡稱CONSER）。為了期刊回溯轉換並建置高品質書目資料庫，由美國國會圖書館及

CONSER 會員在 OCLC 資料庫中，進行期刊合作編目，共同建立、編輯與認證期刊書目紀錄，共同維護更新，共享期刊編目成果。1986年隨著時代需求的改變，改名為「線上期刊合作計畫」（Cooperative Online Serials Program，簡稱仍沿用 CONSER），1997年正式成為 PCC 合作編目計畫中的一項。

參與 CONSER 的成員，負責承擔建立高品質的期刊及整合性資源書目紀錄，所謂高品質的書目紀錄，必須符合 CONSER 所認可的連續性刊物著錄標準，CONSER 會員包括：美國與加拿大的國家圖書館及其國際標準期刊號碼（International Standard Serial Number，簡稱 ISSN）中心、大學圖書館、專門與公共圖書館，以及期刊代理商、摘要與索引服務供應商等。CONSER 資料庫在 OCLC 的線上聯合目錄中，成員館在 OCLC 資料庫建立、認證和修改連續性資源書目紀錄，或透過 FTP 提供原始編目紀錄。圖書館加入 CONSER 可以獲得期刊編目、館藏發展、館際合作、線上聯合目錄、期刊點收等多方面的支援，以最低費用而取得高品質的期刊書目紀錄，據以建立期刊點收檔、線上公用目錄、期刊聯合目錄，以及期刊文獻傳遞服務等（Cooperative Online Serials Program [CONSER], 2016）。

（三）名稱權威合作計畫（Name Authority Cooperative Program, NACO）

NACO 組織起源於 1977 年，由美國國會圖書館和美國政府出版品印刷局（United States Government Printing Office）雙方協議透過一個共用資料庫分享權威紀錄，之後其他機構和聯盟也被邀請加入，參與機構所貢獻的權威紀錄需先經過美國國會圖書館館員的指導與審核，以確保標目的一致性和準確性。1995年 PCC 合作計畫成立，NACO 也加入其中，NACO 計畫目標是共建共享高質量的權威紀錄，分擔各館權威控制的成本，建置國家級的名稱權威資料庫（Penney, 2007）。

NACO 的會員也分成獨立的會員及漏斗式（funnel）計畫成員，獨立的會員，不論機構規模大小都可以申請參加成為獨立會員，但不接受以個人名義加入。機構或圖書館欲申請成為 NACO 組織的成員，首先，要按照規定的編目標準（如 AACR2 和 MARC 21）編製權威標目紀錄和參照關係，並且提供其他所需資料。其次，必須是 OCLC 書目中心的會員，以便線上提交名稱權威紀錄。最後，參加

NACO 的機構必需承諾務必努力執行權威控制工作，將其當成是編目工作的一部分（林巧敏、林淑芬，2010）。

因為 NACO 規定大型圖書館每年至少要提交 200 筆名稱權威紀錄，小型圖書館至少要有 100 筆，無法達成標準數量的圖書館可以改成 NACO Funnel 成員，共同提交名稱權威紀錄到主資料庫，採用 Funnel 的優點有：1. 能使小型圖書館可以用有限的資源和貢獻來參與 NACO；2. 編目人員可藉由與特殊興趣團體及相同興趣的同道分享與交流，以提升專業知識（Name Authority Cooperative Program, 2016）。

（四）主題權威合作組織（Subject Authority Cooperative Program, SACO）

加入 SACO 會員只要填寫完整的會員申請書，同意每年貢獻 10-12 筆主題權威紀錄，包含新建或更新美國國會圖書館的主題詞（LCSH）和分類號（LCC）（Subject Authority Cooperative Program [SACO], 2016a）。

SACO 的主要目標，要達成以下任務（SACO, 2016b）：

1. 透過全球各地機構的專業編目員，及時製作與維護高質量的權威紀錄。
2. 以合作、協作和夥伴關係，提供專業的權威紀錄分享予使用者。
3. 持續提供教育訓練，制定標準，更新權威資料文件，使權威控制更有效率。

為了避免重複工作，參與 SACO 計畫之會員可以線上查詢美國國會圖書館權威檔案，包括名稱權威與主題權威紀錄。為了支持參與者的貢獻，也提供編目發行服務（cataloging distribution service，簡稱 CDS），方便訂閱美國國會圖書館出版品的最新版本訊息，包括美國國會圖書館標題表、主題編目手冊、美國國會圖書館分類表、MARC 等出版品的更新。CDS 服務發布許多美國國會圖書館編目紀錄和編目相關工具和資源，如 2014 年 7 月 1 日起編目相關工具和資源提供免費下載或瀏覽，可下載美國國會圖書館分類表、美國國會圖書館主題詞和主題編目手冊 PDF 檔（網址：http://www.loc.gov/aba），瀏覽 MARC 格式和其他 MARC 檔（網址：http://www.loc.gov/marc）（Library of Congress, 2016）。

二、權威檔合作計畫

權威紀錄之資源共享，不僅涉及資料的蒐集、驗證、權威標目的選取，更考驗合作單位如何整合各自以不同格式建立的權威紀錄。茲就中文名稱權威聯合資料庫檢索系統及虛擬國際權威檔的合作建置經驗，簡述如下：

(一) 中文名稱權威聯合資料庫檢索系統（Chinese Name Authority Joint Database Search System, CNASS）

臺灣、香港、中國大陸之合作編目計畫，源於 1999 年 8 月在臺灣召開之「華文書目資料庫合作發展研討會」，開啟中文名稱權威資料庫的合作計畫，希冀推動兩岸三地及海外華文圖書館的書目規範及權威控制作業，改進和簡化規範工作，產生質量俱佳的名稱權威紀錄，建立一個能反映華文著者和機構名稱特點的權威資料庫。以下就兩岸三地權威資料的建置及整合查詢系統的開發說明之。

臺灣中文權威資料建置合作，從 2001 年國家圖書館及國立臺灣大學圖書館合作建立「中文名稱權威資料庫」開始，由國家圖書館書目資訊中心訂定與彙整作業的基本原則，進行兩館名稱權威資料的整併，並且建置查詢系統供 NBINet 合作館使用，2012 年國家圖書館將該此名稱權威資料整合至「臺灣書目整合查詢系統」（SMRT），2013 年國家圖書館召集 NBINet 合作館共商權威建置共通作業原則，2014 年與中央研究院、國立政治大學、國立臺灣大學、國立臺灣師範大學、淡江大學及輔仁大學共同成立「臺灣書目控制工作小組──權威建置」，研訂多項建檔規範，優先整理各校教授之名稱權威，依據「中文個人名稱權威紀錄主要欄位說明」著錄，進行查證相關參考資料，提供引用資料的來源，完成後匯入 SMRT 系統。目前該系統可提供超過 70 萬筆的個人、團體名稱權威紀錄，支援圖書館編目之名稱權威控制作業，除了提供 NBINet 合作館查詢下載外，亦提供相關研究教學使用，例如：中央研究院近代史研究所參考此資料庫，據以建置民國時期外交人名權威資料庫（許靜芬，2015a）。

我國權威資料的建置計畫，除了「中文名稱權威資料庫」之合作經驗，隨著數位典藏國家型科技計畫之推展，將參與計畫之檔案文獻機關所建置之人名權威紀錄彙整至「人名權威控制系統聯合平臺」，由中研院負責建置與維護，其主要權威紀錄來源包括：中研院史語所建置之人名權威資料，故宮圖書文獻處建置之

明清人物傳記權威紀錄，中研院近史所建置之近現代人名權威紀錄，以及國史館以清末迄於現代的重要人物權威紀錄為主（許靜芬、鄭玉玲、林淑芬，2007）。

香港大學圖書館館長聯席會（Joint University Libraries Advisory Committee，簡稱 JULAC）於 1967 年成立，共有 8 個成員館，包括：香港大學、香港中文大學、香港科技大學、香港理工大學、香港城市大學、香港浸會大學、嶺南學院，以及香港教育學院。JULAC 提供香港各院校間討論、協調圖書館資訊資源和服務的平臺。JULAC 成員除了香港科技大學圖書館之外，其餘 7 所大學圖書館另於 1999 年組成香港中文名稱規範聯合協調委員會（Cooperative Committee for Chinese Name Authority，簡稱 CCCNA），籌劃建置「香港中文名稱規範數據庫」（Hong Kong Chinese Authority (Name) Database，簡稱 HKCAN），已於 2001 年正式啟用（網址：http://www.hkcan.net/hkcanopac/servlet/search/en_US）。HKCAN 是 JULAC 資源共享的重要工作項目，HKCAN 資料庫涵蓋個人、機構、會議、劃一題名權威紀錄，HKCAN 是依據 MARC 21 格式建檔；編目規則依據 AACR2；中文名稱以繁體漢字著錄；可用繁簡字或漢語拼音檢索。截至 2015 年 7 月資料總量約 28 萬筆名稱權威紀錄（許靜芬，2015b）。2005 年開始，HKCAN 已將中文名稱權威檔提供給 OCLC，定期提交至 NACO，與全球圖書館分享中文名稱權威資料。

中國大陸建立權威控制的機構，除了中國國家圖書館在採編部下專設「名稱規範組」，訂定相關規則將規範工作標準化，亦陸續建立古代著者以及現代著者的名稱規範數據庫，截至 2015 年 9 月權威紀錄總量為 1,337,468 筆（許靜芬，2015b），另有「中國高等教育文獻保障系統」（China Academic Library & Information System，簡稱 CALIS）成員館所建立的權威紀錄，CALIS 係負責建立大陸高校的聯合目錄，有 200 多個合作館，其中 19 個合作館參與整理名稱規範，除了個人名稱外，也著手團體名稱的建置，包括政府標目、團體會議和專題會議，CALIS 先建立初始化權威紀錄，成為權威控制檔，並且於各成員館合作編目時，同步進行編目作業與權威控制。CALIS 系統可提供 MARC 21 及 UNIMARC 兩種轉換格式，同時可以分別轉出簡體、繁體和漢語拼音等三種標目內容，以供不同地區共享華文權威紀錄（顧力仁，2005）。

2004 年兩岸三地採用虛擬合作方式，開發「中文名稱權威聯合資料庫檢索系統」（Chinese Name Authority Joint Database Search System，簡稱 CNASS），

採一站式多種權威檔搜尋介面（網址：http://cnass.cccna.org/jsp/index.jsp），可同時檢索香港中文名稱規範數據庫（HKCAN）、中國國家圖書館、中國高等教育文獻保障系統（CALIS）權威紀錄，及臺灣中文名稱權威資料庫（中文名稱規範聯合協調委員會，2016）。截至 2015 年 9 月 14 日資料庫有超過 1,436,638 筆名稱權威紀錄，各成員館所貢獻之資料量，依多寡順序為中國國家圖書館（472,453筆）、國家圖書館（269,988 筆）、JULAC（181,764 筆）、CALIS（512,433 筆），整合了臺、港、中兩岸三地的華文權威資源。目前各館權威紀錄中的個人名稱除了中文，也可能包括羅馬拼音或英文、日文等多語種名稱，這些資料已日漸形成名稱權威大數據，而這些數據除了匯入 CNASS，也可能分享於其他圖資社群網絡，如美國國會圖書館和臺灣圖書館的權威紀錄皆陸續匯入「虛擬國際權威檔案」（The Virtual International Authority File，簡稱 VIAF），VIAF 的紀錄有成員館的紀錄號碼，可透過這類識別號，串連來自全球不同機構的權威資料。CNASS 結合兩岸三地圖書館合作模式，完成多種權威檔可在一個 Web 介面上提供檢索與下載的服務，達到異地華文名稱權威資源分建共享的合作理想（許靜芬，2015b）。

（二）虛擬國際權威檔案（The Virtual International Authority File, VIAF）

1998 年 4 月美國國會圖書館與德國國家圖書館（Deutsche Nationalbibliothek，簡稱 DNB），以及 OCLC 展開了一項概念驗證的專案，針對個人名稱連結彼此的權威紀錄進行測試。2003 年 8 月 6 日，美國國會圖書館、德國國家圖書館和 OCLC 三個單位在德國柏林舉辦的國際圖書館協會聯盟（International Federation of Library Associations and Institutions，簡稱 IFLA）會議中簽訂了書面協議，組成 VIAF 聯盟，2007 年法國國家圖書館（Bibliothèque nationale de France，簡稱 BnF）也加入聯盟，正式開啟 VIAF 合作計畫（The Virtual International Authority File [VIAF], 2016a）。

VIAF 計畫的目標是要證明連接來自各個不同國家權威檔案紀錄的可行性，最初是連接美國國會圖書館和德國國家圖書館兩館的名稱權威紀錄，形成一個虛擬名稱權威檔，由 OCLC 負責開發系統，以嚴密設計的演算法比對兩個權威檔間的個人名稱權威紀錄，經比對整合後產生一筆「VIAF 權威紀錄」，但又允許國家或區域性的不同權威形式標目可以同時存在，如支援使用者習用的語言、字型

和拼法標目的連接。計畫之長遠目標是連接來自許多國家圖書館和其他權威資料來源的權威名稱，形成一個共享的個人名稱、團體名稱、地名及劃一題名的全球權威檔服務（林巧敏、林淑芬，2010）。

申請成為 VIAF 的會員，需將書目和權威紀錄的測試檔案先提交給 VIAF 聯盟，由 OCLC 處理新來源檔案的名稱標目，與其他 VIAF 貢獻者先前提供建立的 VIAF 紀錄進行比對整合。參與 VIAF 的國家圖書館和其他機構數量持續增加中，截至 2016 年 10 月，計有來自 42 個國家 52 個機構參與權威紀錄的資源共享。國家圖書館業已於 2015 年加入 VIAF，開始提交名稱權威紀錄，提升我國權威檔之能見度。VIAF 所有參與機構後續仍須定期提供權威和書目紀錄的更新，以保持 VIAF 資料庫的新穎與時效性（VIAF, 2016b）。

OCLC 負責建置與維護的 VIAF 檢索平臺（網址：http://viaf.org），使用者可選擇查找全部 VIAF 權威檔或特定國家的權威紀錄，查詢時以個人名稱（personal names）、團體名稱（corporate names）、地理名稱（geographic names）、作品名稱（works）或首選標目（preferred headings）等檢索點找到所要查找的權威紀錄，或直接加上 VIAF 的權威紀錄 ID 於網址後，即可快速查獲該筆權威紀錄（例如：http://viaf.org/viaf/69129224）。VIAF 支援 Unicode，可以顯示多種語文，採用 MARC 21 著錄，每一獨特名稱可取得各機構分開建立的檔案，每筆紀錄會顯示各參與國的國旗標幟，代表該國所提供的權威紀錄，也會呈現該權威標目所連結的作品。每一筆權威紀錄的標目名稱，無論在任何語言或字符集中，都是可以查到的，使用者可用自己習用的語文和字型查詢權威檢索點，既可找到自己國家的權威標目，也能隨時切換至其他國家的權威紀錄。

VIAF 計畫的成果，堪稱「分建共享」的理想機制，透過關聯資料（linked data）使 VIAF 達成權威資料全球共享，使用者可以看到自己習用的標目語文和字型，真正達到相互資源整合又尊重各國文化的理想。

關鍵詞彙

資源共享	合作編目
Resource Sharing	Cooperative Cataloging

集中編目 Centralized Cataloging	分享編目 Shared Cataloging
書目中心 Bibliographic Utility	品質控制 Quality Control
書目紀錄品質控制 Quality Control of Cataloging Record	核心書目紀錄 Core Bibliographic Records
權威控制 Authority Control	全國圖書書目資訊網 National Bibliographic Information Network, NBINet
美國合作編目計畫 Program for Cooperative Cataloging, PCC	單行本書目紀錄合作計畫 Monographic Bibliographic Record Cooperative Program, BIBCO
線上期刊合作計畫 Cooperative Online Serials Program, CONSER	名稱權威合作計畫 Name Authority Cooperative Program, NACO
主題權威合作計畫 Subject Authority Cooperative Program, SACO	香港中文名稱規範數據庫 Hong Kong Chinese Authority (Name) Database, HKCAN
中文名稱權威聯合資料庫檢索系統 Chinese Name Authority Joint Database Search System, CNASS	虛擬國際權威檔案 The Virtual International Authority File, VIAF

自我評量

- 試述合作編目的意義？參與圖書館之權利與義務為何？
- 合作編目的類型有哪些？
- 集中編目與分享編目的差異性為何？
- 在合作編目的基礎上，如何執行書目品質控制？
- 試述影響書目品質的因素為何？
- 成功的合作編目計畫需要具備哪些要素？

參考文獻

中文名稱規範聯合協調委員會（2016）。成員。檢索自 http://www.cccna.org/member.htm

江綉瑛（2003）。合作編目與書目網路。在陳和琴、張慧銖、江綉瑛、陳昭珍，資訊組織（頁 233-251）。臺北縣：國立空中大學。

李明錦（1997）。書目供應中心與書目網路發展對美國圖書館進行合作編目之影響。大學圖書館，1(1)，103-122。

林巧敏、林淑芬（2010）。中文名稱權威控制合作發展初探——國外案例之借鏡。在國立政治大學圖書資訊與檔案學研究所（編），圖書館、博物館與檔案館資源整合與分享研討會論文集（頁 63-94）。臺北市：國立政治大學圖書資訊與檔案學研究所。

林淑芬（2001）。書目紀錄品質控制之探討。臺北市立圖書館館訊，19(1)，56-63。

林淑芬（2012）。合作編目計畫。在圖書館學與資訊科學大辭典。檢索自 http://terms.naer.edu.tw/detail/1679250/?index=1

林淑芬、許靜芬（2000）。NBINet 系統資料庫品質管理問題之探討。在國家圖書館（編），華文書目資料庫合作發展研討會論文集（頁 115）。臺北市：國家圖書館。

胡歐蘭（1995）。研究圖書館資訊網。圖書館學與資訊科學大辭典。檢索自 http://terms.naer.edu.tw/detail/1681971/?index=4

徐蕙芬（2012）。編目轉型下公共圖書館與合作編目的新契機。臺北市立圖書館館訊，29(4)，33-46。

國家圖書館（2007）。*NBINet 合作編目書目資料處理原則：書目分級原則*。檢索自 http://nbinet.ncl.edu.tw/FileUpload/Fckeditor/file/%E5%90%88%E4%BD%9C%E7%B7%A8%E7%9B%AE%E6%9B%B8%E7%9B%AE%E8%99%95%E7%90%86%E5%8E%9F%E5%89%872008/ch2_2008.pdf

國家圖書館（2016a）。全國圖書書目資訊網：合作館一覽表。檢索自 http://nbinet.ncl.edu.tw/content.aspx?t=m&id=13

國家圖書館（2016b）。全國圖書書目資訊網：大事紀要。檢索自 http://nbinet.ncl.edu.tw/content.aspx?t=m&id=70

許靜芬（2015a）。*臺灣中文名稱權威共享資源進展（2014-2015）*。檢索自 http://www.cccna.org/NCL_CCCNA_13th_2015_AuthorityWork.pdf

許靜芬（2015b）。出席「中文名稱規範聯合協調委員會第十三次會議」報告書。檢索自 http://report.nat.gov.tw/ReportFront/report_detail.jspx?sysId=C10403240

許靜芬、陳立原（2013）。國家圖書館「臺灣書目整合查詢系統」簡介。政府機關資

訊通報，*310*。檢索自 http://www.dgbas.gov.tw/public/Data/385153523XUOZUPXC.pdf

許靜芬、鄭玉玲、林淑芬（2007）。臺灣地區中文名稱權威的現況及展望。國家圖書館館刊，*96*(2)，211-229。

郭蕙貞（2010）。大學圖書館書目紀錄品質研究：以臺灣六所大學為例（未出版之碩士論文）。國立中興大學圖書資訊學研究所，臺中市。

陳和琴、吳瑠璃、江綉瑛（1996）。圖書分類編目。臺北縣：國立空中大學。

彭慰（1995）。北美圖書館聯合目錄。圖書館學與資訊科學大辭典。檢索自 http://terms.naer.edu.tw/detail/1682945/

黃嘉鈴、江思嫻、尤慧敏（2005）。從 Open WorldCat 計劃看邁向新境界的 OCLC ── OCLC 亞太地區總裁王行仁先生專訪。中華民國圖書館學會會訊，*13*(1-2)，24-28。

顧力仁（2005）。參加「第三次中文名稱規範會議」及參訪香港圖書館報告書。檢索自 http://report.nat.gov.tw/ReportFront/report_detail.jspx?sysId=C09500095

Auto Graphics. Inc. (2016). *MARCit*[TM] *your complete cost effective cataloging resource*. Retrieved from http://www4.auto-graphics.com/products-marcit-cataloging-resource.asp

British Library. (2016a). *The British national bibliography*. Retrieved from http://www.bl.uk/bibliographic/natbib.html#

British Library. (2016b). *The BNB is 60!* http://www.bl.uk/bibliographic/pdfs/bnb_60th_birthday.pdf

British Library. (2016c). *Downloading MARC 21 records via z39.50*. Retrieved from http://www.bl.uk/bibliographic/marcdownload.html

Cooperative Online Serials Program. (2016). *What is CONSER?* Retrieved from http://www.loc.gov/aba/pcc/conser/about/aboutcn1.html

Dwyer, J. (1992). Bibliographic records enhancement: From the drawing board to the catalog screen. *Cataloging & Classification Quarterly*, *13*(3-4), 29-51.

El-Sherbini, M. (2010). Program for cooperative cataloging: BIBCO Records: Analysis of quality. *Cataloging & Classification Quarterly*, *48*(2-3), 221-236.

Hane, P. J. (1998). OCLC and WLN begin negotiations to merge. *Information Today*, *15*(11), 55.

Intner, S. S., & Weihs, J. (1990). *Standard cataloging for school and public libraries*. Englewood, CO: Libraries Unlimited.

Levine-Clark, M., & Carter, T. M. (2013). *ALA glossary of library and information science* (4th ed.). Chicago, IL: American Library Association.

Library of Congress. (2016). *Cataloging distribution service. Print product availability*. Retrieved from http://www.loc.gov/cds/availability.html

Mandel, C. A. (1992). Cooperative cataloging: models, issues, prospects. *Advances in Librarianship, 16*, 33-82.

Monographic Bibliographic Record Cooperative Program. (2014). *Program for cooperative cataloging: BIBCO participants' manual* (3rd ed.). Retrieved from http://www.loc.gov/aba/pcc/bibco/documents/bpm.pdf

Monographic Bibliographic Record Cooperative Program. (2016a). *BIBCO descriptive cataloging standard*. Retrieved from https://www.loc.gov/aba/pcc/bibco/training.html

Monographic Bibliographic Record Cooperative Program. (2016b). *BIBCO funnel membership*. Retrieved from https://www.loc.gov/aba/pcc/bibco/funnels.html

Name Authority Cooperative Program. (2016). *PCC NACO funnel projects*. Retrieved from https://www.loc.gov/aba/pcc/naco/nacofunnel.html

Online Computer Library Center. (2006). *RLG membership approves move to combine with OCLC*. Retrieved from http://worldcat.org/arcviewer/2/OCC/2010/05/07/H1273247331100/viewer/file401.htm

Online Computer Library Center. (2016a). *Becoming a member*. Retrieved from http://www.oclc.org/en-asiapacific/membership/become-a-member.html

Online Computer Library Center. (2016b). *WorldCat helps you share what makes your library great to make all libraries better*. Retrieved from http://www.oclc.org/worldcat.en.html

Online Computer Library Center. (2016c). *WorldCat quality: An OCLC report*. Retrieved from https://www.oclc.org/content/dam/oclc/reports/worldcatquality/214660usb_WorldCat_Quality.pdf

Online Computer Library Center. (2016d). *The worldwide catalog of library resources: Number of bibliographic records*. Retrieved from http://www.oclc.org/worldcat/inside-worldcat.en.html

Penney, S. (2007). What is NACO? *Feliciter, 53*(5), 231-233.

Program for Cooperative Cataloging. (2016a). *Participation in PCC activities*. Retrieved from https://www.loc.gov/aba/pcc/member-responsibilities.html

Program for Cooperative Cataloging. (2016b). *Post RDA implementation guidelines and standards*. Retrieved from https://www.loc.gov/aba/pcc/rda/PCC%20RDA%20

guidelines/Post-RDA-Implementation-Guidelines.html

Program for Cooperative Cataloging. (2016c). *Program for cooperative cataloging*. Retrieved from http://www.loc.gov/aba/pcc/

Reitz, J. M. (2016). *Online dictionary for library and information science*. Retrieved from http://www.abc-clio.com/ODLIS/odlis_A.aspx

Saffady, W. (1998). Western Library Network. *Library Technology Reports, 34*(3), 401.

Subject Authority Cooperative Program. (2016a). *Joining the SACO program*. Retrieved from https://www.loc.gov/aba/pcc/saco/join.html

Subject Authority Cooperative Program. (2016b). *About the SACO program*. Retrieved from https://www.loc.gov/aba/pcc/saco/about.html

The Virtual International Authority File. (2016a). *History*. Retrieved from http://www.oclc.org/viaf/history.en.html

The Virtual International Authority File. (2016b). *The virtual international authority file*. Retrieved from http://www.viaf.org/

第八章
書目關係與鏈結資料

作者簡介

陳淑君
(sophy@sinica.edu.tw)
中央研究院
歷史語言研究所助研究員

國立臺灣師範大學
圖書資訊學研究所兼任助理教授

學習目標

研讀本章內容之後，學習者應能夠：

- 瞭解書目關係的意義
- 瞭解書目關係的類型
- 瞭解書目關係相關實作與應用研究
- 認識鏈結資料的意義與原則
- 認識如何以資源描述架構（RDF）進行資源描述
- 認識鏈結資料在圖書館的應用案例
- 瞭解書目關係在書目架構（BIBFRAME）模型的發展

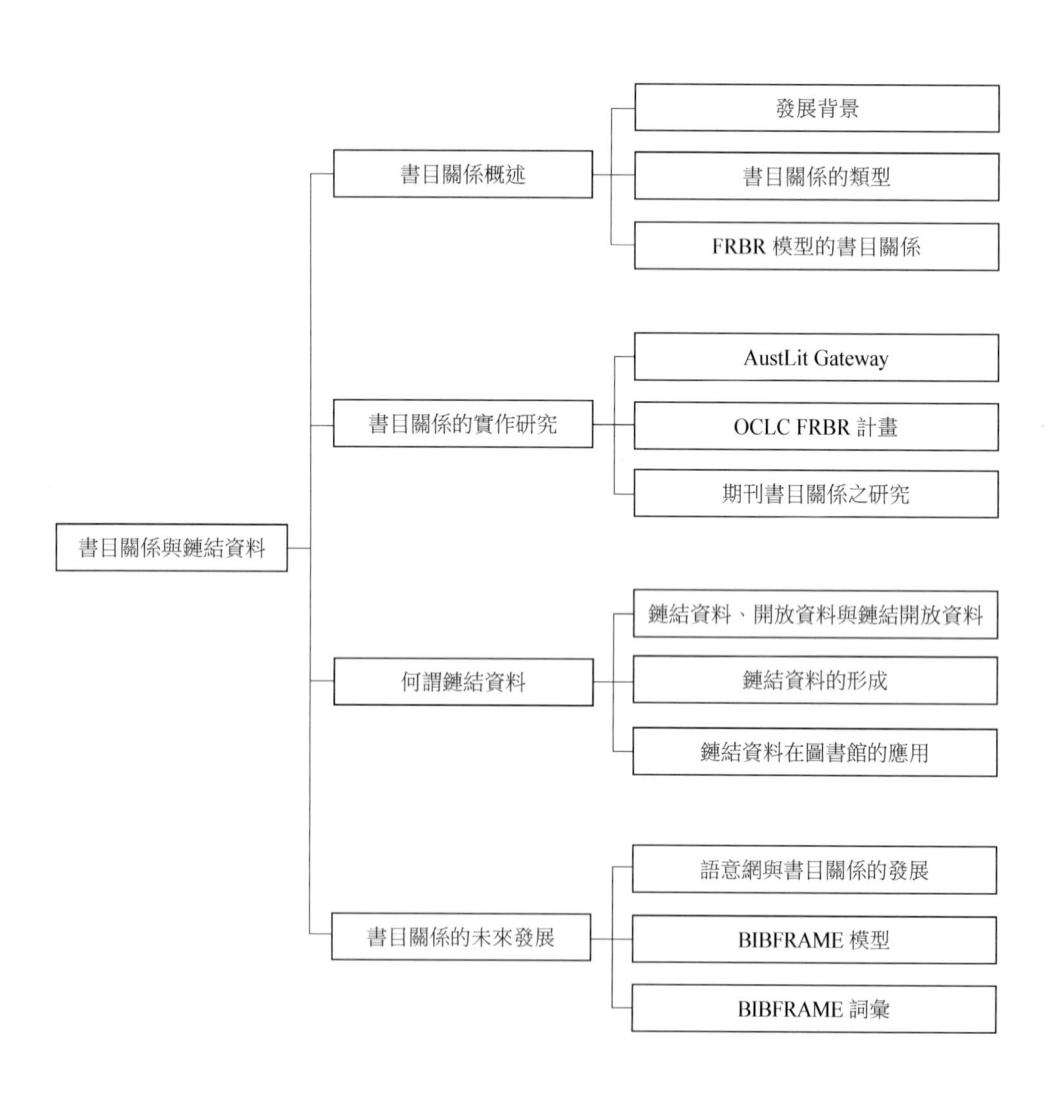

本章綱要

- 書目關係與鏈結資料
  - 書目關係概述
    - 發展背景
    - 書目關係的類型
    - FRBR 模型的書目關係
  - 書目關係的實作研究
    - AustLit Gateway
    - OCLC FRBR 計畫
    - 期刊書目關係之研究
  - 何謂鏈結資料
    - 鏈結資料、開放資料與鏈結開放資料
    - 鏈結資料的形成
    - 鏈結資料在圖書館的應用
  - 書目關係的未來發展
    - 語意網與書目關係的發展
    - BIBFRAME 模型
    - BIBFRAME 詞彙

第八章
書目關係與鏈結資料

第一節　書目關係概述

一、發展背景

　　書目關係（bibliographic relationships）是兩個或以上書目實體之間的關聯，包括記述編目的所有關係，是讓讀者瀏覽於書目世界的一種方式，目錄的目的與功能即是藉由此關係與連結而達成（張慧銖，2002；Green, 2001; IFLA Study Group on the Functional Requirements for Bibliographic Records, 1998; Tillett, 1991）。而目錄的功能有哪些呢？自19世紀以來，西方編目史以Panizzi、Jewett、Cutter、Pettee、Verona與Lubetzky等學者為代表，發展出一系列的重要理論，提出藏品資訊的聚合及辨識功能，具體而言是讓使用者可以透過作者、題名或主題找到所需要的作品，並且將每位作者的全部作品、每件作品的所有版本，及每項主題的所有材料分別聚集在一起。此方面知識的延伸閱讀，包括詳細與精簡論述，可以進一步參考張慧銖（2003，2002）的專書《圖書館目錄發展研究》，以及期刊論文〈從作品與書目關係探討圖書館目錄之目的〉。20世紀末，基於許多作品開始大量出現多種載體，如：一部小說的原著圖書、電子書及有聲書等，產生一個與時俱進展現書目家族的需求。國際圖書館協會聯盟（International Federation of Library Associations and Institutions，簡稱IFLA）在1998年出版的《書目紀錄功能需求》（*Functional Requirements for Bibliographic Records*，簡稱FRBR），提出書目紀錄需求包括查詢（find）、辨識（identify）、選擇（select）及獲取（obtain）等四大功能。21世紀初，學者進一步增加導航（navigate）功能，而書目關係也就是建構在滿足這些功能的基礎上所發展。

二、書目關係的類型

根據 Vellucci（1998）研究，自有書目以來，書目關係的探討便一直存在。過去此議題隸屬於目錄聚合功能的研究項目之一，1970 年代線上目錄興起，帶動出更複雜目錄架構的需求，而使其成為一項獨立的研究議題。書目關係的類型之理論探討，早期包括 UNIMARC Format 提出三類的書目關係，包括：

（一）垂直關係：指整體作品與其組成部分，以及部分與其整體作品的從屬關係。
（二）平行關係：指單件作品之間不同語言、不同形式版本及不同載體之間的關係。
（三）年代關係：指不同單件作品之間的時間關係。

爾後，Tillett（1987）根據 24 個影響美國圖書館的編目規則進行分析，研究發現提出七種類別的書目關係，分別如下：

（一）等同關係（Equivalence Relationships）

泛指作品內容及其著作者相同的作品，範圍包括完全相同的作品，或原作品與其相同或不同資料型態作品的關係，如：複本／刷次本（copies/impressions）、版次／重刊（issues/reissues）、傳真本／再印本（facsimiles/reprints）、影印本（photocopies）、微縮複製品（microforms）、其他複製品等。

（二）衍生關係（Derivative Relationships）

係指原作品及其修改作品間之關係，在 UNIMARC 中又稱為水平關係（horizontal relationships）。適用範圍分述如下：

1. 翻譯作品（translations）：通常編目規則將之視為原作品的另一版本（versions），例如：國立臺灣大學圖書館所藏 1958 年在紐約出版 *Dream of the Red Chamber*，是為曹雪芹《紅樓夢》的英譯本。
2. 不同版本的作品（editions）：透過修訂、擴大或節縮等方式變化原作品的產物。
3. 小幅修改的作品（other slight modifications）：包括地圖的比例尺、藝術作品顏色的改變等。
4. 改寫或改編作品（adaptations or arrangements）：編目規則視此類衍生作品為新作品。例如：國立臺灣大學圖書館所藏，1982 年康來新撰《失去的大觀園：紅樓夢》改編自《紅樓夢》，是中國歷代經典寶庫青少年版叢書的其中之一。

5. 樣式改變的作品（changes of genre）：如小說改成劇本，編目規則亦視之為新作品。例如：國立臺灣大學圖書館所藏，丁亞民編劇的《紅樓夢》乃根據清代曹雪芹原著改編拍攝的電視劇。
6. 模仿作品（new works based on the style or thematic content of other works）：根據原作精神風格予以自由翻譯、意譯、模仿或諷刺性模仿的作品，視為新作品。

（三）描述關係（Descriptive Relationships）

又稱為指示關係，包含作品及提及該作品的另一個作品，係指原作及其敘述、批評、評價等作品間的關係，諸如：一書及其書評。此外，也包括註解版本、專題資料集、註釋、文學評論等，例如：胡適的《紅樓夢考證》。

（四）整部關係（Whole-Part Relationships）

泛指整套作品與該作品個別組成份子間的關係，如選集與其所含的短篇故事。在 UNIMARC 中又稱為垂直（vertical）或階層（hierarchical relationships）關係。Tillett（1987）把整體作品依其性質區分為實際與抽象作品兩大類，兩者由包含、摘選與抽象等三種關係組合而成，分述如下：

1. 實質的整套作品（Physical Whole）

其中含括 (1) 包含關係（containing relationships）：整套作品與其個別冊次間的關係。(2) 摘選關係（extractive relationships）：作品及其內容摘選且單獨出版之著作間的關係。

2. 抽象的整套作品（Abstract Whole）

抽象關係（abstract relationships）：作品與其部分內容著作間的關係。此與摘選關係不同的是，此處所指的作品並非實際上之套書，它不過是一個抽象性套書。例如，針對某一特別法庭案例，彙集所有法律的相關文獻，此時該案例即稱為抽象性套書，而相關文獻即為此套書的部分內容。另外在文學上，經常以"works"及"selections"等劃一題名來表達這種抽象性關係。

（五）伴隨關係（Accompanying Relationships）

又稱為同伴關係（companion relationships），泛指原作品與其附屬作品間的關係。其可能是作品與其附屬作品間有主、次之分的關係，功能上彼此可相互補充或該附屬作品可以突顯主要作品，例如：附在教科書後面的電腦磁碟，或用於說明主文的伴隨插圖。附屬作品範圍約涵蓋下列四種：
1. 補正主要作品的內容，例如：修正、增補。
2. 補遺，例如：附錄、教師指引。
3. 圖解說明主要作品，例如：地圖集、插畫。
4. 提高使用主要作品的資料，例如：索引。

上述的這些伴隨品，是一個整體的附屬部分，另一種情況，則是被包裝在一起的獨立組成成分。例如：中央研究院出版的《臺北歷史地圖散步》圖書、「臺北歷史地圖APP」、「1935年臺灣博覽會紀念臺北市街圖」，分別為圖書、app行動應用程式及地圖。這三種資料可以組成一套相互補充的關係，但也可以分別獨立使用。對於網路使用者而言，從手機下載使用「臺北歷史地圖APP」便可以穿越古今看見臺北時代變遷，若結合《臺北歷史地圖散步》圖書，則可以藉由專文解說更進一步地瞭解地圖景點的故事脈絡。同理，若使用者在閱讀《臺北歷史地圖散步》實體圖書之際，再使用「1935年臺灣博覽會紀念臺北市街圖」，則可以藉由完整的原件地圖複製品提供該年代的某區域的整體總覽。

（六）連續關係（Sequential Relationships）

係指原作品與其題名更易前／後著作間的關係，在UNIMARC中又稱為年代（chronological relationships）關係。範圍主要涵蓋下列三種：
1. 叢書（series）：題名多變的叢書。
2. 連續性出版品（serials）：一份易名的期刊。
3. 續編（sequels）：某一著作的續集。

（七）共享特質關係（Shared Characteristic Relationships）

共通性關係的作品間並沒有特意讓彼此產生關聯，而是藉著語文、出版年、內容主題等相同特質而形成的關係。事實上，此一關係是因應線上目錄而產生的，狄麗特對共通性關係僅交待其意義並未加以研析。

Smiraglia 於 1992 年則以大學圖書館目錄為樣本，探究作品間衍生關係的特色與程度，研究發現衍生關係作品占整體目錄 49.9%，其中 40～63% 的衍生關係作品並無明確連結機制。換言之，這些作品之間有關係存在，但卻無法在目錄中呈現此脈絡。該研究歸納出作品間的衍生關係包括：同步衍生、相繼衍生、翻譯、擴大、摘錄、改編、表演等七種類型。此外，Vellucci（1997）也針對音樂作品進行書目關係研究，發現音樂作品的關係類型與 Tillet 提出的書目關係類型相符，其中 97% 樂譜皆至少存在一種關係，並且發現共有六種書目關係，但有 33% 的關係無法辨識。此六種關係分別是等同關係、衍生關係、描述關係、整部關係、附屬關係、連續關係等類型。

三、FRBR 模型的書目關係

　　1998 年由 IFLA 出版的《書目紀錄功能需求》（以下簡稱 FRBR）是書目關係的相關論述之中，至為重要的研究結果，其受到 Tillett 在 1987 年提出的分析結果影響至深，便進一步對書目關係提出新的論述，包括發展出作品（work）、表現形式（expression）、具體呈現（manifestation）及單件（item）等四個層級的書目實體（entity）。FRBR 採用實體分析法，首先找出使用者關注的核心物件，歸納出三個模組的實體，接著為實體定義出重要的屬性，建立各模組之間的關係，最後再與使用者任務進行對應，發展出讀者對於書目資訊需求的建議。第一組實體代表使用者對於知識與藝術創作的不同關注層面，包括「作品」、「表現形式」、「具體呈現」及「單件」四個層次。第二組實體則是負責傳播、製作或維護保存此創作（第一組實體）的人物與團體。第三組實體表現此創作的主題相關資訊，諸如：概念、物件、事件及地點等。詳細的 FRBR 家族說明，請詳閱本書第四章。上述 FRBR 三組實體本身及之間存在豐富的關係，以下分別以主要關係、責任關係、主題關係，及內容關係等四大類型加以說明。

（一）主要關係（Primary Relationships）

　　此類關係意指在 FRBR 第一組實體的四個層級「作品」、「表現形式」、「具體呈現」與「單件」之間，所存在含蓄、不明確但卻是最基礎的關係（Tillet, 2001）。

1.「作品」與「表現形式」之間存在「實現」關係。
2.「表現形式」與「具體呈現」之間存在「具體化」關係。
3.「具體呈現」與「單件」之間存在「實例」關係。

（二）責任關係（Responsibility Relationships）

　　第二組與第一組實體之間具有「責任關係」，第二組實體「個人」與「合作團體」與第一組實體具有以下四種不同類型的責任關係（IFLA Study Group on the Functional Requirements for Bibliographic Records, 1998）：
1. 與「作品」之間存在「創作」關係。
2. 與「表現形式」之間存在「實現」關係。
3. 與「具體呈現」之間存在「生產」關係。
4. 與「單件」之間存在「擁有」關係。。

（三）主題關係（Subject Relationships）

　　第三組實體表現知識創作的主題相關資訊，包括：概念、物件、事件、地點，其與第一組實體「作品」之間具有的「主題」關係。

（四）內容關係（Content Relationships）

　　內容關係可視為知識或藝術創作延續的一部分，主要包含等同關係（equivalent）、衍生關係（derivative）與描述關係（descriptive）等三類。如圖8-1所示，當使用者從最左方以原作品（original）為起始點，往右方延續前進，距離原「作品」越遠，關係也越疏遠。在FRBR模型之中，內容關係和上述的主要關係同時存在於第一組實體，適用在作品之間，也存在於作品及其表現形式、具體呈現、單件之間，此類關係長期以來一直是書目關係的論述及實作的主要焦點。

　　從圖8-1的垂直虛線所示，根據Tillett（2001）研究觀察，「英美編目規則」已經宣布一個分界點，用以判定當知識或藝術創作已改變至構成一個新作品之際，何時需在圖書館編目中建立新紀錄。即使表現形式改變，除非已到達分界點，否則作品視為相同。而在等同關係中，即使具體呈現已經改變，但作品及表現形式都是相同的。關於等同、衍生與描述等三類關係，請詳前述Tillett（1987）根據24個影響美國圖書館的編目規則進行分析，所提出的書目關係類型。其中，

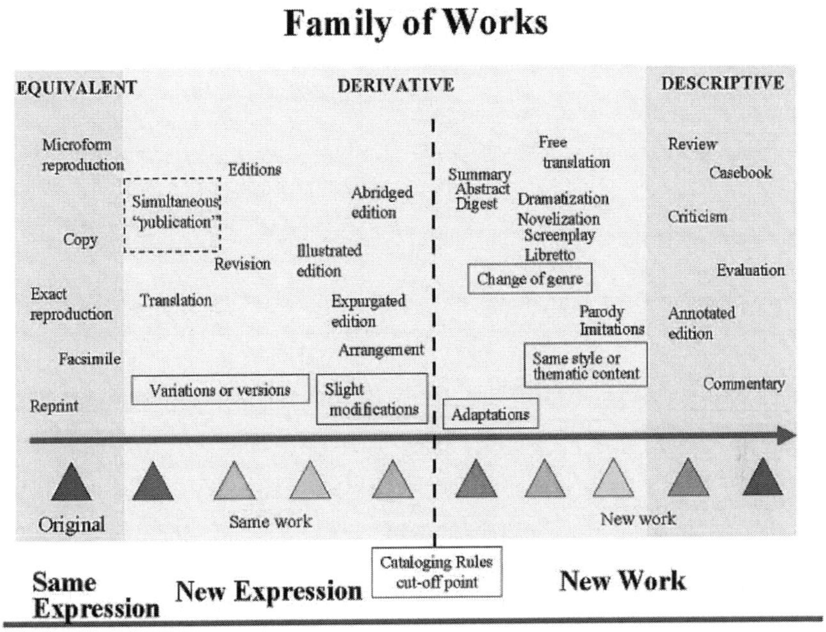

Family of Works

図 8-1　書目家族的內容關係

資料來源：Tillett（2001, p. 23）。

等同關係存在於知識創作相同的實體之間，包含原件與影本、拷貝、傳真、複製、影印、微卷及其他類似複製物之間的關係。但實體間是否如實等同，是相當主觀的判斷。例如，對善本書的專家而言，書上的標註等細節是重要，可區分出不同具體呈現的單件；但相對於較關注在知識創作層次（作品／表現形式）者，這些標註可能就不是他們感興趣的重點，反而具體呈現才是符合其需求的對象。在此情境下，書目紀錄或館藏紀錄需能反映具體呈現或單件層次上的細節資料，讓使用者判斷對他們的重要性，以進行單件的選擇。

第二節　書目關係的實作研究

以 FRBR 模型為中心的書目關係，自 1998 至 2008 年十年間，已產出相當多的應用與實作研究，應用範疇包括電子資源、連續性資源、音樂作品、版權管理、

圖書館視障者、影音資料、視覺資源、地圖、權威控制、主題索引、古物、表演藝術、語意網、品質控制、作品的組成部分、國家書目資料庫、口傳文獻、非書資料等十餘種不同的資料類型與書目關係相關研究。在實作方面，也包含十餘個相當多樣性研究的計畫（FRBR Review Group, 2008）。本節選取國內外共三個個案加以介紹，分別代表圖書館的圖書與期刊等資料類型。

一、AustLit Gateway

本計畫係1999至2002年間由八個澳洲大學與澳洲國家圖書館所組成的聯盟，為澳大利亞研究委員會贊助，旨在建立澳洲文學主題目錄（subject gateways）。基於八個大學先前皆已建置各種的澳洲文學傳記作品，資料包括紙本、電子型式與多樣性的資料庫，但在提供服務的過程遭遇諸多的問題與挑戰，例如：澳洲文學資料庫的軟體，無法支援相關的互通協訂（如：Z39.50）；許多資料庫收錄重複的作品內容等。由於這些文學作品資源散布在各處，又面臨匱乏的經費支援，因此促成這些組織機構採取合作模式，以確保所有的澳洲文學資訊資源，能夠由單一資訊入口提供描述與檢索，進而達到最佳的成本效益。本個案採用並擴大FRBR模型，新增ABC本體模型（ABC Harmony）及<indecs>詮釋資料架構（interoperability of data in e-commerce systems，簡稱INDECS）成為事件模型（Lagoze & Hunter, 2002; Rust & Bide, 2000），以闡釋作品的創作事件、表現形式的實現事件、及具體呈現的具體化事件。此外，AustLit也延展FRBR第二類實體，就「作者」與「組織機構」新增許多概念，包括：作者與組織出生與死亡事件，及上述事件中日期及地點的屬性；得獎事件、名稱、日期、地點的屬性；性別、國籍、自我主張文化遺產屬性；到達澳洲的事件及其日期屬性；使用替代名稱屬性（用以瀏覽筆名或其他多重名字）；檔案的持有者屬性等。AustLit計畫共轉換超過35萬筆作品與4萬筆作家的紀錄，並加入更豐富的表現形式與具體呈現之資訊，證實FRBR模型落實的可操作性研究方法。本個案展現幾項特色，包括（一）此個案藉由FRBR模型的豐富的關係，連結與整合原本分散於各圖書館系統的相關作品；（二）嘗試借用並引入以事件為導向的資料模型，並建立作品在不同層次與面向的事件之間的關係（張慧銖、林時暖，2004；陳淑君，2007）。

二、OCLC FRBR 計畫

OCLC 有為數眾多的書目資料庫，因此針對 FRBR 模式進行一系列重要的研究計畫，其目標包括：（一）測試 FRBR 結構在大型目錄資料庫的可行性。（二）檢視書目紀錄轉換成符合 FRBR 需求的相關議題。（三）利用 FRBRized 的資料庫建立標準服務。其計畫實施方式則是藉由案例研究，用以瞭解書目紀錄和書目物件的關係呈現，以便決定書目紀錄中的資訊是否能確實地展現 FRBR 實體。以其中 1999 至 2002 年間進行的 FRBRizedWorldCat 計畫為例，其目標在於檢視書目紀錄轉換成符合 FRBR 需求的相關議題，探索「作品」（work）在 OCLC 聯合目錄（WroldCat）的概念，由此預估 WorldCat 書目資料庫中，作品的數量，以及描述這些作品的重要特徵。該實作以 FRBR 對「作品」與「具體呈現」的概念，至 WorldCat 中取 1,000 筆樣本書目紀錄，並且以此估算近 5,000 萬筆紀錄中，作品數量約是多少，及他們的相關特徵為何。1,000 筆樣本紀錄係隨機抽出，含蓋的資料類型分別是：85% 書、5% 連續性出版品、4% 音樂表演與樂譜、3% 投影媒體、2% 地圖，以及其他各種的形式，如：錄音帶、電腦檔案、二度空間圖形等。

研究結果，1,000 筆樣本記錄中（有效樣本 996 筆），共發現 8,698 筆相關記錄。該研究推估 WorldCat 共約存在 3,200 萬筆的「作品」，平均每個「作品」有 1.5 個「具體呈現」；78%「作品」（約 2,500 萬筆）只有單一「具體呈現」；99%「作品」少於 7 個「具體呈現」；只有 1%「作品」（約 30,000 筆）多於 20 個「具體呈現」。作品的類型包括三種，分別是（一）基本作品：「作品」只有單一「表現形式」及「具體呈現」。例如：政府報告。（二）簡單作品：「作品」只有單一「表現形式」，但有多重的「具體呈現」。例如：博士論文有紙本與微縮片等兩種「具體呈現」。（三）複雜作品：「作品」具有多重的「表現形式」，例如：教科書的多重版本。此類型約占整個 WorldCat 資料庫 6%（約 200 萬筆作品）。該研究計畫並就 996 筆有效樣本紀錄中，複雜的作品進行深度檢視與分析，結果可以歸納出如下的六種類的表現形式：（一）增加的作品（augmented works）：如，插圖、序言等。可由 MARC 700 欄位識別。（二）修訂的作品（revised works）：如，目前版本取代之前的版本，可由 MARC 250 欄位識別，約占所有複雜作品的二分之一（約 200 萬筆作品）。（三）收集的作品（collected/selected works）：如，單一作者多種作品的組合。可由 MARC

第八章｜書目關係與鏈結資料

245欄位識別。（四）多種的譯本（multiple translations）：如，不同語言的作品，可由 MARC 008 欄位識別，約占所有複雜作品的四分之一。（五）多種的表現形式形式（multiple forms of expression）：以不同表現形式形式呈現，如，文字、影像，聲音等。可由 MARC 紀錄標示中的「類型」與「書目的層次」識別。（六）多種譯本與多種表現形式形式（multiple translations/multiple forms of expression）。

該研究發現 FRBR 應用在 WorldCat 展現圖書館目錄的幾項潛在益處，包括：（一）只需專注於相當少量複雜的作品（約占所有作品20%），即可讓整個資料庫發揮最大效益。（二）FRBR 模型是個實體間富含關係的模型，相當有助於書目紀錄的複本清除任務。（三）該實驗系統雛型，清楚呈現出如何達到查詢（find）、辨識（identify）、選擇（select）、獲取得（obtain）等功能（張慧銖、林時暖，2004；陳淑君，2007）。

三、期刊書目關係之研究

根據張慧銖（2015）的文獻分析，由於連續性出版品的組成結構不同於一般圖書，若從其最基本的組成結構區分，可以分為整份期刊、單期與單篇三個層次，且每個層次都可屬於智慧與藝術創作，如何導入 FRBR 第一組實體的四個層次中，尚缺之詳細的說明與例子。因此，FRBR 模型應用於期刊的最大問題之一，是期刊包含二個以上可被認定為作品的實體，在此狀況下，所謂的作品究竟所指為何？該研究進而歸納出期刊所涵蓋五種書目關係如表8-1。

該研究整理出期刊所涵蓋的書目關係後，導入具改名、分衍、合併等複雜關係之期刊樣本，並且以 MARC 21 為其著錄格式，分析為建立期刊各種書目關係所需之欄位，研究結果發現可呈現期刊所涵蓋的上述五種書目關係。接著，在此研究中導入 FRBR 模型第一組實體於期刊書目家族之建立，指出相對應之 MARC 21 欄位可予以呈現並建立期刊家族。最後，該研究希望藉由數位物件識別碼（digital object identifier，簡稱 DOI）核心元素與 FRBR 的對應，進而探討期刊於申請 DOI 辨識碼的同時即能建置其書目關係的可行性。因此，該個案根據所整理的期刊書目關係 MARC 21 詮釋資料欄位，將其對應到註冊 DOI 需建立的核心元素，結果顯示涵蓋期刊書目關係之欄位皆可著錄於核心元素（張慧銖、

表 8-1　期刊所涵蓋書目關係一覽

期刊涵蓋書目關係	期刊出版狀況
1. 對等關係	• 各期（issues） • 區域性版本 • 特殊對象版本 • 特殊體例或類型版本 • 重印本 • 電子版本 • 微縮複製版
2. 衍生關係	• 翻譯版：譯自（translation of）；譯作（translation as） • 其他語文版本
3. 整體部分及部分整體關係	• 特刊（special issue） • 本篇（parent） • 在（in） • 組成單元（constituent unit）
4. 附屬關係	• 補篇（has supplement） • 本篇（supplement to）
5. 順序關係	先前款目 • 繼續（continues） • 衍自（continues in part） • 由……及……合併合成（formed by the union of... and...） • 合併（absorbed） • 部分合併（absorbed in part） • 由……分出（separated from） 後續款目 • 改名（continued by） • 部分改名（continued in part by） • 併入（absorbed by） • 部分併入（absorbed in part by） • 衍成……及……（split into... and...） • 與……合併為（merged with... to form...）

資料來源：張慧銖（2015）。

2015）。此個案以實證方法，嘗試識別出期刊的書目關係，並且進一步與MARC 21及DOI的對應，提出一套建立期刊家族的建置方案，展現的是從FRBR的理論到實踐的在地化研究。

第三節　何謂鏈結資料

一、鏈結資料、開放資料與鏈結開放資料

　　Linked Data中譯為關聯數據，鏈結資料，鏈結資料，連結資料，鍵連資料等不同名稱，本文以鏈結資料統一行文。首先，本節將探索何謂鏈結資料？與開放資料及鏈結開放資料等三個概念之間有何異同及相關性呢？

　　「鏈結資料」（linked data）一詞是由全球資訊網協會（World Wide Web Consortium，簡稱W3C）主席暨全球資訊網創始人Tim Berners-Lee於2006年首次提出，主要目的是為實現語意網的願景而設計的方法，其被視為是和全球資訊網的發明一樣的巨大變革。鏈結資料是指利用全球資訊網為不同來源資料建立彼此之間鏈結，這些資料來源可能是兩個處於不同地理位置的機構所維護的資料庫，也可能是一個機構內無法在資料層面上進行互通的不同系統。就技術而言，鏈結資料意指資料能以機器可讀，且意義被清楚界定的方式發布於全球資訊網，並且連結至其他外部資料集，同樣也可連結來自外部資料集的資料（Berners-Lee, 2009a, 2009b）。「開放資料」（open data）的概念是將資料開放，讓任何人能以不受版權與其他控制機制的方式自由存取、使用、修改，以及分享，最多僅需要作姓名標示或相同方式分享的標註（Open Knowledge International, 2009）。開放資料在臺灣的實例包括：臺北市政府開放資料平臺，及國立故宮博物院資料開放平臺等。Berners-Lee（2009b）認為所謂「鏈結開放資料」（linked open data）是在開放授權下發布且能不受限制地再使用的鏈結資料。Europeana（2012）認為鏈結開放資料是發布結構化資料的方式，允許詮釋資料可以被連接與充實，從而使不同描述的相同內容可以在網路被找到，並且和相關資源連結。實例包括：Europeanea及臺灣原住民族鏈結開放資料入口網（網址：http://lod.apc.gov.tw/）。

　　綜合上述可以瞭解，「開放資料」主要是資源共享與再利用的一種概念。而「鏈結資料」是一種論述在技術層面可以如何應用開放資料的方法，強調以標準

化及結構化格式讓機器理解以增加使用效率。「鏈結開放資料」則是結合「鏈結資料」的技術與「開放資料」的開放授權。不過，許多文獻常將「鏈結資料」與「鏈結開放資料」視為相同概念，並且常以「鏈結資料」為代表使用。

二、鏈結資料的形成

　　發布在全球資訊網的鏈結資料是一種資料網（web of data），是以資料為主的網路，提供資料時連帶提供有意義的資訊，方法是使用資源描述架構（resource description framework，簡稱 RDF）格式的資料以形成連結世界上任何事物的網路，便於將來在此基礎上建構更智慧的應用。此將有別於當前由超連結所連接起來的超文件標示語言（HTML），仍以文件為主的網路（web of documents）。鏈結資料作為一種發布資料的方法，可以視為語意網的一種實現方式。它不但對當前的超文件網路進行擴展，使來自不同領域的資料相互鏈結，同時也對網路上紛繁混亂的資訊資源進行查詢、辨識、選擇與定址。為達到此目的，Berners-Lee（2009b）提出在發布鏈結資料時應具備的四項原則：

（一）使用統一資源標誌符（URIs）作為任何事物的標識；
（二）使用超文本傳輸協定暨統一資源標誌符（HTTP URIs）讓任何人皆可以查找到這些名稱；
（三）當有人找到任何 URI 時，使用資源描述架構（RDF）及語意查詢語言（SPARQL）等標準提供有用的資訊；
（四）盡可能提供相關的 URIs，以讓人可以發現更多的事物。

　　RDF 是上述原則中，構成鏈結資料最核心的內涵之一。它是基於圖像式資料模型，其運算式的基本結構是是運用三元組（triples）的集合，包括主體（subject）、謂詞（predicate）及客體（object）來描述任何資源，成為意義完整明確的描述（statement），讓電腦可以理解並處理描述的對象等訊息。一系列這樣的三元組被稱為 RDF。以圖 8-2 為例：

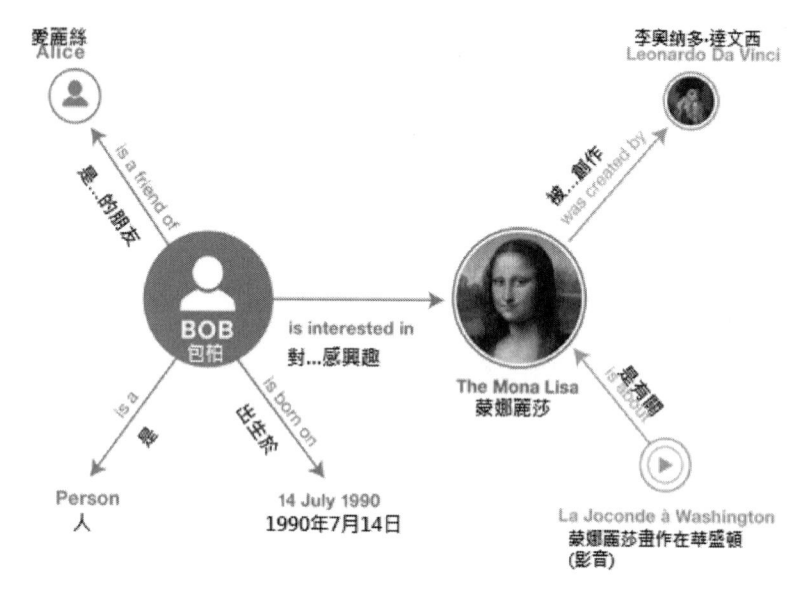

圖 8-2　三元組範例的 RDF 意示圖

資料來源：譯自 World Wide Web Consortium（2014）。

　　圖 8-2 共呈現了六條三元組的資源描述，用以說明蒙娜莉莎作品的創作者，該作品相關的影片，及對該作品感興趣者和此人的基本資訊。表 8-2 則以三元組方法描述：

表 8-2　三元組描述範例

主體（subject）	謂詞（predicate）	客體（object）
蒙娜莉莎畫作	被……創作	達文西
蒙娜麗莎畫作在華盛頓（影音）	是有關	蒙娜莉莎畫作
包柏	對……感興趣	蒙娜莉莎畫作
包柏	是……一種	人
包柏	出生於……	1990 年 7 月 14 日
包柏	是……的朋友	愛麗絲

資料來源：本文作者整理。

一旦完成了資料的三元組，接下來可以進一步為這些主體、謂詞、客體內的標籤進行概念上的分類，讓系統可以同中求異、異中求同。例如：達文西、包柏、愛麗絲是「人」概念；蒙娜莉莎畫作、蒙娜麗莎畫作在華盛頓（影音）皆是「物件群」概念；出生於……是「出生事件」概念；是……一種為「從屬」的概念等。進行前述整個概念的分類，便是開始進入領域模型化的研究發展。廣義的圖書館社群在此方面，包括美國國會圖書館的 BIBFRAME、大英圖書館資料模型（British Library Data Model）、及歐盟數位圖書館資料模型（Europeana Data Model，簡稱 EDM）等。此外，鏈結資料與 RDF 之間主要的區別，在於鏈結資料是為了發布在網路並提供搜尋，因此描述資源的三元組是由 URI 和 HTTP 協定組合而成的統一資源識別符（uniform resource identifier，簡稱 URI），以便在揭示並獲取資料之際，同時強調資料的相互鏈結，以及有助於人和電腦能理解的語意資訊。

三、鏈結資料在圖書館的應用

　　對於圖書館社群而言，過去已經累積非常豐富的館藏資源，並且擁有大量的結構化書目資料與權威檔。在網意網的環境中，這些資料一方面是資料網重要的一環，但另一方面也可能是一種負擔。因為圖書館的人力資源及經費預算並未成長，但不斷增加的館藏資源在目前以機讀編目格式為基礎的目錄系統中，如同圓穀倉般儲存於封閉系統，無法輕易地在全球資訊網被檢索。因此，近年來許多圖書館希望將館藏目錄發布成為鏈結資料，讓這些資源傳播的範圍更廣，並且希望藉由與外部資源的鏈結，增加本身館藏在網路世界的再利用價值及能見度。國外圖書館界對於鏈結資料的應用已帶動編目標準與理論的創新發展，朝向跨出圖書館社群與更多樣性資源的鏈結與整合。以下分別以「瑞典國家圖書館」、「國際圖書館電腦中心」（Online Computer Library Center，簡稱 OCLC）及「美國國會圖書館」等三個全球在此領域的先驅及成功案例加以說明。

（一）瑞典國家圖書館

　　由瑞典國家圖書館發展的瑞典聯合目錄（Library Information System，簡稱 LIBRIS），是全球圖書館社群最早期將書目發布為鏈結資料的個案，共包

含來自 175 個圖書館的 600 萬筆書目紀錄。此計畫為每個資源建立統一資源識別符（uniform resource identifier，簡稱 URI），採用 FOAF（Friend-of-A-Friend）、SKOS（Simple Knowledge Organization System）、BIBO（Bibliographic Ontology）、Dublin Core 等標準詞彙揭露資料，再連結到 DBPedia 及美國國會圖書館標題表（Library of Congress Subject Headings，簡稱 LCSH）等外部的鏈結資料集，並且於 2008 年公布為鏈結開放資料（Byrne & Goddard, 2010; Söderbäck, 2009）。此個案採取的策略是「資料優先」（data first）勝於「完美的詮釋資料優先」（perfect metadata first）（Malmsten, 2009），也就是先求有鏈結資料產生，後續再求完善的資料品質，如此可以在較短時程內積累大量資料，進而在此基礎上開發各種應用。此外，從此個案所採用的詞彙標準可以觀察到其並不只限於圖書館學領域，而是嘗試跨界到其他更大的社群，能與外部的大型鏈結資料集進行連接。

（二）國際圖書館電腦中心（OCLC）

OCLC 於 2009 年將杜威十進分類法（Dewey Decimal Classification，簡稱 DDC）發布為鏈結資料，成為鏈結資料雲的一部分，藉此將 DDC 的應用擴展到圖書館以外的其他領域。2012 年，OCLC 為使其書目資料能夠在網路環境更容易被搜尋引擎發現，期能得到更多的利用，因此將 WorldCat 書目資料以 Schema.org 作為語彙來源，標註於書目資料內並發布為鏈結資料。Schema.org 是 2011 年 6 月由 Google、Microsoft、Yahoo、Yandex 等搜尋引擎共同發表與推出，為網路資源的語意描述和標註提供的通用而核心的語彙架構，也是發布結構化資料的標準，其以協作方式讓採用者可以很容易地進行擴展，目前已有超過 1 千萬個網站使用 Schema.org，以幫助搜尋引擎的應用程式運用這些語彙，更容易發現並利用隱含的資料。OCLC 藉此方法將其豐富的書目資料正式推向網路環境，至 2014 年 9 月則已累積 2.15 億筆 WorldCat 的作品層級的圖書資料。此外，OCLC 透過 W3C Schema Bib Extend Community Group，進行 Schema.org 在書目資訊領域的擴充，讓 BIBFRAME 與 Schema.org 可以對應，以求此標準可以更加滿足圖書館之需求（吳貝貝、夏翠娟，2015；Online Computer Library Center [OCLC], 2016）。

（三）美國國會圖書館

美國國會圖書館以簡單知識組織系統（SKOS）格式，將該館的一系列權威檔發布成鏈結資料。美國國會圖書館標題表（LCSH）是其中最早的一項計畫，是該館參與 W3C 語意網工作小組的成果，其從 26 萬筆標題產生出 244 萬條三組元的鏈結資料，並且提供 LCSH 標題表下載服務，是全世界圖書館社群在鏈結資料的應用典範（Summers, 2008）。此外，美國國會圖書館亦致力於建立已成鏈結資料的權威檔，再與不同資源進行鏈結，其中 LCSH 與前述提及的瑞典聯合目錄 LIBRIS 即是一個範例。除此，SKOS 的資料可以再與外界資源進行鏈結，包括 GeoNames、DBPedia 等。從此個案可以觀察到，鏈結資料可以提供結構化的資料，作為圖書館書目資訊擴展至整個全球資訊網的基礎，為使用者提供新的知識探索服務，獲取圖書館以外的資訊。圖書館還可以將自己的資源發布為開放鏈結資料，讓使用者再連結返回到圖書館。此外，該館自 2011 年開始研究發展 BIBFRAME 模型，旨在取代 MARC 的書目格式標準，此部分將於第四節詳述。

第四節　書目關係的未來發展

一、語意網與書目關係的發展

隨著近年來語意網穩定而快速的發展，已改變人們存儲、搜尋、使用資訊的方式，對圖書館以整合式系統與 OPAC 檢索的服務方式造成衝擊。為解決圖書館界龐大的書目資料只能局限於內部使用，無法被網路使用者利用的困境，必需以更積極的方法將過去百年來累積的書目資料「轉換」為能在全球資訊網搜尋到的資料。但是，「轉換」的概念、原理與方法將與過去我們曾經經歷過的圖書館自動化轉換，有非常大的差異性。其中，對於書目關係最大的改變，是關係類型將建立在更小的資料單元。換言之，過去我們以書目為單元，建立不同書目之間的關係，但未來我們處理的是書目內可抽取的 RDF 三元組為單元，建立三元組之間的關係。

在 Time Berners Lee 提出「語意網」與「鏈結資料」概念後，圖書館社群開始利用鏈結資料提升現有的資料，使其適應網路環境的發展。BIBFRAME 即是其中的一項重要工作。為取代機讀編目格式（MARC）以書目描述為重點，無法

完整呈現書目資源之間的關係，以及只能存放於圖書館 OPAC 系統，技術層次不容易將資料互通至 Web 中自由使用，美國國會圖書館 2011 年開始以未來書目描述於網路世界為基礎，採用語意網和鏈結資料方法發展書目架構（BIBFRAME）計畫，設計的目的是整合和參與廣大資訊社群並適用於圖書館界。書目架構由以下三個方式建立而成：（一）區分概念的內容與實體和數位的型式，（二）明確的定義資料的實體（如代理部分），（三）將實體之間的關係表明。該計畫於 2012 年底完成 BIBFRAME 模型草案，2016 年 4 月公布 BIBFRAME 2.0 版本。美國國會圖書館與大學圖書館共同合作推動 BIBFAME，設定了三個階段的目標。短程目標是願景評估、BIBFRAME 模型改善、轉換機制改善、先導實驗等，主要是理論知識及可操作性研究，以確定 BIBFRAME 實施的可行性與必要性。中程目標是社群教育訓練、納入更多機構參與測試、BIBFRAME 模型的再界定及應用規範書研製，主要進行實踐研究。長程目標則是全面運用於網路環境。至 2016 年，已實現短程目標，及部分的中程目標。

二、BIBFRAME 模型

　　2016 年 4 月公布的 BIBFRAME 2.0 模型是一個概念與實用兼具的模型，可以同時滿足需要詳細書目細節、或需要描述與其他文化材料，及不需要太多書目細節者的需求。在此模型中包含三個高層次的核心類別，分別是作品（work）、實例（instance）與單件（item）（Library of Congress, 2016a）。對於傳統圖書館以人名、地名與主題權威檔等方式，對同義異名的詞彙進行「名稱」形式上的控制，依據鏈結資料的基本原則，則皆以統一資源識別符（URI）方式表達，以解決圖書館的「權威標目」問題，並且達到機器可操作的目的。各種類的名稱權威檔在近年來也逐步以鏈結開放資料的方法公開，包括：虛擬國際權威檔（Virtual International Authority File，簡稱 VIAF）、美國國會圖書館標題表（LCSH）、美國國會圖書館分類法（Library of Congress Classification，簡稱 LCC）、藝術與建築索引典（Art & Architecture Thesaurus，簡稱 AAT）等，已成為 URI 的重要來源與基礎。在核心類別當中，「作品」是識別事物的概念本質，「實例」則是反應作品具體化的資料，而「單件」是實質的某件藏品（如圖 8-3）（國家圖書館，2016）：

（一）作品（work）：抽象的最高層面，在 BIBFRAME 背景下，作品（work）反映了編目資源的概念精髓，即著者、語言和主題。
（二）實例（instance）：一部作品可能有一個或一個以上個別、資料的具體化，如一個特定的出版形式，這些都是作品的實例。實例反映的資訊，例如出版者、出版地、出版日期，以及格式。
（三）單件（item）：一個單件是一個實例的實際拷貝（物理或電子）。其所反映的資訊例如它的位置（實際或虛擬的）、架上標記、條碼。

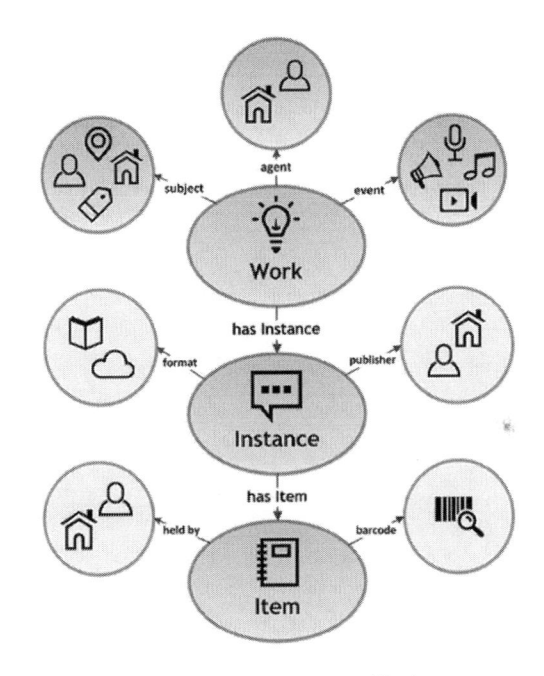

圖 8-3　BIBFRAME 模型

資料來源：Library of Congress（2016a）。

　　BIBFRAME 進一步定義了有關核心類別的附加關鍵概念（additional key concepts）（國家圖書館，2016）：
（一）代理（agents）：代理是人、組織、司法管轄區等，通過角色，例如著者、編輯、藝術家、攝影師、作曲家、插畫等，與作品或實例相互關聯。

（二）主題（subjects）：一個作品可能是「關於」一個或多個概念。這樣一個概念被認為是一個作品的「主題」。概念可能的主題包括論題、地點、時間表達、事件、作品、實例、單件、代理等。

（三）事件（events）：作品內容所記載發生的事件。

三、BIBFRAME 詞彙

由一套詳細的類別與屬性所組成，是資源描述的關鍵，就如 MARC 格式所定義的元素和屬性，其中類別是用來識別資源的類型（像是 MARC 的一個欄位，如：260 出版項），依前述其為核心類別；屬性則可以進一步地描述資源（如同 MARC 的子欄位，界定更特定的概念，如：260 a 出版地），共包含 17 組詞彙範疇 vocabulary category）：通用屬性（general information）、範疇資訊（category information）、題名資訊（title information）、作品識別資訊（work identification information）、作品描述資訊（work description information）、主題詞與分類資訊（subject term and classification information）、實例描述資訊（instance description information）、實例識別資訊（instance identification information）、實例描述資訊（instance description information）、載體描述資訊（carrier description information）、單件資訊（item information）、類型資訊（type information）、編目資源關係－通用性（cataloging resource relationships - general）、編目資源關係－特別性（cataloging resource relationships - specific）、編目資源關係－細節性（cataloging resource relationships - detailed）、代理者資訊（agent information）、管理資訊（administration information）等。

茲選取其中（一）作品識別資訊、（二）載體的描述資訊、（三）實例描述資訊，及涉及書目關係的屬性包括（一）編目資源關係-通用性、（二）特別性及（三）細節性等共六組詞彙範疇，各舉三例說明如表 8-3 至表 8-8：

表 8-3　作品識別資訊

屬性	上位屬性	意義	適用核心類別	預期資料值
起源地點	地點	為創造作品的起源地點。	作品	地點
樂器類型	—	於樂器演奏時特別的角色，如交替、重合、獨奏和合奏等。	音樂樂器	文字
音樂作品號	—	由作曲家、出版商或音樂學家來指定音樂作品的數字編號	作品	文字

資料來源：翻譯與整理自 Library of Congress（2016b）。

表 8-4　載體的描述資訊

屬性	上位屬性	意義	適用核心類別	預期資料值
基本材料	—	為資源的底層材料	實例	基本材料
字體大小	—	為資源中的字體或符號類型的大小	實例	字體大小
系統需求	—	設備或系統要求的載體或文件類型，如設備或硬件的模式、操作系統、內容量、編碼語言的模型和其他必要的軟體，設備和插件等。	實例	文字

資料來源：翻譯與整理自 Library of Congress（2016b）。

表 8-5　實例描述資訊

屬性	上位屬性	意義	適用核心類別	預期資料值
保管歷史	—	為資源的來源，如起源、所有權和保管歷史的資訊	作品、實例或單件	文字
評論	—	資料的評價	作品或實例	評論
目錄	—	描述資源的目錄	作品或實例	目錄

資料來源：翻譯與整理自 Library of Congress（2016b）。

第八章｜書目關係與鏈結資料

表 8-6　編目資源關係——通用性

屬性	上位屬性	意義	適用核心類別	預期資料值
有實例	關於	作品實例／與描述的作品有關之實例，目的在 BIBFRAME 架構中，將作品連結至實例	作品	實例
表達為	有關	為描述性作品的一種表達，目的為將作品連結於 FRBR/RDA	作品	作品
有物件	有關於	物件為描述實例的一個例子	實例	物件

資料來源：翻譯與整理自 Library of Congress（2016b）。

表 8-7　編目資源關係——特別性

屬性	上位屬性	意義	適用核心類別	預期資料值
事件內容	關於	作品的內容為描述事件	事件	作品
一部分為	關於	該資源包含實體或邏輯性的描述資源	作品、實例或物件	作品、實例或物件
優先於	關於	該資源為於被描述的資源前的資源，如於時間或敘述前	作品或實例	作品或實例

資料來源：翻譯與整理自 Library of Congress（2016b）。

表 8-8　編目資源關係——細節性

屬性	上位屬性	意義	適用核心類別	預期資料值
系列於	為部分	系列包含於，為較大資源的一部分	作品或實例	作品或實例
翻譯	衍生	為將原實體的轉換到不同的語言	作品或實例	作品或實例
合併於	區分自	將一個或多個形成一個或多個新的資源	作品或實例	作品或實例

資料來源：翻譯與整理自 Library of Congress（2016b）。

從表 8-3 至表 8-8 中 BIBFRAME 2.0 的屬性詞彙範疇，可以很清楚觀察出來，未來書目資料將由「屬性」取代「欄位」，這些「屬性」將成為各種「關係」（即上述表格的屬性及上位屬性），不但用來描述並鏈結作品之間的關係，也用來描述及鏈結作品與資料值之間的關係。因此書目關係所指的範疇將更為廣泛。此外，這些作品（即上述表格的適用核心類別）與資料值（即上述表格的預期資料值），都需以 URLs 加以表示。換言之，過去許多資料值是以人名、地名、主題等權威檔形式著錄，將會從已發布為鏈結資料的權威檔（如：美國國會圖書館 LCSH、LCC 等），以再使用（reuse）方式直接採用控制詞彙的 URLs。未來一旦將鏈結資料全面導入書目資料，就如同樂高積木的潛能，將影響圖書館書目資料能以更小的語意粒度，更有彈性地隨時與其他資源（可能是其他圖書館書目資料，也可能是其他社群與領域的原始資料）進行組合或整合。

關鍵詞彙

書目關係 Bibliographic Relationships	衍生關係 Derivative Relationships
書目紀錄功能需求 Functional Requirements for Bibliographic Records, FRBR	資源描述架構 Resource Description Framework, RDF
主要關係 Primary Relationships	鏈結資料／關聯資料 Linked Data
內容關係 Content Relationships	書目架構 BIBFRAME

自我評量

- 何謂書目關係？主要目的為何？
- FRBR 三組實體本身及之間存在哪些類型的書目關係？
- 書目家族的內容關係包含哪些類型的書目關係？意涵為何？
- 鏈結資料、開放資料、鏈結開放資料之間有何異同及相關性呢？

第八章｜書目關係與鏈結資料

- 何謂 RDF？意涵為何？請舉一個例子說明。
- 請說明鏈結資料在圖書館的應用案例。
- 請說明 BIBFRAME 2.0 模型的組成與內涵。
- BIBFRAME 2.0 的屬性詞彙是什麼？與傳統 MARC 及資料庫的欄位有何不同或關係？

參考文獻

吳貝貝、夏翠娟（2015）。關聯書目數據模型比較研究。圖書館雜誌，34(5)，71-79。

國家圖書館（2016）。LC 發布 BIBFRAME 2.0 Model。檢索自 http://catweb.ncl.edu.tw/portal_d2_page.php?button_num=d2&cnt_id=312

張慧銖（2002）。從作品與書目關係探討圖書館目錄之目的。中國圖書館學會會報，69，155-175。

張慧銖（2003）。圖書館目錄發展研究。臺北市：文華。

張慧銖（2015）。以 FRBR 模式及 DOI 編碼建立期刊書目關係之研究。教育資料與圖書館學，52(2)，101-126。

張慧銖、林時暖（2004）。書目紀錄功能需求之發展。中國圖書館學會會報，73，45-61。

陳淑君（2007）。書目紀錄功能需求（FRBR）模型應用在線上目錄之研究。在黃世雄教授七秩榮慶籌備小組（編），現代圖書館回顧與前瞻學術研討會暨黃世雄教授七秩榮慶研討會論文集（頁 61-82）。臺北縣：淡江大學。

Berners-Lee, T. (2009a). *The next web*. Retrieved from https://www.ted.com/talks/tim_berners_lee_on_the_next_web

Berners-Lee, T. (2009b). *Linked data* Retrieved from https://www.w3.org/DesignIssues/LinkedData.html

Byrne, G., & Goddard, L. (2010).The strongest link: Libraries and linked data. *D-Lib Magazine*, 16(11-12). Retrieved from http://www.dlib.org/dlib/november10/byrne/11byrne.html

FRBR Review Group. (2008). *FRBR bbliography*. Retrieved from http://www.ifla.org/files/assets/cataloguing/frbrrg/frbr-bibliography.pdf

Green, R. (2001). Relationships in the organization of knowledge: An overview. In C. A. Bean & R. Green (Eds.), *Relationships in the organization of knowledge* (pp. 3-18). Dordrecht, The Netherlands: Springer.

IFLA Study Group on the Functional Requirements for Bibliographic Records. (1998). *Functional requirements for bibliographic records: Final report*. Retrieved from http://www.ifla.org/files/assets/cataloguing/frbr/frbr.pdf

Lagoze, C., & Hunter, J. (2002). The ABC ontology and model. *Journal of Digital Information*, 2(2). Retrieved form https://journals.tdl.org/jodi/index.php/jodi/article/view/44/47

Library of Congress. (2016a). *Overview of the BIBFRAME 2.0 model*. Retrieved from https://www.loc.gov/bibframe/docs/bibframe2-model.html

Library of Congress. (2016b). *BIBFRAME 2.0 vocabulary category view*. Retrieved from http://id.loc.gov/ontologies/bibframe-category.html

Malmsten, M. (2009). *Exposing library data as linked data*. Retrieved from http://disi.unitn.it/~bernardi/Courses/DL/Slides_10_11/linked_data_libraries.pdf

Online Computer Library Center. (2016). *WorldCat data strategy*. Retrieved from http://www.oclc.org/worldcat/data-strategy.en.html

Open Knowledge International. (2009). *Open data handbook*. Retrieved from http://opendatahandbook.org

Rust, G., & Bide, M. (2000). *The <indecs> metadata framework: Principles, model and data dictionary*. Retrieved from http://www.doi.org/topics/indecs/indecs_framework_2000.pdf

Söderbäck, A. (2009). *LIBRIS -- Linked library data*. Retrieved from http://www.slideshare.net/brocadedarkness/libris-linked-library-data

Summers, E. (2008). *Library of congress subject headings as SKOS linked data*. Retrieved from https://lists.w3.org/Archives/Public/public-lod/2008Jun/0016.html

Tillett, B. (1991). A taxonomy of bibliographic relationships. *Library Resources & Technical Services*, 35(2), 150-158.

Tillett, B. B. (2001). Bibliographic relationships. In C. A. Bean & R. Green (Eds.), *Relationships in the organization of knowledge* (pp. 19-35). Dordrecht, The Netherlands: Springer Netherlands.

Tillett, B. A. B. (1987). *Bibliographic relationships: Toward a conceptual structure of bibliographic information used in cataloging* (Unpublished doctoral dissertation). University of California, Los Angeles, CA.

Vellucci, S. L. (1997). *Bibliographic relationships in music catalogs*. Metuchen, NJ: Scarecrow Press.

Vellucci, S. L. (1998). Bibliographic relationships. In J. Weihs (Ed.), *The principles and future of AACR: Proceedings of the international conference on the principles and future development of AACR, Toronto, Ontario, Canada, October 23-25, 1997* (pp. 105-146). Chicago, IL: American Library Association.

World Wide Web Consortium. (2014). *RDF 1.1 Primer*. Retrieved from https://www.w3.org/TR/rdf11-primer/

中文索引

西文

MARC 21 書目格式──59, 222

ㄅ

北美國家聯合目錄──206

伴隨關係──240

表現形式／內容版本──82, 111-112, 122, 134, 168, 241-246

編目規則──23-24, 207, 224, 252-254

編目政策──2, 8, 16, 19-21, 26, 99, 178, 216-218

編目員認證──25

並列題名──64-65, 67-72, 75, 78-80, 123-124, 147-148, 152, 155

ㄇ

美國國會圖書館標題 ——23-24, 207, 224, 252-254

美國國會圖書館分類法 ——254

美術館藏與藝術作品描述標準 ——193, 198

描述關係 ——239, 241-242

名稱權威合作計畫 ——102, 221, 223, 229

目錄 ——2-5, 7-13, 17-19, 22-23, 26, 29-41, 43, 48, 53-54, 59, 61-62, 70, 77-78, 87, 89-93, 99-100, 105-106, 109-111, 115, 131, 143, 145, 154, 161, 178-180, 186, 196, 202, 204-210, 212-215, 218, 223, 226, 231, 237-238, 240-241, 244-246, 251, 253, 257, 260

ㄈ

分欄 ——42, 67-87, 102, 105, 125, 143-152, 154-159, 162, 169, 180, 183-185

分享式合作編目 ——205

副題名 ——64-65, 67, 72, 75, 78, 80, 148, 155

附加款目 ——42, 61, 77-79, 125, 155

ㄉ

都柏林核心集 ——143, 189, 192, 198

單行本書目紀錄合作計畫 ——143, 189, 192, 198

檔案描述編碼格式 ——221, 229

電子期刊 —— 13, 15, 19, 173-174, 176-177, 179, 181-185, 188, 198

電子書 —— 15, 19, 26, 112, 151, 173-174, 176-177, 179-181, 198, 237

電子資源 —— 13-16, 19-21, 31-32, 54, 63, 65, 68, 102, 109, 136, 145-147, 149, 151-153, 157, 159, 173-189, 191, 193, 198, 243

杜威十進分類法 —— 207, 252

等同關係 —— 238, 241-243

ㄊ

臺灣書目整合查詢系統 —— 98-99, 105, 214, 225, 230

替代紀錄 —— 7, 25, 31

條件式核心元素 —— 121, 134

圖書館參考模型 —— 128, 134

ㄋ

內容版本／表現形式 —— 41-43, 82, 111-112, 122, 134, 168, 178, 241-246

ㄌ

欄號 —— 101-102, 145, 147, 150-152, 154, 158, 169, 180, 183-185

連續關係 —— 240-241

連續性資源 —— 63-64, 74, 181-182, 184, 186, 223, 243

鏈結開放資料 —— 236, 248-249, 252, 254, 259

中文索引

ㄏ

核心書目紀錄──216-217, 219, 229

核心元素──108, 121-124, 134, 192, 246

合作編目──13, 16, 18-19, 33, 52, 102, 182, 201-210, 212-216, 218-223, 225-226, 228-230

合作編目計畫──102, 182, 201-202, 210, 215, 220-223, 225, 229-230

劃一題名──20, 42, 63, 67, 71, 78-79, 81-83, 87, 89-90, 92-94, 96-97, 100-101, 125, 147, 226, 228, 239

ㄍ

國際標準書目著錄原則──5, 30, 32, 39-40, 43-45, 53, 60, 186

國際編目原則──30-31, 37-39, 45, 53-54, 109

國際圖書館電腦中心──13, 53, 189, 210, 251-252

國際圖書館協會聯盟──5, 32, 60, 110, 142, 189, 227, 237

國際書目控制──5, 25, 142

關聯資料──128, 163-165, 167, 169, 228, 259

共享特質關係──240

ㄐ

機讀編目格式／機讀格式──12, 18, 21-22, 30-32, 34, 42, 46-53, 57, 59, 67-78, 80-87, 100, 104, 139-150, 152-154, 164, 169, 170, 182, 204-205, 207-209, 213, 215-219, 251, 253

集中式合作編目──205

記述編目──4-5, 17, 20, 46, 59, 61, 64, 67, 104-105, 181, 218, 237

檢索點──7, 9-10, 17-18, 20, 23, 31, 33, 39, 40, 57-59, 61-62, 77-78, 92-93, 104, 115-116, 119, 121, 123, 125-126, 182, 188, 217, 222, 228

具體呈現／載體版本──7, 41-43, 111-113, 122, 127, 134, 178, 241-245

全國圖書書目資訊網──204, 213, 229-230

詮釋資料──10, 15, 39, 121, 124, 128, 143, 160-161, 165, 173-175, 186, 188-199, 214, 221, 244, 246, 248, 252

權威檔──17-18, 98, 100, 102, 202, 224-229, 251, 253-254, 259

權威控制──5, 7, 12, 17, 20, 22, 24, 40, 57-59, 91-92, 97-98, 100, 104, 106, 115, 117, 119, 123, 165, 169, 212, 216, 218, 222-226, 229-230, 244

權威紀錄──33, 40, 42, 49, 57-58, 92-95, 97-105, 116, 121, 159, 162, 170, 188, 213, 220-221, 223-228

權威資料功能需求──31, 40, 114, 134

T

西部圖書館網──209, 212

線上期刊合作計畫──221-223, 229

香港大學圖書館館長聯席會──226

香港中文名稱規範數據庫──98, 100, 105, 226-227, 229

項目──5, 11, 13, 20-21, 23, 57, 59-64, 67, 75, 77-78, 104, 110, 121-122, 124-125, 127, 134, 145, 165, 181, 186-188, 191, 196-197, 203, 207-208, 219, 226, 238

虛擬國際權威檔案──102, 227, 229

ㄓ

指標──45, 67-87, 103, 143-144, 146-152, 154-158, 162, 169, 180, 183, 185, 216, 220

指定著錄來源──64, 66

整部關係──239, 241

整合性資源──159, 177, 181, 186-187, 198, 223

整合查詢──13-15, 25, 32, 98-99, 105, 178, 214, 225, 230

政府資源索引服務──195, 198

主題權威合作計畫──102, 221, 229

主題權威資料功能需求──31, 40, 114, 134

主要款目──34, 61, 77-78, 125, 154

主要著錄來源──64-65, 69-72, 78, 80, 82, 87, 125, 186, 216

中國編目規則──46, 48, 58-59, 61-68, 78, 87, 90, 94, 104-106, 126, 132-134, 146, 151-152, 170, 178, 182, 186-187

中國高等教育文獻保障系統──226-227

中國機讀編目格式──47, 59, 78, 104, 139-140, 143-150, 152, 169-170, 182

中華民國圖書聯合目錄 —— 204, 208

中文名稱權威聯合資料庫檢索系統 —— 102, 104, 225-226, 229

ㄕ

實體—關係模型 —— 110, 134

視覺化物件及影像紀錄描述標準 —— 194, 198

書目控制 —— 3-6, 12, 25, 27, 32, 53, 91, 142, 163, 169-170, 214, 225

書目紀錄品質控制 —— 201, 202, 214, 229-230

書目紀錄功能需求 —— 30-31, 39-40, 44-45, 53, 60, 110, 134, 215, 237, 241, 259-260

書目著錄架構／書目架構計畫 —— 61, 32, 139-140, 163

書目中心 —— 13, 18, 21, 52, 141-142, 201-202, 205, 209, 213, 215, 217-220, 223, 229

書目資料庫 —— 4, 13, 17, 22-23, 25, 27, 38, 98, 111, 132-133, 144, 176, 204, 209, 217, 219-220, 222, 225, 230, 244-245

ㄗ

資料類型標示 —— 5, 44-45, 64, 67-69, 72, 79, 125, 148, 155, 158, 183, 187

資料網 —— 163-165, 249, 251

資訊組織 —— 1-8, 10, 16, 19-20, 22-23, 25-27, 31-32, 38, 54, 104-106, 133-135, 160-161, 167, 169-171, 174-175, 177, 194-195, 198, 218, 230

資源描述架構──164-165, 235, 249, 259

資源描述與檢索──32, 42, 60, 106-107, 109, 120, 134-136, 221

資源探索服務──10, 15, 25-26

資源共享──18, 32-33, 159-161, 201-206, 208, 210-212, 214-215, 220, 225-226, 228, 248

作品──5, 11-12, 17, 23, 34-43, 45-46, 63, 65, 67-68, 70-71, 73, 75-78, 81-85, 87, 89-99, 102, 111-113, 116-119, 121-122, 127, 129, 134, 147, 151-152, 165, 167-168, 175, 178, 180-181, 193-194, 197-198, 228, 237-246, 250, 252, 254-260

一

研究圖書館資訊網──209, 211, 230

英美編目規則──34, 42, 52, 58-62, 77, 109, 136, 151, 175, 178, 184, 207, 242

英美編目規則第二版──60, 178, 184, 207

英美編目規則第二版（2002年修訂版）──59-61, 175

英國國家書目──141, 207-208

ㄨ

委外編目──19, 21, 25, 218

文件編碼交換格式──196, 198

網路資源──3, 13, 46, 49, 52-53, 164, 169, 173-176, 182, 185-188, 192-193, 198, 252

U

原题名——70-71, 78, 81, 83, 90

# 英文索引

A

AACR (Anglo-American Cataloguing Rules)──41-42, 49, 59-60, 78, 106-110, 124, 151, 171, 175, 178, 207, 262

AACR2 (Anglo-American Cataloguing Rules, 2nd edition)──42, 60-62, 69, 77, 106, 109, 121, 124-126, 131, 133, 135-136, 138, 150-151, 175, 178, 181, 184, 186, 207, 222-223, 226

AACR2R (Anglo-American Cataloguing Rules, 2nd ed., 2002 Revision)──41, 59, 106, 175

access point──7, 59, 116, 125

accompanying relationships──240

added entry──125

authority control──91, 104, 229

authority file──98, 102, 106, 227, 229, 233, 254

authority records —— 40, 52, 54, 93, 115, 117, 137

Auto Graphics —— 209, 212-213, 231

B

BIBCO (Monographic Bibliographic Record Cooperative Program) —— 221-222, 229, 231-232

bibliographic control —— 4-5, 25, 142, 171

bibliographic database —— 25, 27, 38

BIBFRAME (Bibliographic Framework/Bibliographic Framework Initiative) —— 32, 61, 163-171, 235-236, 251-256, 258-261

BNB (British National Bibliography) —— 141, 207-208, 231

BU (Bibliographic Utility) —— 13, 27, 209

C

CALIS (China Academic Library & Information System) —— 226-227

catalog —— 9, 31, 34, 53, 60, 206, 212, 231-232

cataloger certification —— 25

cataloguing rules —— 41-42, 49, 53, 59-60, 151, 171, 175, 178, 207

CCR (Chinese Cataloging Rules) —— 62-64, 67-76, 78, 83-85, 87-91, 126-132, 150-151, 178

CDWA (Categories for the Description of Works of Art) —— 193-194, 198

centralized cataloging —— 205, 229

chief source of information —— 64

CMARC (Chinese Machine Readable Cataloging) —— 102, 104, 225-227, 229

CNASS (Chinese Name Authority Joint Database Search System) —— 42, 59, 62, 67-87, 133, 140, 142, 144-147, 150-152, 158-162, 169, 180, 183

CONSER (Cooperative Online Serials Program) —— 182, 221-223, 229, 231

continuing resources —— 44, 181

cooperative cataloging —— 51, 132, 203, 220, 228-229, 231-233

core bibliographic records —— 219, 229

core elements —— 121, 134-135, 137

core if elements —— 121, 134-135, 137

D

DC (Dublin Core) —— 14, 27, 53, 143, 160, 189, 192-193, 198, 252

DDC (Dewey Decimal Classification) —— 49-50, 207, 222, 252

descriptive cataloging —— 4, 51, 59, 104, 232

descriptive relationships —— 239

E

EAD (Encoding Archival Description) —— 195, 198-199

e-books —— 198

e-journals —— 198

electronic resources —— 44, 199

entity-relationship model —— 40, 110, 134

equivalence relationships —— 238

expression —— 112, 134, 241, 246

F

federated search —— 13-14, 25

FRAD (Functional Requirements for Authority Data) —— 31-32, 40, 42, 54, 110, 114-117, 119, 121-122, 128-129, 134, 137, 160

FRBR (Functional Requirements for Bibliographic Records) —— 30-32, 34, 37-38, 40-45, 53, 55-56, 60, 107-108, 110-121, 124, 128-129, 134-135, 137-138, 160, 168, 215, 236-237, 241-246, 248, 258-261

FRSAD (Functional Requirements for Subject Authority Data) —— 32, 40, 110, 114, 117-120, 128, 134, 138, 160

G

GILS (Government Information Locator Service) —— 160, 195-196, 198

GMD (General Material Designation) —— 44-45, 68, 125, 183

H

HKCAN (Hong Kong Chinese Authority (Name) Database) —— 98, 100, 105, 226-227, 229

I

ICP (Statement of International Cataloguing Principles) —— 31-32, 38-40, 42, 52-55, 109, 160

IFLA (International Federation of Library Associations and Institutions) —— 5, 32, 34, 37- 40, 43-45, 49, 51-56, 60, 110-111, 113-115, 117-118, 128-130, 137-138, 142, 145, 176, 189, 199, 227, 237, 241-242, 261

indicator —— 144, 169

information organization —— 25, 27

integrating resources —— 181, 198

Internet resources —— 198

ISBD (International Standard Bibliographic Description)——5, 30, 32, 40-41, 43-45, 49, 53-55, 60-61, 63-64, 106, 142, 146, 159, 176, 186, 199

ISO 2709——18, 143-144, 146, 158, 169

item——110, 112, 134, 167, 241, 254-256

J

JULAC (Joint University Libraries Advisory Committee)——100, 226-227

LCC (Library of Congress Classification)——50-51, 207, 222, 224, 254, 259

LCSH (Library of Congress Subject Headings)——23, 50, 207, 222, 224, 252-254, 259, 261

L

linked data——32, 128, 164, 169, 171, 195, 228, 248, 259-261

linked open data——248

LRM (Library Reference Model)——128-130, 134, 136-137

M

main entry —— 34, 77-78, 125, 154

manifestation —— 112, 123, 134, 178, 241

MARC 21 (MARC 21 Format for Bibliographic Data) —— 41-42, 47-51, 56, 59, 62, 67-87, 100-102, 105-106, 125, 130, 133, 136, 139-140, 146, 153-162, 165, 167, 169-171, 184-185, 222-223, 226, 228, 231, 246, 248

MARC 856 —— 178, 180, 182

MARC Format (Machine Readable Cataloging Format) —— 32, 141, 169, 171, 207

metadata —— 4, 10, 22, 98, 105, 136-138, 143, 160, 188-189, 198-199, 214, 252, 261

N

NACO (Name Authority Cooperative Program) —— 102, 221, 223-224, 226, 229, 232

NBInet (National Bibliographic Information Network)──18, 162, 204, 209, 213-217, 225, 229-230

NUC (National Union Catalog)──18, 162, 204, 209, 213-217, 225, 229-230

O

OCLC (Online Computer Library Center)──13, 15, 18, 50-51, 53, 132, 162, 166, 189, 192, 209-212, 214-215, 220, 223, 226-228, 231-233, 236, 245, 251-252, 261

original title──70

outsourcing cataloging──25

P

parallel title──69, 79

PCC (Program for Cooperative Cataloging)──51, 123, 132, 202, 220-223, 229, 231-233

prescribed source of information──64

R

RDA (Resource Description and Access)＿＿ 32, 42, 46, 49, 51, 55, 60-62, 69, 75, 77, 105-110, 120-138, 156, 160, 162-163, 165, 169, 221-222, 232-233, 258

RDF (Resource Description Framework)＿＿ 164-165, 168, 235, 249-251, 253, 259-260, 262

resource sharing＿＿ 203, 228

RLIN (Research Libraries Information Network)＿＿ 209, 211-212, 215, 220

S

SACO (Subject Authority Cooperative Program)＿＿ 102, 221-222, 224, 229, 233

sequential relationships＿＿ 240

shared cataloging＿＿ 240

shared characteristic relationships＿＿ 203, 205, 229

SMRT (Synergy of Metadata Resources in Taiwan)＿＿ 98-99, 214, 225

sub-field＿＿ 145, 169

subtitle＿＿ 67

surrogate＿＿ 19, 37

T

tag number —— 145, 169

TEI (Text Encoding Initiative) —— 196-199

U

UBC (Universal Bibliographic Control) —— 5, 25, 142

uniform title —— 101, 125

UNIMARC —— 50-51, 53, 141-142, 145-146, 160, 171, 226, 238-240

USMARC —— 50, 141-142, 145, 153, 171, 213

V

VIAF (The Virtual International Authority File) —— 102-103, 106, 227-229, 233, 254

VRA (Visual Resources Association) —— 194, 198

W

web of data —— 163-164, 171, 249

web-scale discovery service —— 15, 25

whole-part relationships —— 239

WLN (Western Library Network) —— 209, 212, 220, 231, 233

work —— 112, 118, 134, 138, 165, 167, 193-195, 241, 245, 254-256

WorldCat 15, 18, 162, 210-212, 214, 231-232, 245-246, 252, 261

國家圖書館出版品預行編目（CIP）資料

資訊組織/張慧銖等著 -- 初版 . -- 新北市：華藝學術出版：華藝數位發行, 2017.02
　面；　公分 . -- (圖書資訊學系列；3)
ISBN 978-986-437-131-0(平裝)
1.資訊組織 2.技術規範 3.圖書編目
023.4　　　　　　　　　　　　　　106003094

資訊組織

主　　編／張慧銖
作　　者／張慧銖、陳淑燕、邱子恒、陳淑君
責任編輯／林瑞慧
執行編輯／許乃雲、林思婷
版面編排／王凱倫
封面設計／ZOZO DESIGN

發 行 人／常效宇
總 編 輯／張慧銖
發行業務／吳怡慧
出　　版／華藝學術出版社（Airiti Press Inc.）
　　　　　地址：234 新北市永和區成功路一段 80 號 18 樓
　　　　　電話：(02) 2926-6006　　傳真：(02) 2923-5151
　　　　　服務信箱：press@airiti.com
發　　行／華藝數位股份有限公司
　　　　　戶名（郵局/銀行）：華藝數位股份有限公司
　　　　　郵政劃撥帳號：50027465
　　　　　銀行匯款帳號：0174440019696（玉山商業銀行　埔墘分行）
法律顧問／立暘法律事務所　歐宇倫律師
ISBN ／ 978-986-437-131-0
DOI ／ 10.6140/AP.9789864371310
出版日期／ 2017 年 5 月初版一刷
　　　　　2024 年 4 月初版三刷
定價／新台幣 480 元

版權所有・翻印必究　　Printed in Taiwan
（如有缺頁或破損，請寄回本社更換，謝謝）